陇上学人文存

LONGSHANG XUEREN WENCUN

陇上学人文存

任先行　卷

任先行 著　胡　凯 编选

甘肃人民出版社

图书在版编目（ＣＩＰ）数据

陇上学人文存. 任先行卷 ／ 范鹏，马廷旭总主编 ；
任先行著 ；胡凯编选. -- 兰州 ：甘肃人民出版社，
2022.5 （2024.1 重印）
ISBN 978-7-226-05790-2

Ⅰ. ①陇… Ⅱ. ①范… ②马… ③任… ④胡… Ⅲ.
①社会科学－文集 Ⅳ. ①C53

中国版本图书馆CIP数据核字（2021）第278582号

责任编辑：李依璇

封面设计：王林强

陇上学人文存·任先行卷

范鹏　马廷旭　总主编

任先行　著　胡凯　编选

甘肃人民出版社出版发行

（730030　兰州市读者大道 568 号）

德富泰（唐山）印务有限公司印刷

开本 890 毫米 × 1240 毫米　1/32　印张 10.5　插页 7　字数 265 千
2022 年 5 月第 1 版　　2024 年 1 月第 2 次印刷
印数：1001~3000

ISBN 978-7-226-05790-2　定价：60.00 元

《陇上学人文存》第二辑

编辑委员会

学术指导委员会

《陇上学人文存》 第六辑

编辑委员会

名誉主任：林　铎
主　　任：陈　青
副 主 任：范　鹏　彭鸿嘉　王福生
委　　员：管钰年　朱智文　安文华　马廷旭
　　　　　王俊莲　王　琦　方忠义　李树军

学术指导委员会

王希隆　王肃元　王洲塔　王晓兴　王嘉毅
田　澍　刘进军　伏俊琏　张先堂　陈晓龙
李朝东　郝树声　傅德印　程金城　蔡文浩

总 主 编：范　鹏　王福生
副总主编：马廷旭

编 辑 部 主 任：董积生　周小鹃
编辑部副主任：赵　敏　胡圣方
学 术 编 辑：丁宏武　丹　曲　王志鹏　艾买提
　　　　　　　庆振轩　孙　强　李君才　李瑾瑜
　　　　　　　汪受宽　郭国昌

《陇上学人文存》第九辑

编辑委员会

主　　任：范　鹏　王福生
委　　员：刘永升　安文华　马廷旭　王俊莲
　　　　　王　琦　董积生　李树军　李庆武

学术指导委员会

马建东　王宗礼　王学军　王海燕　尹伟先
田　澍　刘进军　杨文炯　张先堂　陈晓龙
李朝东　赵利生　姜秋霞　韩高年　蔡文浩

总 主 编：范　鹏　马廷旭

编 辑 部 主 任：刘玉顺　周小鹃
编辑部副主任：赵　敏　胡圣方
学 术 编 辑：巨　虹　买小英　成兆文　刘再聪
　　　　　　　何文盛　王学军　杨代成　赵青山
　　　　　　　姚兆余　胡　凯　戚晓萍

总　序

陇者甘肃，历史悠久，文化醇厚。陇上学人，或生于斯长于斯的本地学者，或外来而其学术成就多产于甘肃者。学人是学术活动的主体，就《陇上学人文存》（以下简称《文存》）的选编范围而言，我们这里所说的学术主要指人文社会科学研究。《文存》精选中华人民共和国成立以来，甘肃人文社会科学领域成就卓著的专家学者的代表性著作，每人辑为一卷，或标时代之识，或为学问之精，或开风气之先，或补学科之白，均编者以为足以存当代而传后世之作。《文存》力求以此丛集荟萃的方式，全面立体地展示新中国为甘肃学术文化发展提供的良好环境和陇上学人不负新时代期望而为我国人文社会科学事业做出的新贡献，也力求呈现陇上学人所接续的先秦以来颇具地域特色的学根文脉。

陇原乃中华文明发祥地之一，人文学脉悠远隆盛，纯朴百姓崇文达理，文化氛围日渐浓厚，学术土壤积久而沃，在科学文化特别是人文学术领域的探索可远溯至伏羲时代，大地湾文化遗存、举世无双的甘肃彩陶、陇东早期周文化对农耕文明的贡献、秦先祖扫六合以统一中国，奠定了甘肃在中国文化史上始源性和奠基性的重要地位；汉唐盛世，甘肃作为中西交通的要道，内承中华主体文化熏陶，外接经中亚而来的异域文明，风云际会，相摩相荡，得天独厚而人才辈出，学术思想繁荣发达，为中华文明做出了重要贡献。

近代以来，甘肃相对于逐渐开放的东南沿海而言成为偏远之地，反而少受战乱影响，学术得以继续繁荣。抗日战争期间作为大后方，接纳了不少内地著名学府和学者，使陇上学术空前活跃。新中国成立之后，人文社会科学领域的专家学者更是为国家民族的新生而欢欣鼓舞，全力投入到祖国新的学术事业之中，取得了一大批重要的研究成果，涌现出众多知名专家，在历史、文献、文学、民族、考古、美学、宗教等领域的研究均居全国前列，影响广泛而深远。新中国成立之后，人文社会科学几次对当代学术具有重大影响的争鸣，不仅都有甘肃学者的声音，而且在美学三大学派（客观派、主观派、关系派）、史学"五朵金花"（史学在新中国成立之后重点研究的历史分期、土地制度史、农民战争史等五个方面的重点问题）等领域，陇上学人成为十分引人注目的代表性人物。改革开放以来，甘肃学者更是如鱼得水，继承并发扬了关陇学人既注重学理求索又崇尚经世致用的优良传统，形成了甘肃学者新的风范。宋代西北学者张载有言："为天地立心，为生民立命，为往圣继绝学，为万世开太平"，此乃中华学人贯通古今、一脉相承的文化使命，其本质正是发源于陇原的《易》之生生不已的刚健精神，《文存》乃此一精神在现代陇上得到了大力弘扬与传承的最佳证明。

《文存》启动于中华人民共和国成立六十周年之际，在选择入编对象时，我们首先注重了两个代表性：一是代表性的学者，二是代表性的成果，欲以此构成一部个案式的甘肃当代学术史，亦以此传先贤学术命脉，为后进立治学标杆。此议为我甘肃省社会科学院首倡，随之得到政界主要领导、学界精英与社会各界广泛认同与政府大力支持，此宏愿因此而得以付诸实施。

为保证选编的权威性，编委会专门成立了由十几位省内人文社会科学领域著名学者组成的专家指导委员会，并通过召开专题会议研讨、发放推荐表格和学术机构、个人举荐等多种方式确定入选者。为使读者对作者的学术成就、治学特色和重要贡献有比较准确和全面的了解，在出版社选配业务精良的责任编辑的同时，编委会为每一卷配备了一位学术编辑，负责选编并撰写前言。由于我院已经完成《甘肃省志·社会科学志》（古代至1990年卷，1990至

2000 年卷）的编辑出版工作，为《文存》的选编提供了坚实的基础和基本依据，加之同行专家对这一时期甘肃人文社会科学发展的研究，使《文存》能够比较充分地反映同期内甘肃人文社会科学的基本状况。

我们的愿望是坚持十年，《文存》年出十卷，到 2019 年中华人民共和国成立七十周年之际达至百卷规模。若经努力此百卷终能完整问世，则从 1949 至 2009 年六十年间陇上学人以"人一之、我十之，人十之、我百之"的甘肃精神献身学术、追求真理的轨迹和脉络或可大体清晰。如此长卷宏图实为新中国六十年间甘肃人文社会科学全部成果的一个缩影，亦为此期间甘肃人文社会科学学术业绩的一次全面检阅，堪作后辈学者学习先贤的范本，是陇上学人献给祖国母亲的一份厚礼。此一理想若能实现，百卷巨著蔚为大观，《文存》和它所承载的学术精神必可存于当代，传之后世，陇上学人和学术亦可因此而无愧于我们所处的伟大时代，并有所报于生养我们的淳厚故土。

因我们眼界和学术水平的局限，选编过程中必定会出现未曾意料的问题，我们衷心期望读者能够及时教正，以使《文存》的后续选编工作日臻完善。

是为序。

2009 年 12 月 26 日

目　录

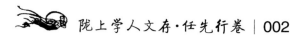

著作类

编选前言

任先行先生 1929 年 8 月出生于四川苍溪。1959 年毕业于西南政法大学法律系,分配到甘肃省定西县财政局工作,后任县财政局局长。1981 年,兰州商学院成立时调入工作,任商经系主任,兼任中国商法研究会常务理事,甘肃省人大、省政协法律顾问等职位。长期从事商法学教学与研究工作,发表学术论文数十篇,出版多部著作。

回望任先生的法学岁程,他苦心孤诣,潜学慎思,学贯中西,博古通今,将法学作为一项精神上的事业,以文字为载体,展示了理论风采和思想精髓。梳理先生主要的学术著作与论文,最突出的是商法学领域的成果。商业发展的结果,必然是民富国兴。无商不富,是政治家们的治国观。商法是兴国之法。任先生基于这样的出发点,对商法展开研究,主要学术成果体现在《商法原论》《比较商法导论》《商法总论》等专著以及许多富有真知灼见的论文中。他提出的许多观点、主张和建议,不仅在当时对我国商法、经济法理论研究和实践产生了影响,而且直至今天,对我国的法治建设仍具有启发和借鉴价值。任先生的主要研究成果专注于以下领域。

法商的交叉融合

中国古代重农抑商的思想以及长期以来轻视商业的历史背景,推崇重商主义,并贯之以商法理念,致力于营商环境建设,成商法学之基本理论,是任先生在学术上最为卓著的成就。若论商法领域的事功,当首推《比较商法导论》。任先生谙熟世界两大法系的异同,以比较法研究为特色,引进西方商事法律制度,著说于比较商法导论一书,这是他多年来研究商事法律的集大成之作,深厚的法学造诣展现无遗,当为吾辈后学所诚心追索者。该书资料翔实,内容庞博,详尽地阐述了商法学的基础理论和商事法律实务问题,它对构建我国比较商法学学科体系具有奠基意义。

任先生对法商交叉融合的研究,显示了他深厚的法学功底,也可见对商科的底蕴与熟稔,穿插期间,游刃有余。他倡导重商主义的经济思想与主张,但指出重商主义不是计划经济、管制经济。并在此基础上提出,在国际市场与国内市场、发展对外贸易与满足内需的关系中,由于我国发展对外贸易的成本和风险较大,故而应立足于拉动内需,依靠国内市场;与此同时,也不能放弃国际市场,要更多、更有效地去发展国际贸易和经济往来。这些经济主张与策略经过实践的检验,为中国经济发展所验证,与当前构建双循环发展新格局的战略目标一致。我国经济加快构建以国内大循环为主体、国内国际双循环相互促进的新发展格局,与任先生的经济思想与主张一脉相承。

一种新的经济思想和政策体系,必然会带来法律上的变化。重商主义作为一种经济政策的表述,延伸至法律领域,便是商事立法的加强。任先生指出,人类只要有交易活动存在,只要有商人存在,就需要有专门的特别的法律加以规范。我国在抑商、轻商的背景下,更应当顺应时代潮流加快制定完备的商事立法,确立、规范、保护兴商、兴市、兴业、兴国的各项制度。为此,他不仅从分工、交换、商人阶级的进化过程观察分析商法的起源和发展,理清其历史脉络,更是从世界商事立法模式来判断当今商事立法的趋势。这些商事立法的梳理、民商分离以及商法法典化的主张,在我国已经颁布《民法典》、商事立法不断加强、商事立法法典化呼声不断的今天,仍然有着重大的理论和现实意义。

任先生不仅悉心于成谱系的商法学研究，还致力于经济体制改革中的营商环境建设。一是从企业角度出发，他呼吁商事立法应当突破以所有制层次为模式的传统立法格局。传统按先国有、后集体、再个体等顺序进行排列，造成各种主体在法律地位上的不平等。他主张商事主体立法应按照经济组织的形态，从而打破国有商业一些不应有的特权和优惠待遇，使各类经济主体在平等的条件下进行竞争。这对市场经济建设中营造公平竞争环境，有着重要的意义。二是从政府角度出发，他提出西部大开发中要着力营造好招标投标的法制环境。招标投标不仅关系到权力寻租可能产生的腐败问题，更是对市场环境净化的关键环节。招标投标所应遵循的公平、公开、公正以及竞争性，决定了营造好招标投标的法制环境和市场建设，对发展西部经济、公平竞争、反腐倡廉都是十分必要的。三是从市场角度出发，他还适时提出要培育和发展拍卖市场。拍卖是流通环节中较为特殊的部分，其他买卖形式无法代替。法律规定司法部门、仲裁机关或当事人都有以拍卖的方式处理有关财产的权力和权利，只有有了拍卖市场，法律规定才能真正得到实现。这些切中时弊的见解，对于后来中国法律的发展也不无积极影响。

任先生置身于西北这片热土，将学问做到了陇原大地上。他作为甘肃省人大、省政府首席立法顾问，服务于地方经济发展，并努力营造兰州市发展商业的法律环境。连锁经营是商业活动不断发展后规模较大型组织体。任先生在研究了美国连锁的主要形式、法律制度及我国连锁经营法律规制的基础上，走访了兰州市商业主管部门和一些连锁总部，并从兰州市商委获取第一手数据资料，经过调研统计分析了兰州市连锁经营的情况与特点，并提出发展连锁经营与对国有企业进行战略改组结合起来，通过产权重组和结构调整及建立股份制企业的方式,把一些规模小、实力弱的企业联合起来,加速公司化和股份合作制的进程。这些咨政建议对彼时兰州市地方经济发展的政府决策提供了重要的参考。

经济法的社会整体本位观

商事活动总是通过市场去实现的,搞好市场立法至关重要。任先生认为,市场立法既要充分尊重无形之手——价值规律的作用,又要高度重视有形之手——国家干预的作用,由此,引发了对经济法学的研究。他指出,经济法作为一门新兴的部门法,自身存在着三个缺陷,一是缺乏较为科学的基础理论,二是缺乏自身的范畴体系,三是缺乏部门法属性的基本法。经济法作为一门独立的学科或独立的部门法,必须有自己特定的、科学的、稳定的、系统的基础理论与范畴体系。他呼吁要突破传统法学理论的局限性,克服保守疑问心态,开辟新领域,建立新天地。

在研究经济法的基础理论时,任先生提出经济法的理论基础是整体本位论,经济法应当以规范整体利益为价值追求。建立整体本位论,不仅使经济法有自己独立的理论基础,而且更有利于界定经济法与相邻部门法各自的理论基础。经济法在整体本位的理念下,应当坚持国家干预原则,加强宏观调控,坚持权利义务统一观,市场规律与政府干预并重,责权利相结合。整体利益本位是经济法的逻辑起点和价值追求,是对经济法的法学观最基本的概括,它内含系统、制衡、发展、动态平衡、层次等基本思想。经济法以此为理念,肩负着解构与重构多维度关系中法律制度的重要使命。

经济法的范畴体现的是经济法的价值观、理论体系和实然构建框架。在经济法基本理念的指导下,任先生概括出了经济法的范畴应由核心范畴、基本范畴和普通范畴组成。他不仅提出了经济权力是经济法的核心范畴,配置好经济权力更有利于对利益的界定,而且对调整对象、原则、主体、行为、责任、历史、运作等基本范畴都进行了分析,并且将经济法的普通范畴界定为一些经济法学中的普通法律概念。该范畴体系的提出,成为经济法学界的一个流派,这些学术观点写进了许多经济法学的教科书中,在经济法学家李昌麒教授主编的《经济法学》中,就将任先生的范畴论作为重要的一个学派观点进行了梳理。任先生有关经济法的范畴体系的建立,为经济法的部门法独立及学科内涵奠定了理论基础。

任先生还从国家利益、社会利益与公民利益的三元结构出发,指出三者协调一致中的基本环节是共同的整体利益,基于此,提出了经济法调整对象的"纵横统一说"。他指出,虽然经济法的理论基础是整体本位论,但不是要把所有的经济关系都囊括在经济法的调整范围之内。经济法既调整纵向经济关系,又调整横向经济关系,纵向经济关系不可能脱离横向经济关系孤立存在,横向经济关系要受纵向经济关系的控制、调解和监督。同时,通过对"干预说""协调说"等学界观点各自产生的历史社会背景进行分析,清晰地界定了经济法的性质。政府在经济活动中扮演的角色不同,既可能是协调者,又可能是干预者,也可能是平等的参与者,但最主要是实施组织和管理职能。基于市场经济发展的现实需要,经济法扮演了资源配置和秩序维护之责,是组织、管理经济之法。这些主张和观点今天读起来依然富有启迪。

市场主体法的两个维度

无论是商事活动的正常开展,还是市场经济的发展,健全的主体制度都是基础。其中,企业与消费者的二元结构可以作为主体制度研究中的基本框架。

从法律上赋予企业以商事主体自主经营的权利,从制度上设计公司具有独立人格的法律地位,是社会主义市场经济体制建立的基础。任先生认为,现代企业不仅仅是市场经济中的一个细胞,更重要的是应该具有独立人格意义上的组织形态。建立与市场经济相适应的现代企业制度,最为科学合理的组织形式便是公司。法人财产权和股权是公司制在法律上的两个产物。公司作为拟制的法人,建造于所有权和经营权两权分离基础之上。公司所有权与经营权相分离是公司获得法人独立人格的前提条件,是现代公司的重要标志。所有权与经营权分离,随之而来出现了公司治理问题。公司治理结构的设计最终转换为法律制度形式。根据股权分权制衡的特点,公司法将公司权力按照决策、执行和监督三权相互分立、相互制衡的原则,设置公司组织机构,即股东会、董事会、监事会,从而促进了组织结构和职能的规范化和系统化。任先生不仅较早地系统研究了现代企业制度,更是在我国国有企业改制的历史背景下,明确了作为国有财产,国家仍保持对企业财产的所有权,为当时的国有企业改制提供了理论指引。

在经济法主体中,力量较为薄弱的消费者,应为立法保护的重点。用法律手段保护消费者利益是商品经济发展的必然要求。任先生指出,发展商品经济与保护消费者利益的立法必须同步而行。基于商品的专卖制度和卖方市场条件下,商家的专营权及优势地位会对消费者权益形成挤压,搭售、回扣、操纵物价,均构成对消费者利益的侵犯。为了维护消费者的利益,通过立法对一些商事行为加以强制性的制约,是必要的。消费者权益的保护,既是保护弱者的需要,也是确保生产者、经营者和消费者共同利益的需要。维护消费者的正当权益,明确商品生产者、经营者和劳务提供者的义务,是保护消费者立法的基本出发点和归宿。任先生所主张的在消费者权益保护的立法中,既要有保护消费者的基本法,又要有与之相应的配套法,已成为当前消费者权益保护法律体系的现状；他所主张的对商品和服务的了解权、选择权、安全权、监督权、索赔权等项权利也最终均被写入了消费者保护法，成为消费者最基本的法定权利。

经济学分析方法的应用

法学研究离不开方法论。任先生不仅在学术思想上体现了他对普适性法律价值的关注，而且在法学研究与实践中坚持法学的多元方法，通过多视角理解法律。从他的学术著述中可见的具体研究方法有比较研究方法、实证分析方法、价值分析方法等，在法商融合、法与经济的研究中，还十分注重经济学分析方法的运用。他不仅是法学交叉研究方法的探索者，也是法经济学发展的推动者。

法与经济的关系十分紧密，经济法与经济更是密不可分，经济法必须遵循客观经济规律。将经济学的方法应用于经济法学中，是经济法经济性的内在要求。任先生认为，运用经济学中成本理论、博弈理论分析法律成本、效益和博弈中的法律问题，可以揭示出隐藏在法律背后的经济义理，使法律更具理性。他运用经济学分析方法，实证分析了商业信用对交易成本的影响，从而得出结论，从整个经济运营过程而言，商业信用的存在会降低商品循环和周转成本。为保障交易信用的可靠性，一般总是以合同形式将信用固定下来，因此，又利用合同曲线分析卖者与买者之间的关系的优劣，推导出买卖双方信用度的优劣，以此寻找买者和卖者之间的最优组合选择。

任先生运用经济学分析方法分析法律中的价值，交融价值分析方法，是较为独特的研究方法。任先生认为，公平、正义、信用无一不是道德的范畴，其不仅是道德概念，更是上升为法的概念，在法理上是为法的基本价值，在部门法中是为终极追求的目标。在市场经济条件下，道德植根于商品经济与物质利益的需要，从而具有了经济属性。在经济属性视角下探讨道德问题,可通过经济学方法展开分析。按照成本效益的分析方法,可对道德进行经济成本分析。无论是道德损害成本,还是道德价值追求成本,最终都会演化在法律制度的设计中,这不仅可以通过在立法中设置责任制度解决惩罚性成本,也会在司法与执法的法律程序中将经济损害成本和道德错误成本的总额最小化。

不仅如此,在诚信制度构建中要厘清道德规范和法律规范。从职业伦理中的信用,到以信用设计的金融产品,再到围绕信用所构建的法律制度,信用不仅是道德,是商品,也是制度。任先生认为,信用作为人类社会不可或缺的经济制度,对其进行经济分析具有现实意义。他运用经济学中的博弈、纳什均衡分析信用制度,从而得出结论,健全商业信用机制要走合作博弈之路,在交易博弈中,合作是最有效的信用机制。从制度上讲,商法就是商事交易中一系列合作规则和商事习惯的总括。任先生运用经济学分析方法研究了信用制度的最终表现形式为商法,从经济理性的角度验证了商法的基本理念,阐释了商事制度的功能与作用。

任先生将思想和行动完美的结合,他对法律的坚定信仰,是通过坚持不懈的行动去践行的。对任先生学术思想的梳理,挖掘出了很多已经或正在被淡忘的史实,这些思想和史料是我们向着法治前行道上弥足珍贵的财富。如今任先生已是耄耋之年,却仍然笔耕不辍,尚有待完成的书稿,期待早日面世。

胡　凯

2021 年 12 月 25 日

论文类

重商主义与商法的情怀

重商主义(mercantilism)是在 16—18 世纪在欧洲一些国家兴起的以民族国家为对象,以发展商业贸易为指针,以金银聚敛为基础,以致富国强为宗旨,脱离神学和伦理学而以政治经济学为对象的代表新兴工商资产阶级利益和王权利益的一种新的经济理论思想和政策体系。可以说是古典政治经济学前的一种新的经济论策。

一、重商主义及其历史社会背景

任何一种新的理论的产生,总有它深刻的历史社会背景。人类从中世纪向近代社会转型过程中发生了一系列重大的社会变革, 正是这些变革促使重商主义应运而生。而重商主义的产生和推行又有力地推动着各种变革向纵深和广度发展。这一时期在西欧也正是由封建社会向资本主义社会转型的过渡期,是重商主义的全盛时期,同时也是由商人法向近代商业法转变的时期。这一时期的重大历史变革主要有:

(一)商品货币关系的发展促使资本主义经济关系的产生

随着商品生产的发展,货币经济日益发达。城市的兴起带来商业的发展,随之资本主义经济关系开始产生。在这里"货币是市民对抗封建主义的有力武器"。因为有了货币,农奴可以用货币作赎金,获得自由身份。有自由身份的人就可以成为受益于资本的劳动者、雇工,也就是后来的无产阶级。另一方面,在商品货币关系中出现了商人,商人把资本投入到某些行业之后,就成为资本所有者——雇主,也就是后来的资产阶级。这种情况的发展,便导致西欧封建经济的基础——庄园制度渐渐崩溃。并经圈地运动,加之高利贷资本的盘剥以及殖民掠夺,这就是原始积累的过程。这种过程为资本主义经济关系奠定了基础,同时也为重商主义提供了平台。

(二)新大陆、新航线的发现和开通

人类进入15世纪末和16世纪初以来,又一惊天动地的奇迹便是在商业利益的刺激下,发现了美洲新大陆,开通了到东方的新航线,使商品流通范围迅猛倍增,从而促使航海业、贸易和殖民运动大发展、文化大交流。葡、西、荷、法、英等国都成了当时伟大的"商业帝国"。这为重商主义的发展创造了有利的外部环境。

(三)宗教改革运动的兴起

宗教改革运动是16—18世纪发生在欧洲的与文艺复兴运动一样重要的社会变革运动。两者虽然都是反对中世纪的基督教,但宗教改革对重商主义影响更为直接。因为文艺复兴主要是从理论方面谋解放,而宗教改革是从行动方面谋解放,以新教代替旧教,更具革命性。自15世纪以来,商业贸易已获得很大发展,新的商业营销制度的确立,不仅要有新的法律制度,还必须要有全新的意识,使发财致富在道德伦理上获得广泛的认可。而传统教义观总认为发财致富是罪恶,是亵渎神灵:上帝只喜欢穷人,不喜欢富人;并认为信教就不能经商,经商就不能信教,把教与商绝对对立起来。于是产生了由马丁·路德(1483—1546,德国人)和加尔文(1509—1664,法国人)领导的对宗教进行改革的运动。其主要主张是:一是剥夺教会的政治权力;二是脱离教皇的普遍控制;三是反对教会腐败;四是改革教义,由出世观改为入世观,把世俗职业视为天职。新教认为现在上帝脾气变了,现在上帝只喜欢富人,不喜欢穷人;只有富人才是上帝的"宠儿";只有富人才是对社会有贡献的人;只有富人才可以当议员、当市长、当国王;就是死了上帝也只收容富人;并主张经商可以信教,信教也可经商,把教与商由对立转向和谐。马克斯·韦伯(1864—1920)把这种新教伦理观认为是资本主义发展的动力。尤其加尔文在改革中提倡教会民主,更受工商阶层的欢迎。可以说,宗教改革为重商主义的实践和发展扫清了伦理和行动障碍。

此外,文艺复兴运动所产生的人文主义精神,即人本主义,"重人""轻神"的思想对重商主义思想也产生了影响。罗马法的复兴对重商主义也产生了重要影响。因为罗马法复兴标志着世俗法兴起,从而使教会法势力削弱。教会法失势后,民法、商法都得到发展和应用,颇有助于经济的进步。教会法过去一股脑反对经商牟利、贷款生息,这是工商阶级最不喜欢的法律。商法出现后,使商人的牟利行为合法化,商人不受人轻视,获得一个尊严的地位。同时罗马法复兴也有利于王室对新的法律制度的确立。这一切都有利于重商主义的发展。

(四)民族国家的形成

14—15世纪以来,欧洲民族国家渐渐形成。英国直到1455—1485年玫瑰战争结束,始形成统一民族国家。法国直到英法百年战争(1338—1453)后,始成统一。葡萄牙、西班牙都是在13世纪初推翻哥多瓦(Cordora)回教统治后才开始形成民族国家。荷兰于1565年推翻西班牙在尼德兰的统治,后于1579年与北部7省成立联省共和国始成为独立的民族国家。意大利自公元395年长期分裂为东西罗马帝国,便失去统一,直到1870年由撒丁尼亚领导的资产阶级革命才完成统一。德国由于城邦势力强大,统一的也较迟。直到拿破仑战争结束后,两次维也纳会议(1814—1815)在国际法上第一次提出了Deutschland(德国)一词,但还不是一个主权国家,而是一个"德意志主权君主及自由城市的国际法的联合",真正统一直到普法战争后于

1871 年才建立起德意志帝国。俄罗斯在 13—15 世纪反抗蒙古人的入侵，以莫斯科为中心，同时联合科萨真人向东殖民，从而形成统一民族。

民族国家的形成是历史发展的必然。因为在中世纪，欧洲各国基本上是以领主区、教会区和自治城邦结成一体的破碎的诸侯式的地方主义的小邦国。他们各有征税、铸币、制定度量衡、立法以及审判的特权。他们的存在，尤其他们之间的私斗，严重阻碍了工商业的发展。加之其他诸多原因的存在，使得民族国家的形成是客观发展内在的必然。

这里必须注意，虽然民族国家纷纷建成，但这些国家还是以农业为主，商品经济都还不发达，国家既穷又弱。所以摆在这些国家和政府面前的重要使命，就是如何使国家由弱变强、由穷变富。所以各民族国家的政治家、时论家以及实业家们纷纷发表致富图强的论策，并把发展贸易、航运、殖民作为三大主要国策加以实施。所以重商主义几乎全为民族国家所集成。这就构成这一时期的政治、经济、思想特色，后来人们就称此时期为重商主义时代。

二、重商主义的内容及其性质

"重商主义"一词不是当时主张者对自身的命名，而是后来的对立派——重农主义所使用。该经济理论思想"虽还不是以整个国民经济作为考察对象的理论体系"，但它与以前的经济思想有明显的区别，它的主要内容有：

1. 重商主义既是一种经济政策的表述，又是一种经济理论思想论策体系。作为一种经济理论，推崇者们都一致主张要依靠发展贸易来振兴国家经济，以达到积累财富的目的。并认为当时经济民族主义的主角依然是商人而不是制造商。

2. 把金银等贵金属的聚敛作为致富的源泉。当货币经济被确立，该理论把财富与货币等同起来；认为获得金银货币就是获得财富；金银储存的愈多，国家就越富；同时认为"货币生产贸易，贸易增多货币"，把发展贸易作为国家致富之源。我们于是把这种主义称为"重金主义"。

3. 大力发展对外贸易。认为国内贸易，是自己人赚自己的钱。只有发展对外贸易，尤其是转口完易，才既可大力增加输出，又可严格限制输入，努力维持贸易"顺差"，借此获得更多金银。此举被奉为"贸易差额主义"。

4. 鼓励发展海运，奖励造船事业。

5. 振兴国内产业，大力生产出口产品。同时认为发展产业又必须发展人口，以提供充足的劳力和兵源。

6. 严禁金银出口和奢侈品进口。

7. 鼓励出口，对本国商品出口给予补贴，并实行出口退税制度。

8. 实行特许性的殖民地贸易政策，设立独占性的殖民地贸易公司。在殖民地独立经营和海运。把殖民地变成本国产品的推销地和原料供给地。

9. 为促使国家富强，发展内外贸易，大力推行国家对经济的干预。其中包括政治、军事、经济、法律等手段。这样重商主义便具有强烈的国家主义特色。

关于重商主义的性质历来就有不同的认识，但主要表现为以下两派观点：一派是从经济层面上去认识，认为重商主义属货币增殖主义和贸易差额主义。这一主张以美国学者为主。另一派是从政治层面上去认识，认为重商主义是强调近代国家的建立，它的核心思想始终是怎样使一个国家变富变强。这一认识以德国新历史学者为主。从总体看，这两派观点都有道理。不过后一认识更为重要。因为只有认识重商主义所推崇的致富强国的核心思想，今天我们重温重商主义思想对我国当前的改革开放才具有现实意义。

另外，重商主义是政府管制经济，还是个人主义经济，在认识这一问题时，必须从民族国家，王权与市民利益的一致性为主流去认识和思考。众所周知，过去的经济贸易活动主要是以庄园、自治城市、教区为单位，自民族国家兴起后则逐渐转移到以国家为单位。如控制工商的权力已由过去的行会转到国家手中，尤其是征税权、铸币权、司法权已由领主、教会手中转到由国家统一来行使。至于商人的对外竞争更由国家来支持。但能否就以此为据认为当时的经济就是管制经济？显然不能。因为中央集权政府能从领主、教会、行会的控制下获得多种统一管理权，都是市民工商阶级所迫切需要的。所以他们为了自身的利益积极帮助王权去实现统一。而重商主义者们也正是适应了这一统一要求并从政策、法律制度上去推动统一。虽然王权的专横和重赋给新兴工商业者带来损害，但与过去相比，他们是能够容忍的。在这种情况下，重商主义的推行，不是激化了工商阶级与王权的矛盾；相反，是在一定程度上缓和了相互在政治、经济方面的矛盾。所以把重商主义认为是"管制经济"的论点是不符合历史事实的。重商主义更不是指令经济和"计划好的"经济，与指令经济相比，它是高度个人主义的，但它又不是无政府的。现在有人把重商主义与管制经济、计划经济相提并论是不对的。

三、早期重商主义与晚期重商主义的区别

重商主义在时间上有早期和晚期的区分。早期重商主义大约从15世纪到16世纪后期。晚期重商主义大约从16世纪后期到18世纪初期。早期重商主义的主要理论是"货币增殖主义"或"重金主义"，认为货币（金银）就是财富；所以要把货币贮藏起来，禁止出口；并强

调多卖少买,甚至只卖不买;认为一切购买都会使货币减少,只有一切销售才会使货币增加;认为货币是财富的唯一形态,贸易是财富的主要源泉。

晚期重商主义,主要产生于商业资本已很发达,高利贷资本已很盛行,工业资本已开始产生的时代。其主要理论是"贸易差额论"思想。认为闲置的货币不会带来更多的货币,只有将货币投入流通,才会使货币增值,所以禁止金银出口是不利于一国经济的发展;主张既出口,又进口,多出口,少进口,实现贸易"顺应",才是致富之道;至于发展制造业同样是为了服务于多出口的目的,所以国家不仅应对出口贸易进行保护,还应该扶植本国制造业的发展。该理论的事实背景是很清楚的,在早期重商主义时代,社会财富主要还是建立在农业剩余劳动的基础之上,制造业(手工业)虽有一些发展,但在整个国民经济中还处于不重要的地位。而商业尤其是对外贸易,在国民经济中要大于制造业。而到了晚期重商主义时代,由于手工工场的发展,制造业在国民经济中的地位和作用增大;不仅要保护对外贸易,更要保护制造业,已被越来越多的人认识到,从而要求对政策进行调整。

尽管早期、晚期重商主义在理论上和政策上有所分歧,但无论是政治家、商人还是官员所考虑的主要问题有两点始终是相同的:一是在价值追求上都是以国家的致富图强为主要目标;二是都认为货币是财富的主要形式和标志,财富的形成和积累要在流通领域里实现。所不同的主要是对增加和积累货币财富的手段和方法的认识有所不同。从这种意义也反映出当时国王的利益、新兴资产阶级的利益以及普通市民的利益存在一致的方面。

但是要知道当18世纪工业资本家集团兴起时,商业资本家集团虽然为工业资本家集团铺平了道路,但是不论在政治上和经济上都把封建势力和国家干预看成是不利于资本主义自由发展的绊脚石。

也就是说,当工商阶级与专制国王联合的底线被突破时,在政治和经济思想上都导致分歧时,重农主义以及自由经济理论便对重商主义取而代之。

四、重商主义在相关国家的推行及其商事法制建设

重商主义在欧洲各国曾得到普遍推行,而且出现过葡、西、荷、英、法等伟大的"商业帝国"。重商主义的推行和发展对商事法制建设也产生了重大影响。正如马克思在评论重商主义者托马斯·孟的论著《英国得自对外贸易的财富》时所说,"这本著作从一开始就对立法产生了影响"。现以英、法、德国家进行比较。

(一)英国重商主义的推行及其法制建设

英国重商主义称麦肯迪主义(mercantilism),系因英文 mercantilism 一词而得名。这个词的意思就是"重商"。英国推行重商主义最大的特点是一开始就把切入点定位为以维护新兴工商阶级的利益和推动产业的发展为主而且这一政策在多个领域长期被坚持。英国为推行重商主义早在 1215 年颁发的《大宪章》中就确立了自由民有自由经商的权利,并规定外国商人可以在英国的陆路和海路上出入,对敌国商人实行对等原则;并明确规定不许王权乱征税赋。这些宪法性规定具有很高的权威,而且被 1689 年颁布的《权利法案》所吸收。英国为推行产业政策的需要,最典型的就是从 13 世纪就推行圈地运动,后于 1760 年正式颁布了《圈地法》,1794 年又颁布了《统一圈地法》,圈地运动是 13—19 世纪不列颠土地所有制的特征。本来早期的圈地是通过协议进行的,在 1760 年以后,便以国家法令进行。圈地计划只要在教区连续张贴三周,便可强制实施。这一运动从伦理上讲是不道德的,人们常把它称为"羊吃人"的运动,但它却吃出了一个发达富裕的工业国。这正如最早重商主义理论的奠基者——马基雅维里

在《君王论》中所说,要使国家富裕要不择一切手段。实际就是使弱者利益要作必要牺牲。这种事例在其后以及现在诸多国家的发展中屡见不鲜。英国早期为推行贸易保护主义,限制金银货币出口,颁布了《使用条例》和《交易差额法》,前者规定入境商人要将卖款用于购买英国的商品;后者规定出境英国商人要将部分卖款携回英国。为了控制外汇,还专门设立了外汇管理局,规定所有货币的汇出只能在皇家外汇管理局办理。

英国为发展贸易和对外殖民,很早就重视航海产业的发展。并早在 1381 年、1483 年、1489 年、1532 年颁布了一系列航海方面的制定法。这些法称为《商事黑支书》,并建立海事法庭。后来为了与荷兰、法国争夺海上霸权,于 1650 年、1651 年、1660 年、1696 年又颁布了一系列航海法。其规定外国船只未经特许不得与英国殖民地贸易;所有从其他国家运入英国的商品,都要由英国船员驾驶英国船只载运,并列出殖民地出口到英国的商品只限于糖、烟和棉花;所有殖民地的官员都要由国王任免并归伦敦海事法院管辖。这些做法主要是为有效地贯彻落实重商主义思想——鼓励出品、限制进口、防止贸易逆差,避免货币外流,对殖民地进行控制。

英国的衡平法对商法的促进也很大。由于商业信奉的自由、公平、拒绝强化的形式与衡平法所遵循的公平、正义、良知不谋而合,因此英国从中世纪到近代诸多制定法和判例法都体现了衡平法原则。正如大法官伏拉斯巴勤在 1791 年的判例中写道,"商法的基础在于公平原则,应遵循受正义和公平支配的衡平法原则"。英国著名的信托制度就是由衡平法的保护逐渐确立起来的。此外,英国还制定了不少商事制定法。如公司法、票据法、保险法、财产法等,尤其是 1893 年制定的《货物买卖法》,它是商法的核心内容。

英国由于实行正确的产业政策,加之法律的护航和促推,所以整个国民经济得到快速发展。如 1350 年的呢绒出口只有 5000 匹,而到 1547 年就增加到 12.2 万匹,英国的呢绒制品一跃在世界市场占首要地位。毛纺业的发展,有力地促进了农业、机械业、采矿业、交通运输,尤其是海运和造船业的发展,其他如建筑、造纸、酿造、化工、军火工业都得到发展,并相应带动金融、保险、贸易的发展。由于这些行业都是新兴行业,都需要新技术,所以又促使文化教育事业的发展。加之新兴产业无行会限制,所以发展的都很快。这些变革有力地促进了商品货币关系的发展,也是一个"创造资本关系的过程"。这一切引领着英国的工业革命走在世界最前列。拿破仑曾说,英国自近代以来,一直坚持残酷的商业"寡头政治",英国是靠发展商业——尤其是海上贸易起家的。托克维尔曾说:"英国如此很快富强起来,原因不在于这套法律的优良,而在于推动整个英国立法的精神。"

(二)法国重商主义的推行与相关法制建设

法国重商主义称柯尔伯主义(Colbertism),系以法王路易 14 财政大臣柯尔伯(Jean Bapfiste Colbert)而得名。他是重商主义的主要推行者。法国的重商主义政策包括致富图强的诸多政策。如发展国内产业、发展对外贸易、平均租税、增进王室收入等。法国国王路易 14、15、16 以及大臣从利奇流、柯尔伯到杜尔哥始终都是重商主义的坚定推行者。法国的商事立法也是在重商主义的推动下展开的。法国从 16 世纪起就出现了一些独立的商事法律制度。这些制度被 1563 年设立的专门的商事法院保留下来。后来法国于 1673 年在重商主义者的干将柯尔伯的推动下颁布了《商事敕令》。该敕令由老商人沙华利参与起草,所以有商人法典(Code Merehand)或沙华利法典(Code Savoy)之称。该法典共 12 章 122 条,包括商人、商业登记、票据、破产、商事法院等内容,构建起了商法的主要框架。它把 1563 年 11 月洛洛九世颁布的商事法院及交易所敕令和 1578 年、1609 年安利四世颁布的破产敕令都吸收在内。该法典是一部专门调整陆上商事活动的法律。在适用上仍受商事习惯法支配,商事法院的法官仍由商人提任。以现有资料看,它是世界上第一部独立的商事成交法,也是后来法国商法典的主要渊源。接着法国于 1681 年颁布了《海事敕令》。该敕令在起草中由海港商人分章调查,继由起草委员会作专门调查案经十年之久,故在路易十四颁布的法律中最为完善,不仅受法国欢迎,就是全欧洲也望风披靡,后成为各国制定海商法的蓝本。法国为推行贸易保护主义,于路易十一世就颁布法令规定所有从事海上运输的人,只准用法国商船。1450 年规定对外来商人课以重税,对本国商人则一律免税。为鼓励造船,规定凡由法国人自己造的船运入的货物每吨奖 5 镑。对造船所需人员给予重薪。对工商业的管理,1581 年、1597 年两次明令由财政部统一管理。另外,1667 年还设警察制度,以协助工商管理。17 世纪时,为了衡量各项商政的实施效果,专门设立了贸易平衡局。到 18 世纪中叶时,为进一步发展商业,还专门筹集起"商业基金"。1776 年还专门建立起一家商业证券贴现银行。为统一度量衡 1791 年颁布法令,实行"米制"。

法国在重商主义的推动下,经济和社会得到前所未有的发展,"1788 年波尔多的贸易比利物浦多。在 1774—1787 年间海上贸易在法国比在英国发展更快;这种贸易近 20 年增长了一倍"。这一时期法国对外贸易总额增至 11.5350 亿镑,比英国还多。同时法国出口物多为精织毛、绒、花边、酒类、金属、皮货等。法国在大臣利奇流时(1599—1642)就有各种商务公司 22 所。为鼓励投资办公司,政府给东印度公司以特别津贴。运出货物每吨奖 50 镑,运进货物每吨奖 75 镑。国王一次曾赐予东印度公司 400 万镑。同时给西印度公司 1/10 的资本,从而使公司声名大震。

但法国在推行重商主义政策上不像英国以产业阶级为政策主

体,而是以王室和资本家为主体,而且具有财政性和独占性的特点。如柯尔伯在推行重商主义时,虽然使王室财政收入很快增加,而且在1662年财政还盈余3200镑。但柯氏在增加财政收入时却采取"包税制"。如在1664年在全国建立"五大包税区",主要是把包税额由御前会议审查包给一些金融公司。这样虽然可以及时收取税款,但这些金融公司又把包税任务层层转包给各地的大商人。这样势必增加纳税人尤其是新兴资产阶级的负担。所以这样一来,柯尔伯虽是王室的功臣,但却遭到老百姓的咒骂。除税制改革外,法国重商主义者在币制、度量衡、法制改革以及公共繁荣方面都取得重大成就。从当时法国的人文因素、经济条件和环境来说,法国本应走在引领欧洲产业革命最前面。但正由于法国缺乏英国那样明确的产业政策,所以它的重商主义成效逊于英国。

法国大革命后,为了统一法制,国会于1790年创议制定民、商法典。1804年制定《法国民法典》,后由执政官政府于1801年3月1日正式成立商法起草委员会,同年12月脱稿,未获通过。至1806年商业萧条,拿破仑找大臣咨询对策,众臣建言,除尽快制定商法外别无他策。于是命专员调查,积极拟定草案,经阁议7次,终于1807年9月10日通过《法国商法典》。从中可以看出商法典的问世,是法国政治经济发展的必然结果,并不是有些人所说是拿破仑一怒之下制定的。尽管该法典存在一些缺陷,但世界许多国家皆以此为蓝本制定了本国商法典,从而形成了法国商法法系。

(三)德国重商主义的推行与相关法制建设

德国重商主义称卡麦拉主义(Cameralism),它是从Camera一词而得名。这个词有储藏室的意义。罗马教皇的仓库就叫卡麦拉。德国重商主义以此命名,也可说其着重之点在于增加国库的收入。就德国重商主义者的主张者来说确是如此。如施罗德（Wilhelm Von

Schrotfer）便认为德国各区行政首长应设法改善人民生活，以增加税收，税收增加国库便可长保充实。他更主张创设一个最高的独立委员会，负责处理税收问题，以期充实国库。由此可见，德国重商主义与法国重商主义有异曲同工之效。德国推行重商主义，同样包括对金属货币的重视，对对外贸易的控制，完善便利商人之设施，保护制度的推行以及对货币、度量衡税制的改革等。德国在推行重商主义的过程中也重视立法。德国在这方面立法的主要特点是早期主要以城市法为主。在 13 世纪时德国的吕贝克、不来梅、汉堡、奥格斯堡、纽伦堡、法兰克福等城市已有"帝国城市"之称。这些城市名义上属王室，但它们已享有完全的自主权。它们可以铸货币、建军队、立法、设立高级法院。到 15 世纪时城市行会手工业已很繁荣，已开始生产武器和采矿。这些城市形成后在北海、波罗的海、地中海等地区开展贸易活动并与英国、法国、荷兰、俄罗斯等国进行了广泛的贸易活动。由于这些城市当时得不到王室的有效保护，因此他们为了保护自己的利益，在重商主义思想的推动下，便组织起了城市同盟。其中影响最大的是汉萨同盟（Hansea ficleague）。该同盟成立于 1367 年，最初只有汉堡、吕贝克、不来梅几个城市参加。后来有 70 多个城市参加，最多时有 200 多个。该同盟有金库和统一的商业法，以保护入盟城市的商人。商业纠纷不受封建法庭管辖。同盟中心设在吕贝克，每三年召开一次代表大会。入盟城市必须遵守同盟决议，违者令其出盟。同盟垄断了北海、波罗的海沿岸的贸易，在邻国中享有商业优惠，并在伦敦、布鲁日、莫斯科等城市设立商站。同盟城市主要从事对外贸易活动，从而沟通了原料产地与手工业中心的联系，对当时德意志以及欧洲经济的发展功不可没。15 世纪中叶以后，随着英国、尼德兰、瑞典商业的发展和新航线的开辟，该同盟逐渐衰落下去，于 1669 年解体。

另外，德国西部和南部在重商主义的推动下也结成城市同盟。莱因河畔的美因斯、沃姆斯、科伦等城市组成莱因同盟,多瑙河上游的城市如奥格斯堡、鸟尔姆、纽伦堡等组成了士瓦本同盟。这些同盟主要属商业同盟。它们与意大利、尼德兰、法国保持着密切的贸易联系。这些同盟的敌人主要是封建主和拦路行窃的骑士。1381年两个同盟合并,并一齐打退骑士的进攻。但在1388年两个同盟终在封建诸侯联合压迫下瓦解了。这些同盟协议既具有很强的内部规范性,又具有很强的涉外性。

德国在统一前法律制度很混乱,既有以罗马法、寺院法和日耳曼习惯法为主要内容的普通法,又有各邦国自己的特别法。仅票据法就有50多种。德国在统一商法制度中,普鲁士王国起了重要作用。该王国1727年就制定了《普鲁士海商法》,1751年颁布了《普鲁士票据法》,1861年颁布了《普通德意志商法典》(称旧商法典)并先于民法典。后来德国统一后于1897年制定的《德意制帝国商法典》(称新商法典)是在普鲁士商法的基础上制定的。德国虽然统一较迟,制定统一商法比较晚,但它却有后来居上的优势。正像德国的经济一样,统一后一转上资本主义轨道,经济就得到快速发展。这就是美国格辛克隆在1952年所提出的"历史非连贯性"假说,也就是"历史跳跃性"假说。这一假说的主要思想是:各国发展资本主义的道路是不一样的,后起的资本主义在存在"后发性劣势"的同时,也拥有"后发性优势"。这充分说明落后并不可怕,一国经济落后,只要能从观念上、制度上(体制、机制)进行不断革新,后进可以变先进。虽然德国《商法典》晚制定将近100年,但现在德国商法典在理念上,制度设计上反而比法国商法典要好。德国商法典制定后也受到一些国家的青睐,如奥地利、日本等国纷纷仿效之,从而形成德国商法法系。德国商法为回应社会的需要进行了多次修改,更加体现了正义、公开、自由、自治的进步精神。

五、几点结论

从以上重商主义和商业法制变革,可以得出以下几点基本结论:

1. 以近代国家为对象提出的强国富国思想,不仅对当时刚形成的民族国家的生存和发展具有重要的历史意义,就是对处于转型期的我国乃至一切发展中国家都具有很强的现实意义。尤其我国现在正在建设以公民社会为主体的和谐社会,它与西方社会在16—18世纪转型期在重商主义推动下所形成的市民社会有许多可比之处。任何理论和政策,如果它不具有现实意义,即使它是现实存在的,那也是死了的;如果它具有很强的现实意义,即使它是过去的,它也仍然是活着的。

2. 商法的发展不是靠个别人的偏好,更不是靠他人的恩赐,而是靠推行者的努力。商法和重商主义一样,它的理论和政策都来自实际生活。实际经济生活,既是商法和重商主义的理论之源,又是商法和重商主义的政策之本。人类只要有交易活动存在,只要有商人存在,就需要有专门的特别的法律加以规范。

3. 重商主义虽还不是以国民经济为整体,以公平、自由为理念的科学的理论思想,因此不能把它估计过高,但是它已经脱离神学和伦理学而论述政治经济学问题,它为近代经济学播下了萌芽的种子并铺下了经济分析的基础。在贸易差额论中有关货币增减对生产的影响引申出的货币变动观以及货币顺差理论都被后来学者肯定具有理论先驱性。

同样就当时的商事立法来说,它还不是建立在资本主义制度,更不是建立在市场经济基础之上以及公平、正义、自由、自治理念基础上的法。基本上仍然是保护主义管制性的法。同样不能把它估计过高。但是它已经脱离宗教法而转向世俗法,脱离单纯的商人法转向商业法,脱离习惯法转向成文法,脱离地方法转向国家统一立法,这表现的是一个时代的大飞跃。因此,从经济思想史来说,重商主义是研究近代经济思想的起点;从商事法制思想史来说,同样是研究近代商业法思想的起点。

4. 近代国家建立以来,对贸易的保护主义和自由主义以及国家对经济的干预和放任,一直是国家经济政策和理论的重要问题。当今世界各国选择也不一样,争论更是喋喋不休。但重商主义所建立的出口奖励政策、出口退税政策以及外汇管制政策,仍然被许多国家所采用。有人说,当今世界已进入新的重商主义时代,即国家管制与自由竞争并存的时代,尤其现代社会许多国家都实行公共财政、公共选择,从经济理论到实施政策过程中去寻求经济管制,甚至从股份公司的起源去寻求国家干预经济的必要,从而建立起新政治经济学。这些理论和政策,重商主义都有鉴往知来的功效,对商法也有借鉴作用。

但我国目前不能主张以重商主义作为治国方略。因为重商主义的一个重要思想是立足于发展对外贸易。发展对外贸易固然重要,但对我国来说,在知识经济情况下,成本和风险都很大。我国经济发展应立足满足内需,以提高人民群众生活水平为主,这样主要是依靠国内市场。但即使如此,我们也不可能、也不允许放弃国际市场,而是要更多、更有效地去发展国际贸易和经济往来。尤其重商主义所主张的国力充实思想,它本身就是兴商、兴市、兴法、兴国的好思想。在我国这样一个自古以来就是一个轻视商业、歧视商人、排斥商法的国家,更应当顺应时代潮流加快制定完备的商事立法,去确立、规范、保护兴商、兴市、兴业、兴国的各项制度,并把它作为商法的宗旨。商法从过去到现在与重商主义的血脉是息息相通的,正是从这个基本理念出发,我们说,"重商主义至今仍然活着!"

（原载于《商事法论集》2007 年第 1 期）

到哪里去寻找商法？

——从分工、交换、商人阶级的进化过程进行观察分析

研究商法首先要理清它的历史脉络，注意它的进化过程。商法从本质上讲所反映的是人类的交换史。从历史视角考察，是人类生产力有了发展才有分工，有了分工，才有交换，有交换才有商人，有商人尤其有职业商人才有商业和商法。这是寻找和了解商法的一条历史路径图。这一嬗变经历着从野蛮期（半开化期）——文明期——史前史后几千年的孕育、产生、形成和发展过程。只有了解了这一长期而又复杂的史诗般的过程，关注它的过去和现在，现在和过去辩证统一关系，才能较好地了解商法的史迹。摩尔根说得好，"人类的一切主要制度，都是从早期所具有的少数思想胚胎进化而来的。这些制度在蒙昧阶段生长，经过野蛮阶段的发酵，进入文明阶段，以后又继续向前发展。"本此思路，该文着重对人类交换活动的发展和商人阶级的产生及其对商事法律制度的追索谈初茇之见，以飨读者。

一、人类交换活动路径寻踪

交换活动与人类本身一样古老。"交换与人类分工有紧密联系。所以它随着人类的三次大分工，随之也就形成三种主要交换形式：一是以物易物交换（W—W）；二是简单商品交换（W—G—W）；三是发达商品交换（G—W—G）。把这几种交换形式进行比较，不仅可以看出它

们的时代不同、参与的主体不同、反映的社会关系和经济内容不同、出发点和归宿不同、使用的规则不同,而且可以了解交换的历史脉络及其规律性。现列表简示:

交换类型	社会分工	产生时期	参与者	商人与货币	交换方式	换位对象	出发点和归宿	存在的经济基础	适用的规范
物物交换(W—W)	第一次分工—牧业与农业分离	野蛮时代的中级阶段—铜石并用时期	部落与部落氏族成员	无商人无货币	买卖结合	交换物	从物—物	自然经济—交换的只是剩余物	习惯规则
简单商品交换(W—G—W)	第二次分工—手工业与农业分离	野蛮时代的高级阶段—青铜和初铁时期	生产者与生产者	无商人有货币	买卖初步分离	货币	从物—货币—物	自然经济与商品经济	习惯规则
发达商品交换(G—W—G′)	第三次分工—商业与生产部门分离	文明时代—铁器时代	生产—经营者—消费者	有商人有货币	买卖彻底分离	商品	从货币—商品—增值的货币	商品经济	习惯—自治规约—法律

分工,是交换产生和发展的前提和基础,社会分工越细,交换越发展。分工是人类的永恒现象。人类在蒙昧时期就有男女老少的分工,不过这是属于生理性自然分工,后来随着生产力的发展促进社会分工。分工使劳动专业化和个体化,并促使财产私有化。

人类第一次社会大分工主要是"游牧部落从其余的野蛮人群中

分离出来。这些游牧部落同其余的野蛮人比较,他们不仅有数量多得多的牛乳、乳制品和肉类,而且有兽皮、羊毛和随着原料增多而日益增加的纺织品。这就第一次使经常的交换成为可能"。并为私有制的产生创造了条件。这时交换的形式主要是物物交换。这种交换既无货币作媒介(即使有也是以实物——如贝、牛作等价物),也无商人作中介;交换的当事人主要是部落与部落、氏族与氏族以及氏族内部的成员。他们既是买者又是卖者,使各自都集买卖于一身。交换的物品主要是生活剩余品,不仅数量少,规模小,而且多数都是在熟人之间进行。这时的经济纯属消费经济,它的交换也纯属相互物物调换性质,不是追求产品价值增值。人类最早的游牧部落出现在亚洲,所以人类的第一次社会分工也最早出现在亚洲。我国在神农时期出现的,"日中为市、致天下之民,聚天下之货,交换而退,各得其所",就是最早的交换活动。这仅是一种以物易物的活动,而不是真正意义上的商业活动。但是作为考察研究交换规则来说,却不能轻视这种物物交换活动。因为它是整个交换活动的胚胎。马克思在《资本论》中讲商品矛盾外化——价值形成的展开时讲得很清楚。如:10公斤谷物与1件上衣交换,10公斤谷物的价值就表现在上衣的使用价值(物体)上。其实10公斤谷物=1件上衣,只是10公斤谷物=2英镑这一形式未经发展的基础。所以物物交换形式,就包含着货币交换的全部秘密。

第二次社会大分工,是手工业从农业中分离出来。随着生产力的进一步发展不仅农业有了新发展,而且还产生了许多工匠。如铜匠、木匠、皮匠、织匠、陶匠以及金银匠等。这些活动已不可能同时由一个人进行,于是生产分为农业和手工业这两大主要部门,这便出现了直接以交换为目的的生产,即商品生产。"这样就使原来偶尔的交换变成经常交换。手工业就成了专门为交换而产生的新兴行业。这样商品生产与商品交换这对孪生兄弟也就应运而生。同时为满足交换的需要,金属货币也随着产生。从而使原来的物物交换(W—W)发展为以货币为媒介的简单商品交换(W—G—W)。这样在时空上就扩展了交换范围,为商人和商业的产生创造了前提条件。

第三次社会大分工是商业与农业和手工业分离。主要是交换职能从生产者和生产部门分离出来,从而使交换成为专门职能。这样也就"创造了一个不从事生产而只从事产品交换的阶级——商人",商业也就成为专门的新兴的经济行业。这时的交换既不同于物物交换,也不同于以货币为媒介的简单的商品交换,而是以商人为中介的发达的商品交换(G—W—G),直到现在仍主要是这种交换形式。可以说商法的全部内涵和外延都直接间接体现在这三大交换关系的当事人及其各种各样的权利义务关系中。可以说商法是人类在交换活动中所形成的一系列特殊规则,离开交换活动无商法可言!

从这三次分工的时间跨度来说,它经历了从野蛮时代的中级阶段——野蛮时代的高级阶段——古文明时代,这是一个很长的历史时期。各阶段的经济、政治、文化、技术水平也相差很大。第一次社会分工一般属新石器和铜器并存时代,这时人类正处在"野蛮时代的中期(母系氏族)"。第二次社会分工一般为青铜器和初铁器时代。这时人类已属于"野蛮时代的高级阶段(父系氏族)"。第三次社会分工,这时人类已步入文明时代的门槛。它的主要标志是:铁器的广泛使用,象形文字的发明和历法的发明,以及出现了金属铸币,从而出现了货币资本;出现了土地私有制;出现了占统治地位的生产形式的奴隶劳动;国家是文明时代的总概括。"在时间跨度上还要注意东西方的差异。如铜器时代在东方约在公元前 4000 年—前 1800 年间,在我国为商代(公元前 17 世纪—11 世纪),在欧洲约为公元前 2000 年—前 1000 年间;铁器时代在东方为公元前 1800 年—前 1000 年间,在我国为春秋时代(公元前 770—前 403 年间),在欧洲为公元前 1000

年—前 500 年至罗马帝国时期。"可以说不论铜和铁的利用,亚洲人要比欧洲人早。如铜的使用最初是两河流域和印度河流域,然后是埃及、中国和其他地区。"从总体上讲人类的三次分工和交换的产生东方国家要比西方国家早。

另外,第一、二次分工后,虽促进了交换的产生和发展,但这时仍无商人参与。即使偶尔出现一二个商人,对流通也不起支配作用。无商人存在,当然也就无商业,在这两者都无的情况下,自然也就无商法可言,所以说古代无商法,只是指在第三次社会分工之前才能成立。这时规范交换的行为规则主要的是人格化的交换习惯。

只有到了第三次社会大分工时才出现了商人阶级,从而使交换关系更加复杂。首先是商人参与交换后,从而割断了生产者与消费者之间的直接联系,使交换关系成为生产者、经营者、消费者之间的商品流通关系。从交换的目的看,商人参与交换不是为了自身获得商品的使用价值,而是为了使资本增值。商人交换虽然也以货币为媒介,但这时的货币,已不是单纯的等价物,而是货币资本。在交换程序上,由于商人不从事生产,所以他总是先买后卖,商人的买和卖不是同一人,而且时间更加灵活,空间范围更加广泛,数量更大。这时的交换已不主要是在熟人之间,而主要是在陌生人之间,多数是异地交易和长途贩运,并取得了愈来愈荣誉的地位和对生产愈来愈大的统治权,这样他们也就愈来脱离原来人格化的习惯规则,这样资本主义过程的出现也愈加明朗。"从以上分析可以看出交换的产生对商人的产生具有根基作用。本来商人、商业、商法问题,都是一个历史范畴,研究这些问题再回到历史中去,了解人类的分工,了解交换的演变,对了解商人、商业、商法的产生和形成是十分必要的。

二、商人阶级的产生和职业商人阶级的形成

研究商法还要注重商人(尤其是职业商人)的产生和形成。因为商人是商业的"人格化",是商业的基础,而商人是商业的经济化装,是商人行为的综合。"没有商人存在,商法就无主体可言,没有商事关系,商法就无调整对象可言。所以,商人直接关系到商法的存在。

关于商人阶级的产生,恩格斯说得很清楚,是人类第三次分工的产物。他说,"第三次的,它所特有的,有决定意义的重要分工:它创造了一个不从事生产而只从事产品交换的阶级——商人"。并接着说,"这里首次出现一个阶级,他根本不参与生产,但完全夺取了生产的领导权,并在经济上使生产者服从自己,他成了每两个生产者之间的不可缺少的中间人。"这里需要进一步探讨的问题是:既然说商人阶级是在人类第三次分工时形成的,而第三次分工如前所述,在东方约为公元前 1800 年—前 1000 年,在欧洲约为公元前 1000 年—前 500年间。这时期明显属古代社会。既然在这时出现了商人,为什么没专门的商人法,反而商法学界普遍认为是在世隔 1000 多年甚至 2000多年后,在中世纪的欧洲才率先出现商人法?

要知道早期的商人,并不是一出现就是一个独立的职业的商人阶级。阶层、阶级在人类社会中它所代表的是不同的社会利益集团,是社会分层的特殊范畴。在西方,它的划分主要是以收入、权力、威望为标准。而在东方则主要是以地域(城乡)、劳动方式、职业为标准。印度是以种姓制为标准进行划分,他按社会分工把人分为四等,其中第三等——吠舍就是经商的人。这里要特别提出的是在第三次分工——商人出现时,正是人类处于奴隶社会时期。这时的社会阶级主要是统治者奴隶主阶级(包括国王、祭司、武士等),其次是自由民阶级,其次是奴隶阶段。在古代社会,经各次分工,有农耕畜牧的生产事

业，便有农民与牧者；有各种制造工业，便有各种业主与手工工人；有专营运输的商业，便有独立的商人。这些人的职业虽各不相同，然彼此都属同一阶级——可以都算做自由民阶级。"自由民阶级仅别于奴隶而已。他们在政治上还无参政权；在经济上也要受剥削，同时他们也可能使用奴隶剥削他人。由此，可以说，虽然在第三次分工后出现了商人，但他还不是一个独立的社会利益集团，更不是专门的职业商人阶级。像我国西周时代"庶人"和"民"，有的史学家认为，既不是奴隶，也不是农奴，而是自由民。就是后来到春秋末年虽已有"士、农、工、商"之分，但也合称四民，而不是各自独立的阶级。在我国，虽说在商代已实行了第三次社会分工，但商代尚无专门的商人阶级，把从事商、工、农业的人都称"众人"，泛指平民阶级。当时，虽有《诗经》——《卫风·氓篇》中所云："氓之蚩蚩，抱布贸丝。"这也是一种以物易物的活动。商代虽有"以职为氏"的工商业者，但由于工商活动都直接关系到利益分配，所以商代特别是晚期一直坚持"工商食官"制度。当时对比较重要的手工业和买卖活动都由王室和诸侯贵族所控制，由百工直接掌管，百工就是百官。当时的商人，不仅不能自主经营其业，就是手工业生产的产品也主要是为了奴隶主贵族的享用，而不是为了交换而进行的商品生产。"所以《礼记·王制》说："凡执技以上市者：不贰市、不移官。"这说明，当时只有"官商"，而还无真正意义上的民间"私商"。后来西周基本承袭了商代的"工商食官"制。中国的私商一直到战国时期才较广泛发展起来，但"官商"在以后的各朝各代一直保留，并居支配地位。遗憾的是在我国古代文献中有关商人数量的记载基本找不着。

在罗马帝国时期，把经商的人纳入"市民阶级"。而市民阶级，他们或为致富的商人，或为服公务的官吏，或为自奴隶阶级中解放出来的人民。"可见商人也不是一个独立阶级，所以在罗马法中没有独立的商事法律制度也就不足为奇了。在欧洲,就是到 12 世纪,与当时保留下来的文献数量相比,有关商人的记载是微乎其微的。救令汇编中关于商业方面的内容也是非常之少的。当时只有犹太商人为数较多,活跃在一些市场。但他们也只不过是运几桶酒或盐,或犯禁进行奴隶买卖以及贩卖来自东方的奢侈品而已。至于那些专为领主和大修道院供应物品的人,他们只不过是领主和修士们的供应人员,他们根本不是独立的商人,可以说,在地中海为穆斯林的入侵所关闭之后,再也找不到任何痕迹表明还有经常性的商品流通,还有一个专业性的商人阶级。"这主要说明欧洲在 12 世纪前商业是处于大衰退时期。

另外,早期商人,由于人数少资金微薄,尤其经商具有很大的偶然性和风险性,所以当时的商人,多数还是亦农、亦工、亦商的业余性的商人,而农业、牧业、手工业相对来说,收入较稳定、风险较小,所以当时的商人兼营农业、手工业是自然的选择这也表明商人早已懂得"不要把所有的鸡蛋放在一个篮子里"的经营哲理。尤其商人出世之后,就戴上了剥削者、寄生虫、卑劣的利欲追求者、商业危机的创造者……一顶又一顶不光彩的花帽子。加之宗教和贵族的歧商观念,所以商人自身也不愿一下就摆脱传统正宗的农民和工匠的身份。再者从经济层面上讲由于没有独立的职业化的商人阶级,因此这时的商业也还不是独立的经济行业,商业还依附于奴隶和封建制经济,从属于自给自足的自然经济。这时自给自足的经济仍占主要地位,农民不但生产自己重要的农产品,而且生产自己需要的大部分手工业品。地主和贵族对于从农民剥削来的地租,也主要是自己享有,而不是用于交换,那时虽有交换的发展,但在整个经济中的还起决定作用。"从政治视角看初期的商人还不是一个真正的独立的社会利益集团,还没有走上政治舞台,也就是恩格斯所说的"年轻的商人阶级还丝毫没有预感到它所面临的伟大事业"一句话,这时的商人阶级,还不是一个自觉自为的阶级。

商人要从亦农、亦工的兼营角色,变为独立的职业商人,即把交换业务变成一种专门的劳动分工发展阶段,而要达到这一步,交换活动的总额,当然必须要达到一定的高度——例如,如果在 100 人当中,交换占去了他们 1/100 的劳动时间,那么每个人就是 1/100 的交换者,100/100 的交换者就相当一个人了。于是在这 100 人中就会出现一个商人。商人从生产中分离出来或者说交换本身与交换者相对有了自己的代表。这种情况一般来说要求交换与交往要发展到一定的程度。"由此可见要形成专门的职业商人阶级要具备相关基本条件:

1. 商品经济必须要有较高程度的发展

只有商品生产的规模扩大了,商品的数量增多了,这时才有必要和可能使更多的人从生产中脱离出来去专门从事交换活动,这样商人才会增多。但是发达的商品生产不可能在自给自足的封建经济的基础上建立起来。发达的商品生产,只能在资本主义的地基上才能担当起大规模的生产。"而资本主义学术界认为,在工业革命前,资本是有的,但资本主义绝对没有!同时认为就是在最发达的欧洲,直到 18 世纪乃至以后仍存在着一种与交换没有任何关系的、广阔的自给自足经济。"由此可见,在人类第三次分工之时,商人是有的,而职业商人阶级还是没有的。尤其像我国在长期的封建经济制度下,像样的作坊都很少,商品经济极不发达,这就从经济基础上制约了商人阶级的发展。

2. 商人,他不同于一般的民事主体

他是以交易活动为职业的人,他首先必须要有资本,并且要使资本能够支配生产,而且要使资本无限的增值。所以职业商人,就是通过交换拥有积累起来的巨额资本的大商人,大企业家、大金融家。正是由他们在经济世界中编织出形形色色一本万利的交易网，使商业得到发展。也正是这些职业商人阶级创造了资本、资本精神和以后的资本主义制度。这种情况在欧洲是在 17 世纪以后才出现的。在我国商人有了钱，往往是买土地、买官位，甚至把钱埋在地下，人们的钱很少转换为资本，从而也影响了职业商人阶级的形成。

3. 社会分工进一步发展

分工是交换的基础、也是商人阶级存在的社会前提，分工越细、分工越深入、越广泛，交换才能日益发展。从而商人、商业的发展才会水涨船高。人类社会的分工主要是随科学技术的进步，加之各地自然禀赋的差异，促使个人和组织的专业分工、部门分工、地域分工以及国际分工。有了分工，这在客观上就注定了要互通有无，相互交换，以促进共同发展。但人类社会长期主张农业是本，因而反城乡分工，反脑力劳动与体力劳动分工，反商品货币关系。这种反社会分工的乌托邦思想和做法，从而又窒息着职业商人阶级的形成。我国长期是以自给自足的封闭的小农业经济为主的社会，分工极不发达。这也制约着商人阶级的发展。

4. 城市的兴起，是商人阶级成长的摇篮

由于交换和商人的集中，促进了城市的兴起，城市的兴起，又进一步推动了商人（商业）的发展。但我国长期是以农业为主的国家，90%以上的人长期属农业人口，从而制约着城市的发展。详情后述。

5. 有民主、法治的好环境

商人的生存和活动——以利益为本，以公正为基，以自由交易为原则，以市场为舞台，以习惯、自治规约、法律为护身符。不论治国治商都必须懂得，商人、商业只有在民主政体和市场经济条件下才有广泛的发展空间。如英国之所以商业资本主义走在世界各国之前，其中重要原因之一，是他在 1215 年的《大宪章》中就确认了商人的合法地位。我国的商人、商业之所以长期没有合法的法律地位,就是受封建主义和计划经济的摧残和迫害。无数事实充分证明,没有政治上的民主、经济上的自由、权利上的平等、社会的和谐稳定,商品交换、商人、商业、商法是不可能得到充分发展的。

6. 其他各种综合因素

中世纪在西欧推动商人经济的发展因素很多, 但这些事务所产生的影响多数是在中世纪的晚期甚至是在近代的初期才显现出来。如影响最大的文艺复兴运动, 是从 16 世纪起到 18 世纪人文主义思想才战胜经院神学主义思想;宗教革命都是在 16 世纪才大力展开的;对商业贸易和商法产生重大影响的"重商主义"理论和政策体系也是从 15 世纪起到 16、17、18 世纪才得到大力发展;另外对商贸市场产生重大影响的新大陆的发现、新航线的开通也是在 15 世纪末,真正向外扩张是在 16、17 世纪;就"中世纪"这一词来说,也是到 17 世纪末,德国历史学家克利斯托佛·凯利尔在他所著的《历史全程》一书中,第一次把人类的全部历史划分为:古代、中世纪和近代三个时期。就中世纪西欧国家发展的进程来看也不是齐步走。先是葡萄牙、西班牙、荷兰走在前面,后来是英国、法国赶上来并走在前面,最后是德国和意大利才跟上来。总的看西欧社会在中世纪是一个神权统治的黑暗时代,到 15 世纪末封建制度才逐渐解体,直到 16、17、18 世纪新兴工商业才得到较大发展。我国的工商业真正得到发展是在 16 至 17 世纪明末才得到新的发展。

在西方最具代表的是英国。在一个关于商人阶级(中产阶级)的形成,波拉德、威兰等教授认为 16—17 世纪英国商人作为一个阶级业已形成。但赫克斯教授认为,以商人为主体的中等阶级的兴起至少是在 18 世纪到 19 世纪作为一个阶级才形成。"可以说,商人真正成为独立的职业商人阶级是在中世纪的晚期, 甚至是在近代初期才逐渐形成。由此可以看出,商人阶级从第三次社会分工开始产生,到正式成为独立的职业商人阶级,其间经历了约 2000 多年的漫长发展过程。在这期间由于未形成独立的职业化的商人阶级,因此它的组织化的程度相对较低,所以这时的商业也还不是独立化的经济行业。在既缺乏阶级(主体)独立,又缺乏经济(调整对象)独立的情况下,独立的商法成为"大器晚成"的产物也就不足为奇。

但是在这漫长的两千多年的岁月里人类无形式意义上的独立的商法,并不意味着无实质意义上的商法。这种情况,不仅过去长期存在,至今在一些国家依然存在。尤其无形式意义上独立的商法,更不意味着商事交换活动就无法可依,无章可循。这时交换活动除依靠商事习惯进行规范外,在国家出现后也出现了与当时政治、经济、贸易习惯相适应的国际、国内市场法律制度。从而使商事交换活动在有序地运行中不断地向前发展。

三、商人阶级形成的几种学说

1. 逃亡说

我国传统观点认为商人最初是从农民中分离出来的。但西方学者认为商人最初是由逃难的流亡者所组成。最典型的例子是威尼斯,威尼斯本来是一个泻湖沼泽地带,它有利于防止陆上敌人的入侵。在公元 5 世纪前它还是一个渺无人烟的不毛之地。后来日耳曼人入侵罗马帝国后,原罗马城及附近一些城镇的人为了避难就逃亡到威尼斯进行营生,并利用这里的地理位置的优势,发展渔业、制盐业、玻璃业等,尤其是航海运输业以及贩运奴隶。到 7 世纪就成立了威尼斯共和国,到 10 世纪就成为一个富裕的商业共和。而且它一直是西方与东方拜占庭君士坦丁堡保持贸易往来的连接点,所以到 13 世纪时他就拥有 3000 多商船和很多军舰,到 14 世纪初就有人口 10 万人,多数是商人。所以很早人们就称威尼斯是航海和商人的民族。马可波罗的父亲——尼科波罗和他的叔父及雕波罗都是威尼斯著名的大商人。后在君士坦丁堡经商,受当时教皇的特遣曾于 1260 年来我国专访。后来马可波罗又来我国长期考察。但要看到,威尼斯当时的商业大发展在西欧来说还只是个别的而不是普遍的现象。此外,像推罗、荷兰也都是由逃亡者形成。

2. 流浪说

此说的主张者认为,在中世纪后期随着商业复兴,社会稳定,随之人口的增多,但人口增多后,无地的人增多,许多人过着流浪和冒险的生活,每天靠修道院的施舍过活。收获季节去当雇工,打起仗来去当雇佣兵遇有机会就毫不踌躇地去抢劫。也有一部分受雇去当水手、纤夫、搬运工,也有不少人自谋职业,作各种手工业,只要稍有本钱,就冒险去经商。毋庸置疑,第一批做生意的行家就出现在这批流浪者和冒险家之中。

3. 革命说

认为商人的出现是由一些农奴、工奴及一些自由民,他们为了摆脱领主、贵族以及教主的剥削和横征暴敛或为了逃脱债务,带着货物四处奔波,从这个镇到那个镇、从这个集市到那个集市、从这个城市到那个城市的"泥腿子"(Pigespoudreux),也就是集居在城市的"布尔乔亚"(burgenes),用教皇的话说都是"革命派"。

4. 集市说

认为商人——尤其是职业商人是集市兴起后,由参与集市交易的专业商人演变而成,希克斯持这种主张,用图表示,就是当初参与集市交易的人——还是亦农亦商的农民——后来一些富裕农民——成为经纪人或行纪商,但这仅走完职业商人的一半——紧接着将自己的活动基地移到市场——并开店营业逐渐成为职业化的大商人。这里要说明的,所谓集市不是我们所说的农村集贸市场,它是指专门的商品交易会。如早期的法国香槟交易会,每年只举行两次,一次长达三月,各国商人云集。

5. 长途贩运说

布罗代尔认为,职业商人在欧洲主要是从事长途贩运的大批发商逐渐形成。他们为了长途批发贸易,除在集市上公开收购货物外,还私下到生产者家里收购农产品和手工业品,有时还进行预购,充当"包买商",然后将这些商品运到远方市场去批售,这种商人往往是跨国交易。我国自古以来就有商贾之分,行曰商,坐曰贾,行商实际上是长途贩运者。

6. 城市说

认为城市是商人阶级产生和成长的摇篮。自古以来就有"临路为商"的选择,所以城市也就路而兴。商业愈发展,城市愈增多。"古代城市的兴起,史学家们把它称为史前的第二次革命。主要指在公元前4000年—前3000年尼罗河流域,美索不达米亚区域和印度河流域兴起的城市。这是由偏重农耕畜牧进到农工商并重的变革;就阶级而言,这是由阶级不分,进到阶级对立的变革。"不过有学者认为,远古兴城并不是全为兴商,而主要是为了兴农和向外扩展地盘。而且这些城市都是建立在奴隶制的坟墓上,后来随着奴隶制的崩溃,这些城市也就倒塌下去。而且后来古希腊、古罗马的城市都是以政治和宗教为中心的城邦。尤其到中世纪在宗教革命前,"神权制度完全代替了古代的城市制度"。

到中世纪的后期—15世纪有5000多个城市和城镇在西欧兴起。如威尼斯、佛罗伦萨、伦敦、巴黎、巴塞罗那、阿姆斯特丹、佛兰德尔等。这些城市的兴起,主要是由各种新出现的市民汇集而成,其中主要是手工业者和商人。所以在当时有把城市(poort)一词与商人

（poorter—市民）一词作为同义词（古荷兰语）。如西欧在 14 世纪中期，两次爆发黑死病，人口死亡 1/3，但仍有 6000 万人口。其中城市人口已达 600 余万人，尤其像君士但丁堡已有 100 万人，但这些城市人口中究竟有多少商人，无据可查。

以上这些观点都从一个侧面对商人阶级的形成进行了有益的探索。但商人既是一个历史范畴，又是一个复杂的群体。商人，不是人类社会一开始就出现的群体，是人类步入文明社会第三次社会分工后，随着分工的发展和城市的兴起及商品经济的发展经漫长的孕育才逐渐成长起来的。尤其形成职业商人阶级是在近代初期才完成这一历史任务。他既有来自农民，也有来自工人；既有来自无业的流浪者，也有来自有业的达官贵族；既有来自文化低的人，也有许多是具有高智商、高文化程度的人。尤其是像我国儒商往往是学而优的人，有的继承父业，有的是—如我国商代初期，商人还主要是从夏朝俘虏来的各种工匠。总之，分工越发达，商人是愈不可缺少的人。在文明状态中，每个人都是商人，而社会则是商业社会。"他有一个永不停摆的动力机制，就是财富，财富，第三还是财富。他的有效武器就是竞争，竞争，第三还是竞争。他给个人和社会带来的好处，就是效益，效益，第三还是效益。他给社会的永不磨灭的精神就是资本精神，市场精神，就是商道，也就是正义之道。一句话商人，"商业不应该是纠纷和敌视最丰富的源泉，而应该是各民族各个人之间团结和友谊的纽带"。

四、商法的发展过程

商法作为人类的一项文明制度，它与其他事务一样，也有它的孕育、生产、形成和发展过程。而且它的发展总是与商人的发展和商业发展相向而行的。与这些过程相适应的是它在形成上也经历着从原生交换习惯——商人自治规约——国家权力法以及相互并存的漫长的发展过程。我们在研究商法时不能只注意它的结果或某一阶段的表现,而不重视它的进化全过程。总的讲,商法的发展经历了以下几个阶段:

1. 萌芽期

这一时期主要是在人类社会的第一次和第二次分工时期,前面已谈过。这两次分工人类尚处在野蛮时期。支配这两种交换的规则主要是习惯规则。人类早期的交换活动,本来就是出自个人自由意志的世俗活动。所以更重视习惯规则,更重视斡旋调解手段来维护交换秩序。习惯本来就是人们在长期实践中积累起来的约定俗成的行为规范,他具有强烈的共同认同感(含对过去的追认,对现在的认可,对未来的追求)。同时它的内在约束力更高,道德强制力更强,适用成本更低,更能促进人们自觉遵守。所以许多国家在商法典中都予以首肯。尤其日本商法典在第 1 条对商业习惯法的特殊效力明确规定:关于商业,本法无规定的,适用商业习惯法,无商业习惯法时,才适用民法。可以说是高度确认了习惯的法律地位。尤其商事活动中许多行业习惯形成行业惯例后,其规范性更突出。如票据法中的承兑、背书、贴现规则,保险法中代位赔偿,行纪、居间代理制度、商事仲裁等,但是从早期习惯胚胎中发展起来的。许多交换习惯规则,至今仍在发挥长效机制作用。尤其海商法中的共同海损制度,各种贸易术语规则、海事提单以及许多航运规则,都是对千百年来海事贸易习惯的认可。这些习惯规则都不是在中世纪才有的。如果我们不承认早期商事习惯的规范作用,那么在中世纪之前长达几千年的人类交换活动岂不就是无法可依,无章可循的乌合之众? 显然这是历史虚无主义的幻想。这里提醒我们思考的问题是,到底是谁在创造商法,我们到哪里去寻找商法? 历史事实忠实地告诉我们,商法的原生形态是习惯,商事习惯是商法生成的基因和胚胎, 它是人们长期商事实践中创造出来的

"游戏规则",它不仅存在于古代,而且在中世纪、在近代、现代和当代得到继承和发展。由此可以说,商法与其他法一样,不仅是社会现实的反映,而且也是对传统习惯和群体精神的记录。商法更不是单靠学者的努力,而是更要靠商人们自己千辛万苦反复实践去书写。

2. 肇始期

主要是人类第三次社会大分工时期。这时交换活动的重大变化是:出现了一个不从事生产而只从事产品交换的阶级——商人。商人阶级出现后从而也就出现了专门从事商品交换的经济行业——商业。商人出现后可使生产者免除交换的辛苦和风险,可以使他们的产品销路一直扩展到遥远的市场。交换在更多的在陌生人之间进行。交换的内容不仅涉及商品流,而且还涉及资本流、物流、信息流以及相关服务等许多领域。这时商人总是使买卖分离,这样商人既可以有时只买不卖——进行囤积居奇,或者有时只卖不买——积累货币,这样就使投机成为可能;甚至还可以贿赂市场的"裁判员"搞所谓"商业贿赂",从而使交换关系大大复杂化。

这一切变革预示着商事交易秩序,不仅需要习惯规则、宗教教义加以规范,而且更需要法律加以规范。同时当时也没有造就这样一个客观社会环境。如我国商代统治者为垄断商事活动的经营权,就规定工商业由官府统一经营管理,即由官府供应原料、场所,由官府组织生产加工,其产品由官府统一核价出售,工商业者的生活都由官府供养。这就是《国语·晋语四》中所说的"工商食官"制。到西周除承袭商代"工商食官"制外,还规定,"凡执技以上市者,不贰市,不移官"(见《礼记·王制》)。就是说,凡以技术为奴隶主贵族服务的,既不能兼做他业,也不能改变行业。尤其在云梦竹简中有专门的《关市律》《金布律》《厩苑律》《仓律》,这些都是商业肇始时期重要的法律。在《法律问答》中,称东方诸国人秦国贸易的商人为"客"或"邦客",并明文规定珠玉等贵重商品不得"卖于客"。这不仅说明当时已有国内商法的规定,而且也有国际商贸法的规定。又如商鞅变法后,为了抑制商业,在秦国就建立起来对商人进行专门登记的"市籍"制度。这可说是我国最早的商人登记制度。规定凡入"市籍"的人,不得入仕,不得给予土地。这些都应该是我国早期重要的商法渊源。尤其我国自公元前138年张骞出使西域后就打通了丝绸之路,从此我国就与中亚、西亚、北非、南欧各国建立起来了国际贸易关系。这不论是出口国和进口国都有法律规定,我国在《后汉书·西域传》中作了详细记载。

在国外,如《汉穆拉比法典》中有50多条属于对交换的规定。《赫梯法典》中有十多条是对买卖一些重要物品价格的规定。尤其《摩奴法典》中规定,"在市场上当着大多数人之面买到的任何财产,即使卖主并非物主,但买者已付该财产的代价,理应取得其所有权"。这是人类历史上对有关"善意取得"权的最早规定。就罗马帝国来说,早期的罗马法就包括市民法、万民法和自然法。其中万民法就是专门调整外来商人的法。应该说这些法律与当时居民的宗教、性癖、财富、人口、贸易、风俗、习惯相适应。"这些法律既有对交换习惯的认可,也有统治与被统治者之间纵向的管理规定,同时还有平民与平民之间横向经济交往关系的规定。这怎么能说在中世纪以前无商法?应该说中世纪以前只是无现代意义上的独立的商法而已。我们应从多方面考察,认识商法。也可说,商法从一开始就是习惯法、国际法、政治法和私法的混合物。这些都是商法的肇始形态。不能把它排除在商法的历史发展过程之外。

同时从商法的肇始期可以看出,商法的产生在东方远远早于西方国家。从无数史料证实,不论是对铜、铁、文字、历法的发明;工商业城市的兴起、商品交换的发展、货币的运用,东方国家都比西方国家更比美洲国家要早得多。世界上最早善于经商的民族也要算腓尼基人、犹太人以及阿拉伯人。我国也早在隋末（公元 609 年）在丝绸之路的重镇甘州（今甘肃张掖）召开过万国博览会。莫高窟的 245 窟全部绘的是丝绸之路的商队。是后来通过东西方的贸易，才把东方文明传到西方。尽管后来西方人把指南针用于航海、把火药用来发明了现代新式枪炮，但指南针、火药毕竟都是中国人发明的。后来欧洲人提出"商法始于欧洲中世纪商人法"，这一命题显然是欠科学的，完全是"欧洲中心论"的产物。应该说商法只是在中世纪的西欧得到发展而不是商法的肇始。

3. 发展期

商人和商业形成后，他们的"钱途"都不是平坦的。不论是在中国和外国都遭到不同程度的扼杀。在中国，自商鞅这位所谓的"变法"者建立起"重农抑商"政策之后，虽然在各朝代轻重程度各有不同，但这一政策基本上是各封建王朝的主要国策。因为发展商业自然就会使商品经济得到发展，商品经济的发展自然就会从内部瓦解自给自足的封建经济制度，所以他们推行抑商政策就不足为奇。

在西方，如早期的希腊，不论柏拉图、亚里士多德，一方面他们认为社会分工、交换、货币、商人阶级的产生是自然现象，但是他们又都鄙视商人，认为雅典人不应该从事这种不体面的行业主张国家应制定法律，使商人只能得到适当的利润。柏拉图特别反对高利贷。亚里士多德认为"货殖"是违反自然的，认为物品供使用才是它的固有属性，物品供交换是它非固有的属性。希腊的这种轻商、歧商、反商思想也传染给罗马人。

在罗马，早期的经济思想家和政治思想家们不论是贾图、瓦罗、西塞罗都把农业置于首要地位。都认为农业是罗马人最好的职业。西塞罗虽然对商业有些新的认识，但他只主张发展小商业，而且主张大商业只能由奴隶主贵族经营。这样事实上只主张发展"官商"，而反对

"私商"。

在罗马,欧洲商人还多了一个"紧箍咒"—那就是基督教。早期的基督教在他的《启示录》中本来是以拯救穷人摆脱奴役和压迫为主旨。但教会不仅控制着整个欧洲1/3的土地,而且还控制着整个世俗社会。从奥古斯丁(353—430年)时起虽改变了教义,但仍认为农业是高于一切的行业。对商人,尤其是大商疾恶如仇。大力推行"禁欲"主义,认为经商致富是亵渎神灵的败行。从而并规定经商就不能信教,信教就不能经商,把教与商对立起来。总之,在西欧中世纪,宗教神学在人们生活中占了统治地位。再加上日耳曼等部落对罗马的征服,阿拉伯人对欧洲的入侵,地中海成了阿拉伯人的海,阻碍了东西方贸易,这一切使欧洲在中世纪的经济、商业大大衰退。所以,恩格斯说,"在中世纪的社会里,特别是在最初的几世纪,生产基本上是供自己消费……在农村中,生产还满足封建主的需要。因此,在这里没有交换,产品也不具有商品的性质。"可以说,正如查理大帝的《庄园敕令》(8世纪)和日耳曼寺院《土地清册》(9世纪)所反映的是典型的封建庄园自然经济。

是什么原因和力量使西欧的商业由衰落走向复兴,并且由原来落后于东方变为超过东方? 它的复兴与衰退一样都是由多种原因造成的。其中主要是社会内部矛盾运动的结果。西欧中世纪社会是一个由奴隶制向封建制和封建制向资本主义转变的一个过渡型社会而且主要是以神权占统治地位的黑暗时代。从12世纪到18世纪,西欧社会发生了一系列巨大变化,商业得到复兴,商法得到发展,究其原因主要有:(1)铁器的广泛应用。印刷术、火药、指南针等的传入使生产力大大提高,促使手工业和农业分离,生产逐步由庄园、家庭为主转向以手工工场为主,从而使商品货币关系得到发展。商品货币是摧毁封建庄园经济的烈性炸弹。到15世纪末,西欧封建制开始衰退,从而为商业和商法的发展奠定了经济基础;(2)重商主义理论和政策的兴起,为商业和商法的发展提供了理论支持;(3)文艺复兴运动的兴起,为商业商法的发展确立起理性思维观念;(4)宗教革命的胜利,使商法世俗活动得到宗教的宽容;(5)十字军东征的胜利,使地中海重新成了"欧洲人的海";(6)城市的兴起,为发展商业和商法奠定了重要基地;(7)新大陆的发现和新航线的开通,为商业活动和商事立法开辟了国际空间;(8)统一民族国家的形成,使商业和商法正式得到国家认可和支持,同时"上帝休战"(领主私斗减少)提供了较安定的内部环境;(9)经商人阶级的长期斗争,尤其经行会训练,商人阶级逐渐走向政治舞台,一个独立的职业的商人阶级在17—18世纪终于正式形成;(10)随着商业交换活动的日益发展,商法的组织因素、技术因素也逐渐形成。尤其公司在17世纪初已开始建立,成为构建商事主体的黄金时代。商法正是在这一系列社会大变革下得到较大的发展。但是要注意的是,如前所述,这些变革,大多都是发生在中世纪的晚期和近代的初期。

现在有一个问题值得深入思考的是：现在学术界几乎异口同声地说,"商法起源于中世纪欧洲的商人法",这一个命题至少存在以下缺陷:

从时间上来说,它既存在滞后的缺陷,又存在超前的缺陷。说它滞后,主要是它否认了千百年来商事交换习惯的存在。好像商法是突然间从中世纪西欧的土地上冒出来的制度,否认了它的肇始期和孕育期。说它超前,是中世纪是个很长的历史时期。史学家的划分,中世纪是指从476年西罗马帝国灭亡至1640年英国资产阶级革命开始这一时期,从商法来说,应该是至1673年法国国王路易十四颁布《商事敕令》为止。其实从476年到12世纪这段时期内西欧的商业基本处于停滞阶段,商业城市也未兴起,经济基本上还是自然经济,根本未形成什么商人法。商人法的形成最早也只能是在中世纪的晚期,更确切地说,应该是近代的初期。真正独立的成文的商事法应该是从1673年法王路易十四所颁布的《商事敕令》为主要标志。尤其说商法起源于中世纪的商人法这一命题是西方人的观点,是他们不愿承认或不了解东方人早已有的商业交易方面众多的习惯和成文的法律规则。而且中世纪的商人法的内容,主要仍是习惯规则、商业行会自治规约、城市管理规定以及王室对商人的一些特许敕令和一些教会法制度的综合。中世纪并不存在独立的商人法,也无单独的商组织法和商行为法。所以它仍然只是商法整个发展过程的一个新阶梯。总之,把商法说成起源于中世纪显然是违背了历史事实的。

4. 商法的成熟期

应该是在产业革命后商业资本主义正式形成,商人阶级正式走上历史舞台,法国、德国等国正式颁布商法典为主要标志。其后是《美国统一商法典》的问世,把现代商法推向一个新的阶段。再其后是"WTO"的正式成立,使国际贸易法律制度更加成熟。

总之,商业、商法作为人类的一项重要的文明制度,它是从早期的交换习惯胚胎进化而成的,它在人类半开化的中后期孕育,在古文明时期正式产生,中世纪的后期得到大发展,在近代正式形成,在现代和当代日趋成熟并不断发展。

（原载于《西部法学评论》2008 年第 3 期）

轻商误国　重商兴邦
——中国梦与兴商兴市

中国梦成为当下最时髦的概念，也是新一届国家领导人治国理政的新宣言。梦，人人有，家家有，国国有。有梦才有希望，但各自的梦想是不同的。有的人做的是升官发财之梦，有的人做的是称霸世界之梦，有的人做的是永保独裁统治之梦，这些都是噩梦。当今中国人做的是民族复兴之梦，这是美梦。愿做噩梦者醒，醒来才会由鬼变人；愿做美梦者清，只有清清楚楚、实实在在，才能使美梦变为现实。

一、中国梦的核心价值理念追求和实践是富民强国

中国原本是一个文明富强的国家，但至明清以后国运日衰。尤其鸦片战争后，受尽西方列强国家的欺辱和掠夺，甚至沦为半殖民地国家。从清末戊戌变法，到辛亥革命，到中国共产党所领导的民主革命、社会主义革命，以及当下所进行的改革开放，都一直在为实现民族复兴伟大理想之梦前赴后继地英勇奋斗，时至今日这一梦想虽还未完全实现，但已曙光在望。只要忠于理想，一定会使梦想成真。

人民夺取政权之后，最大的历史使命是实现富民强国，因为中国最大最真实的国情是民贫国弱。人们最大的愿望就是企盼尽快致富致强。不仅要把过去的无产者变为有产者，而且要从政策上法律上防止新的无产者滋生。并要大力发展中产阶层，限制富翁阶层，走共同富裕之路。实现这一伟大理想目标的有效路径，不是搞乌托邦式的平

均主义,也不是单靠减税免税,更不是以私有制为纲,而是要大力兴商兴市。所谓兴商,就是大兴商品经济,大兴商人阶层,大兴各类商务,同时兴商学、兴商法、兴商道,并坚持重商主义国策。总之,兴商是指广义上的商。所谓兴市,就是大兴市场经济,大力发展城市,使社会由农耕文明为本位,转向以工商文明为本位,使经济市场化,政治民主化,国家法制化,社会福利化。使各类市场应有尽有,让老百姓都能自由自主地到市场上去淘金,给民众广开致富之路,把众多的人组织到各类公司企业中去,大力发展商品经济。治国理政要厘清本末,民是本,官是末;水是本,舟是末。只有水满,舟才能自由航行。国只有民富,而后经兴、教兴、军兴、民主兴、法治兴,才能通向文明富强,也才配称文明富强之国。

过去我国在计划经济体制下,奉行的是强国弱民之道,严禁老百姓经商致富,结果还是民贫,甚至发生全国性的大饥荒,造成2950多万人的非正常死亡,这是一笔大血债,也是轻商误国的活教材。改革开放以来,老百姓大大富起来了,而且培养出许多百万、千万、亿万富翁,主要靠的是兴商兴市。但是我国现在全国人均收入仅5000美元水平,而且还有一亿人仍处于贫困状态,这离富裕型,尤其幸福型社会还有很大距离。现在GDP的分配国家仍占65%,仍然坚持的是以富国为主。民不富,国很难真正强起来。现在我国综合国力还落后于许多发达国家,所以兴商兴市富民强国是实现复兴梦最重要最现实的选择。

这里需要说明的是我们所说的强国是指使国家经济兴、民主政体兴、法治兴、文化兴、科教兴、社会福利兴、生态环境兴,使中国人在新制度下能挺起腰杆子在世人面前公平地有尊严地做人。就是国防兴,也是为了自卫和维护世界和平。绝不是有些人所怀疑指责的,强国梦就是煽起仇恨"洋鬼子"的狭隘民族主义思潮,制造新的人与人的仇恨，我们的强国梦绝不是奉行强权霸道，而是为了摆脱贫穷落后，追求文明幸福之道。这应该是名正言顺、理直气壮的，这不仅是中国人有这个权利，其他一切发展中国家都应该有这个权利。

二、轻商误国、重商兴邦

实现复兴梦，必须继续解放思想，转变观念，牢固地树立起"轻商误国、重商兴邦"的治国理念。

中国最大的历史悲剧，是自商鞅、韩非为代表的所谓法家变法以来，大力推行轻商、抑商、反商的害民误国的错误国策，坚持以农为本的片面的政治经济路线和政策，躺在农耕社会的羊肠小道上，唱着桃花源的小调，饮着葡萄美酒，老婆孩子热炕头，过着鸡犬相闻、老死不相往来的无争无竞的田园生活，严重阻碍了商品经济的发展和工商文明进步，致使民贫国弱。我国自尧虞至战国以前一直是以重商为主，所以是东方乃至世界最富裕、最强盛、最文明的国家。相反在国外，如古希腊、古罗马都是轻商的，所以在古代这些国家的富裕和文明进步都滞后于中国和一些东方国家。

中国自商鞅变法以后，自秦汉以来，重商与轻商的斗争跌宕起伏不断，虽然也出现了像唐代实行"通商惠农"新政，成就了历史上有名的"贞观之治"。在宋代商品经济得到进一步发展，商人阶级正式形成，尤其开始使用纸币（交子），创世界之先。明清时期，各地商帮兴起，在清末又推行八大商政，并优先发展商法，商人阶级日益壮大，新型贸易制度也开始兴起。

在商贸理论方面也积累了不少有价值的理论。如管仲的"轻重论"，司马迁的"善因论"，傅玄的"士农工商"并重论，李觏的"富国策"，郑观应的"商战"论等。

在商事典籍方面也撰写了不少重要典籍。如《周礼》《管子》《史记·货殖列传》《盐铁论》《汉书·食货志》《通典·食货志》、魏源的《海国图志》以及《中国商业史》等。而且还涌现出像陶朱公、胡雪岩等大批商业政要，郑和等优秀航海家，卢作孚等大批杰出的商业精英。这些都是在重商思维下所取得的辉煌成就。

但从整体上看，中国在两千多年的封建社会里，统治者治国理财的主流思想始终是以"重农抑商"为主导，并制定了一系列凌辱商人的恶法——如从商鞅变法时起就对商人实行市籍制的另册管制。凡入市籍的商人均不准入仕，尤其对商人实行戍边迁徙的清剿政策，在服饰上不许商人着丝绸，不许商人乘车骑马，尤其对商人实行重税、重役盘剥，还不许商人经营粮食等。汉代刘邦因曾受商人之辱，所以除继承商鞅对商人的苛政外，还规定不准商人买土地，并向商人征收缗钱税，并对盐铁茶酒等重要商品实行专卖制和榷卖制。汉代还令商人穿白衣。汉以后各代都对商人实行卖官鬻爵进行超经济压榨。明清又对商人实行海禁、矿禁等。从商鞅变法把商业定为"末业"，把商人定为"贱民"，韩非更把商人定为社会"五蠹"之一。甚至到清初康熙还认为工商"往来成群、扰害闾里"，曾进行过集体屠杀，"死者数百人"。如此多的恶法恶理强加在商人身上怎能使商业和商品经济得到发展。尤其到乾隆时期（1793年），英国伊丽莎白女王主动写信愿与中国建立正式通商关系，狂妄自大的乾隆反而说，"天朝物产丰盈，无所不有，原不借外夷货物，以通有无"。到嘉庆，又秉承父辈的轻商基因，仍说，"天朝富有四海，岂需尔小国些微货物哉？"这种井蛙之见，怎能治好国，理好财？从商鞅主张"耕战"为本，到曾国藩主张"耕读"为本，这充分说明在整个封建社会里一脉相承，一直固守狭隘的"农耕"思维作为治国安邦的基本国策，所以到头来，民贫国弱，只能是落后挨打。可以说，中国封建统治者们塑造了人类历史上"轻商误国"的典范。

放眼世界，"在世界范围内，古代许多国家——如古希腊、古罗马都是轻视商业的"。

但西方人觉醒的早，尤其自中世纪后期从 15 世纪到 18 世纪连续 300 多年，大力推行重商主义国策，加之经文艺复兴的熏陶、宗教革命的洗礼、新大陆的发现等诸因素的促进，许多国家民富国强，走在中国人和东方人前面，从而由世界的追赶者，变成世界的领跑者。其中以葡萄牙、西班牙是最先起跑者，荷兰、英国是超越者，法国、德国、意大利、美国、日本是紧跟者。但最终最大的获胜者是英美两国。这些国家最终都成为强大的商业帝国，也是人类历史上重商兴邦最好的教材。

现以英国为例，他是"重商兴邦"最突出的代表。英国，小小英伦三岛，在人类历史上长期被边缘化无话语权。在公元初期曾沦为罗马帝国一个省，被罗马人统治有 400 多年。直到 1066 年法兰西诺曼底公爵征服英格兰始建立民族独立国家，到 1640 年爆发资产阶级革命，至 1688 年"光荣革命"正式确立起君主立宪制，成为向资本主义进军的"新的出发点"。

英国为什么后来居上，一跃成为"日不落"商业大帝国？其奥妙主要有两个方面，一是在经济上率先坚定不移地推行以富民强国为核心的重商主义国策，二是在政治上率先实行民主宪政制度。

英国从中世纪后的 300 多年里一直奉行以商兴国，以商强国的战略，并以发展"海运、贸易、殖民"三位一体的国策为主导。他的重商主义——经"重金主义"到"重工主义"到"工业革命"——"农业革命"——"商业革命"，经不断的商战、兵战，不断向外扩张殖民，从而形成强大的商业帝国。

英国在推行重商主义国策时，其重大特点就是在顶层设计上从一开始就确立起以商为本位的政治实体。如国家与商人利益发生冲突时,首先是牺牲国家利益,维护商人利益,这在税收方面最为突出。又如从中世纪后期开始,英国许多城市规定,城市的市长要从商业行会中遴选。从而使城市实行自治。同时在英伦三岛建立联合政权,从而建立起统一的国内市场。英国为了适应商业资本的发展和对外掠夺,于1600年首创"东印度公司",这不仅给资本主义经济安装上了一个永不停摆发动机,而且也成为向外掠夺财富的榨油机。英国在推行重商主义国策时,不是搞单一重商主义,而是将商业革命、宗教革命、政治革命紧密结合进行。正如孟德斯鸠所说,"英国人在三件大事上走在了其他民族的前面,宗教、商业和自由"。英国自亨利八世实行宗教改革以来,将保守的天主教容纳到以新教为主体的国教体系中,不仅缓和了内部而且也缓和了与欧洲大陆的教派斗争,大大增强了内部的和谐。尤其在新教伦理的驱使下,认为新教的"天职"是"人世苦行",发家致富,强调资本至上、个人至上、法律至上,自由民主至上,从而为商业大发展提供了宗教和世俗双重宽松的环境。所以托克维尔认为,英国在17世纪已经完全是一个现代国家——封建制度已基本废除,法律面前人人平等,税赋人人平等,出版自由,贸易自由,辩论公开。所有这些原则在中世纪社会中都不存在。

英国人推行重商主义国策,始终不忘向外扩张和殖民,采用商战、兵战、文战三箭齐发。尤其用商战、兵战把他的强劲的竞争对手——西班牙、荷兰、法国以及阿拉伯商人一个一个的打败,把他们在各地的殖民地和商业霸权全部卷入自己囊中,并用联姻的方式从葡萄牙手中轻易地夺走在印度及东印度群岛的商业霸权。同时,通过两次鸦片战争,侵占我国香港。从而在世界范围内建立起大大小小的殖民地、受保护国、受保护地五六十处,这些地方的面积要比英国本土大150倍。从而成为辉煌一时的"日不落帝国"。正如拿破仑所说,英国自近代以来,一直坚持残酷的"商业寡头政治",英国人是靠发展商业,尤其是海上贸易起家的。可以说,英帝国是人类历史上"重商兴邦"的典范。

三、当代重商思维下的商法是建立在大商业基础之上的大商法

传统理论对商的认定主要从行业划分出发,甚至有的从商业行政主管部门所辖职权范围出发,这些都属形式主义的认定。所以认为商业仅指商品流通业或货物买卖业。从而把金融业、制造业、运输业等都排除在商的范围之外。就是买卖业,也仅指货物买卖,而对证券买卖、期货买卖、融资租赁买卖等特殊形式的买卖都排除在外。就是服务业,往往也仅指餐饮、旅店、理发、照相等小型服务业。这纯是一种狭义思维下的小商业、小流通。在此基础上建立起来的商法自然也只能算是小商法。

当代商事理论——尤其法律上认定商,主要从实质意义出发,认为凡从事以营利为目的的事业皆为商业。所以它除了商品流通业即货物买卖业外,还囊括金融业、制造业、交通运输业、建筑业、采矿业、各种养殖业、种植业、通信业、印刷出版业、旅游业、水电气供应业、保险业、证券业、文化产业及其他各类服务业,所以它不仅包括实体商,还包括虚拟商。同时,不仅包括国内商业,而且还包括国际贸易,这已为相关国际惯例和相关国际公约所认可。所以它是一种广义上的商,是一种大商业、大流通、大市场。在此基础上建立起来的商法,自然是一种大商法。由此商法也不愧是市场经济的大宪章。

四、发展当代商法必须摆脱罗马法旧思维的束缚

罗马人在法律方面只具有民法天才,在商法领域是弱智,甚至是白痴。罗马人留给后世的法律遗产主要是《十二铜表法》(公元前451—450 年)和《查士丁尼民法大全》(公元 529—565 年)。马克思和

恩格斯都曾对罗马法做过称赞,认为"罗马法是纯粹私有制占统治的社会的生活条件和冲突的十分经典的法律表现,以致一切后来的法律都不能对它做任何实质性的修改"。又说,"罗马法是简单商品生产即资本主义前的商品生产的完善的法"。这里应该注意到马恩对罗马人法律天才的肯定是有条件的。绝不是在一切时空领域无条件的肯定。罗马人的民法天才已是历史事实是不可否认的。但罗马人在商法方面的弱智同样是历史事实也是不能否认的。罗马人为什么身患这种畸形的跛子病态,有其深刻的政治、经济、宗教、社会根源。

1. 罗马帝国毕竟是一个奴隶制国家

在奴隶制高度集权的统治下,不可能有广泛的社会民主,因而不可能有发达的商业和商法。

2. 罗马社会是一个以农耕为本的社会

农耕经济主要属自然经济和简单商品交换。社会生产和其他活动都是以家庭为中心。所以罗马法都是以家庭的婚姻、继承、家庭财产的物权、债权、诉权等为主要内容。这种以个体本位为基础的人身关系和财产关系的法律体系。是受客观经济条件制约的必然现象。

3. 在思想意识领域,罗马人自古以来就秉承希腊人的轻商思维和理论

如罗马重农主义的代表人物贾图(前235—149年),他的《论农业》完全是秉承希腊人——色诺芬的《经济论》的观点。认为只有农业是最重要的职业,商业只能依附农业而不能独立存在。罗马法学家——西塞罗他把色诺芬的《经济论》直接译入罗马,他反对一切罗马平民经营商业。奥古斯丁(公元353—450年)也认为,只有农民和手工业者的劳动是纯洁的,值得尊敬的。这些都受外因轻商主义传染。

在实践上也是以轻商禁商为主导,如公元218年颁布《克劳狄法》,明令禁止贵族和元老经商。其原因就是商业是贱业,有损贵族元

老们的身份。但商业又是任何社会任何人不能离开的,所以罗马人只好依靠外邦人和奴隶去经营商业。如对东方商品贩运主要依靠阿拉伯人,金融借贷主要依靠犹太人,奴隶买卖主要依靠罗德岛人,海运主要依靠葡萄牙人、西班牙人。所以罗马人专门颁布了《万民法》来规范外来人与外来人,外来人与罗马人的商贸关系。现在看来这是罗马人的愚蠢。就是《万民法》也在公元216年统一到市民法中。

4. 基督教教义观的毒害是罗马人轻商反商的主要病根

基督教原本是罗马人的敌人,但后来却成为罗马人的主人,并成为国教,终于征服了罗马人的灵魂。早期基督教的核心教义是爱人、安贫和自谦。爱人,即博爱,其本身就轻商。安贫,更是要敌视商人和富人。自谦,就是认为人都有原罪,要洁身自好,要安于现实彼岸的苦难生活。出世苦行进行赎罪,以求来世彼岸的天国生活。尤其对正规僧侣要经正式仪式发三大誓言。首先是要绝对安贫,永过清苦生活;二是绝对不婚;三是绝对遵道,不违教义。这三大誓言实际就是捆在僧侣们身上的三条紧箍咒。它的主旨是反世俗、反商、反富。从绝对安贫来说,就是所有营利性世俗活动绝对不能参与。所以早期基督教义严格奉行信教不能经商,经商不能信教,把教与商严格对应起来。上帝只喜欢贫人,不喜欢富人。富人要进天堂,比骆驼穿过针孔还难。正如皮雷纳所说,"任何基督徒都不应该是商人,如果他希望成为商人,那么他应该被驱逐出教会"。

尤其到五六世纪基督教在罗马及整个欧洲取得统治地位后,社会教育事业,全归教会统管。各修道院都兴办各类学校——直至大学。许多修士都专门从事神学、法学、医学、哲学等方面的研究,许多人都有很高的造诣。如波伦比亚大学它的法学最著名,它成为教会法和罗马世俗法产生和传播的总枢纽。所以教会法也赋予他们很多特权。中国古代有"学在官府"之说,在罗马帝国,在欧洲实际"学在教会"。可以说在罗马帝国已形成以教会为核心的法学家专门集团。他们不仅控制着法学的理论研究、法学教育,而且也控制着立法。皇帝的法律敕令实际都是由他们起草的。了解这些情况是了解罗马人轻商、歧商、反商的一把金钥匙。

就是《罗马法大全》都是由一些法学家写成的和编成的,甚至法律都是由他们起草的。须知当时的法学家都是虔诚的基督教徒。就是像乌尔比安这样的法学家,他也认为法学仅是"神事"和"人事"的知识,"人事"仅是私事和民事。

在这些人的心目中,商人是基督教义的敌人,他们能写出大力发展商业和商法的文章吗? 俗话说,猪嘴里能长出象牙吗? 正如皮雷纳所言,"10和11世纪的史书,完全不注意社会和经济现象,因为史书专属神父和修士编纂,自然根据教会的重要性如何来权衡事件的重要性。世俗社会引不起他们的注意,除非关系到宗教社会。他们不可能忽视对教会有影响的战争和政治斗争的记述。但他们怎么会留心写下既缺乏了解,也缺乏同情的城市商业生活的起源呢? "这些话真是一针见血。要叫一些虔诚的僧侣教徒著书立说来说明商业的重要性,以及用立法来保护商人的合法权益,岂不是要他们叛教,毁掉他们的灵魂吗,这是万万办不到的。所以伯尔曼也说,"古罗马、古希腊、古印度,法律都是宗教的、民事的和纯粹道德的法令的混合,他们根本不考虑这些法令在性质特征上的差异"。这些论断充分揭示了罗马人轻商歧商以及对商法的弱智由宗教和历史所造成的重要病因。

5.再看看查士丁尼

根据东罗马——普罗柯比所著《秘史》记载,查士丁尼(公元527—565年)与所有皇帝一样,都是权欲、财欲、色欲的狂人。他在不明不白地继承了他舅舅查士丁的皇位后,全力以赴想实现"一个帝国、一个宗教、一部法律"的梦想。他为了实现"一个帝国"之梦,发动了无数次的不义战争,所流鲜血几乎染红了整个地球,并造成严重的瘟疫,人们把它称为查士丁尼瘟疫。结果以失败而告终。"一个宗教",就是强行以基督教正统的察尔西顿教为唯一的宗教。其他各教如清正教、犹太教、占东方的摩尼教等都是"异教",并在全国范围内进行三次大清洗。并乘此机会大量掠夺异教团体的财产和排斥异己。宗教信仰自由被他践踏一光。结果不仅没统一,反而播下了分裂的种子。

一部法律,查士丁尼掌握皇权后,他认为"皇帝的威严光荣不但依靠武力,而且需要法律来巩固"。所以他即位后不久,就下令编纂《罗马法大全》。这对推动罗马法的发展具有重要意义。但他大规模的立法和编纂,不是为了发展经济和民主,而主要是为加强奴隶制的皇权统治,并借立法之机将自己的名字写在法律上。这样使法典借助皇帝之名而显赫,皇帝也借助法典而名留千古。根据《秘史》记载,查士丁尼立法和执法都是以"出卖正义"出发。谁给皇帝的钱多,新法就有利于谁。如他在接受一狡诈勒索集团的贿赂后,就毫无根据地颁布一项新法将诉讼时效由 30 年改为 100 年。他本来不懂法,常常自作聪明,闹出许多笑话。他身边的一位教唆犯高手——利奥,更善于阿谀奉承,唆使傻瓜皇帝如何利用立法和私法捞取钱财,从而成为"合法"盗贼。尤其被后人耻笑的是他为了讨一个臭名昭著的妓女——赛奥多拉为妻,他迫使皇帝(他舅舅)废除原来古老法律不许有元老头衔的人与妓女结婚的规定,另立新法使其合法化。他不仅娶了一个妓女美妻,而且还讨了 500 个宫女,这就是他的婚姻法。总之,在暴力统治下,任何事情都无正义可言。正义的天平始终随着金钱转,谁给的黄金多,砝码的重心就偏向谁。皇帝受贿、讨妓女、用权术杀人,从不脸红。权利、金钱、美色完全吞噬了他的良心,法律的正义性被他践踏,三个"统一",全靠残酷屠杀,野蛮清洗,虚伪欺骗,最终不论怎样挣扎,地中海终于成了埋葬罗马帝国的海!罗马帝国的失败,也是西方历史上一面轻商误国的大镜子。最后说句大实话,过去对罗马法和查士丁尼总是把他当作神,其实神都是人愚所造。造了神骗自己,又去骗别人,这是不道德的。虽说对往事不应有成见,但不等于无见。有见才能去陈,才能出新。

(原载于《中国商法年刊》2013 年)

更新观念　加快商业立法

发展商品经济的坚冰在我国早已被打破，而商事立法却远远滞后。形势和任务迫切需要尽快制定一部既能吸收国外的先进经验，又能具有中国特色的独立的商法。我国商业立法的起草工作虽进展可观，但在理论上至今学术界对一些问题的看法还有分歧。本文想就有关问题进一孔之见，以求正于志士同仁。

一、关于当今世界商事立法的发展趋势问题

有人认为与"商品经济高度发展相适应的，必定是民商合一的历史趋势"。我的回答是否定的。因为历史和现实、理想和实践、中国和外国的经验都充分说明，并非如此。发展商品经济，建立商品经济新秩序必须加强法制建设，其中尤其要加强加快商事立法，使各种商经济关系制度化、规范化、法律化。

从商品经济发展的历史可以看出这样一个规律，人类每天重复着的商品生产和商品交换活动，由无序到有序，由简单商品经济到发达的商品经济，由有形财产商品化到无形财产商品化，都始终伴随着法律对商品经济的调整过程。经过这个过程使商品经济活动日益有序化和法律化，从而也更理性化。同时商事法律体系本身也正是随着商品经济活动的逐步规范化而日趋完备。在前资本主义社会，最早用来调整商品经济关系的法律主要是罗马法。虽然它是罗马奴隶制的法律，但它却是"商品生产社会的第一个世界性法律"。也是"以私有

制为基础的法律最完备的形式"。后来到资本主义社会调整商品经济关系的法律主要是民法。但民法最初的主要是调整以单个资本为主要内容的法律。如最有代表性的《法国民法典》第一编"人",就只有对自然人的规定,而没有对人的明确规定。后来随着商品经济的发展,特别是当股份制这种复合资本的商业组织经营形式出现之后,虽然商法和民法在资本主义国家都是私法,但由于商事活动与民事活动相比具有自身许多独具的品格,如对主体有较严格的限制,而且主体自身有特殊的利益要求:活动方式要求自由,手续简便、迅速了结;商业活动重外观色彩,在形式上往往采取要式不要因;在法律责任上多实行无过错原则和连带责任制度;特别是经营动机上有以营利为目的的特定要求;在商行为上又具有灵活性、进步性的特点,要求需随形势的变化,随时作相应的修改;而且商事活动还具有国际性,许多作法需遵守国际惯例等等。这样民法的许多内容和原则便不能充分满足商品经济发展的特殊要求,于是在理论上也就提出"私法"二元化的主张。所以许多国家便采取民商分离制度。即在民法典之外,另立商法典,作为专门用来调整商事交易关系的基本法。

当今世界商事立法的主要趋势不是民商合一而是民商分离。首先就一些主要资本主义国家的情况来看。在欧洲20多个主要资本主义国家中,实行民商分离的有法国、联邦德国、奥地利、比利时、卢森堡、荷兰、爱尔兰、列支敦士登、摩纳哥、希腊等十多个国家。

在美洲和大洋洲20多个主要资本主义国家中,其中有美国、阿根廷、巴西、玻利维亚、多米尼加、墨西哥、智利等10多个国家有独立的商法典。特别是美国至今尚无独立的民法典,但是于1952年已经正式公布了《统一商法典》的文本。现在除路易斯安那洲、华盛顿特区和佛琴岛外,均已被其他各州所采用。加拿大、澳大利亚、新西兰等国既无独立的民法典,也无独立的商法典。商事方面多采用英美国家制定的一些单行商事法规。

在亚洲 20 多个资本主义国家中，其中有日本、阿富汗、韩国、伊朗、伊拉克、印度、土耳其、印度尼西亚 10 多个国家实行民商分离，有独立的商法典。只有以色列、蒙古、老挝是实行民商合一。泰国虽也是民商不分，但它是以《民事商事法典》命名，可谓民商平分秋色。

在非洲在私法制度方面仍保持双重法律制度即民商分离制度。根据不完全统计，在非洲大约 20 多个国家实行民商分离。其中有的国家（主要是一些法语系国家，如阿尔及利亚、马里、毛里求斯、马达加斯加等）至今仍适用《法国商法典》。有的国家（如加纳、尼日利亚、赞比亚等）由于受英国法的影响，基本沿用的是英国的一些商事法律制度。还有利比里亚的商法是以美国相应的法规为基础。卢旺达的商法是以比利时的商法典为蓝本。总的说来，非洲的商事法律制度与其他法律制度一样，不够健全，而且几乎一半以上的国家是直接移入法国、英国等国家的商法和商事法规。

社会主义国家中多数都有独立的商事立法。如罗马尼亚 1972 年就颁布了《商业活动法》。匈牙利于 1978 年颁布了《商业法》，保加利亚、德意志民主共和国都是以一些特别商事法来调整商业经济关系。南斯拉夫于 1967 年制定了《商品流通法》捷克斯洛伐克、朝鲜人民民主共和国以及越南、阿尔巴尼亚都是以经济法调整商事关系。苏联虽尚无独立的商法典，但有许多独立的商事特别法。

就我国而言，早在光绪二十九年（1903 年）就颁布了《大清商律》，可谓我国独立商事法之嚆矢。民国时期，于民国三年公布了《商事通则》。后于民国十八年又实行民商合一制度。现台湾省仍实行此制。不过在民法典之外，还颁布了《票据法》《公司法》《保险法》《海商法》和《商业登记法》等单行商事特别法。新中国成立后，随着革命和建设事业的需要,制定了大量的商事法规。现在我国虽已制定了《民法通则》,但现在正在起草单独的《商业法》。这说明我国也实行民商分离制度。

但至今,仍有一些国家坚持私法一元化的主张,实行民商合一制度。共同点是把民法和商法合在一起,在民法之外不另订商法,或在民法之外另订有关商业单行法规。如公司法、票据法、保险法、海商法等,作为民法的特别法。其理由是:①民事、商事都是私事,并认为在商事活动中不外拉债权债务行为,规定在民法债编中即可。②民事、商事互相渗透,不易分开,分别立法适用法律有困难。⑧对商行为另订立法,容易袒护商人利益。但即使在民商合一的国家,商法学还是作为一门独立的课程。

在欧洲实行民商合一的国家只有意大利、芬兰、挪威和瑞士少数几个国家。严格说来在欧洲实行民商合一的只有意大利和瑞士两个国家。因为《斯堪的纳维亚商品买卖法》已在北欧各国统一实施。英国实行的是判例法、习惯法和制定法相结合的法律制度,虽无统一的商法典,但从1893年就单独制定了《商品销售法》,1979年又制定了《商品买卖法》,而且从1984年以来一直设立了商事法院。梵蒂冈主要是以教会法为主,无所谓民商合一或分离。

从以上总的情况看,目前有独立商法典的约70余个国家,而实行民商合一的只不过20余个国家,就是有民法典和商法典的国家,也在它们之外另立了一些商事特别法,有的既无民法典也无商法典,而是由习惯法、判例法,加上一些商事、民事方面的制定法,甚至直接用经济法来调整商事关系。这是当今世界商事立法的一个梗概。认清这种趋势,对坚定地搞好我国商事立法是大有裨益的。

二、关于对商事立法中几个概念的认识

近几年我国法学界有一种较流行的说法，就是把商事方面的立法分为大、中、小三个概念，这种观点从课堂到文章流传很广。总认为"商法"是个大概念，"商事法"是个中概念，"商业法"是个小概念。并认为"商法"是资本主义的私货，只有"商业法"才是社会主义的特产。从而认为我国的商事立法只能名为商业法。其实，就"商法"（Commercial Law）"商业法"（Business Law）"商事法"（Mercantile Law）这三个概念来说，资本主义国家基本上是通用的，没有严格的界线。如"Commercial"一词，既可把它译成"商"又可把它译成"商业"，还有"Mercantile"和"Business"都可译成"商业"，如果说有区别，只是 Commercial 侧重于与商业有关的各项商务；而 Business 侧重于指商事职业和责任；而 Mercantile 侧重于指商人的或贸易的。

细研起来，一些人之所以把商法与资本主义等同起来，把商业法与社会主义等同起来，其根源是对商品经济和市场经济的认识问题。这里首先涉及对"商"的理解，在学术上有把商分为经济学上的商和法学意义上的商的区分。经济学上的商一般是指连接生产和消费之间的商品交换活动，或者仅指商品流通领域的商品交换活动。人们往往把这种意义上的商称为"固有商"或买卖商。它的含义比较窄，也可以说这是一种简单商品经济观念意义上的商。随着商品经济的发展，特别是在现在高度发展的商品经济的资本主义社会，人们对商的观念已发生了很大变化，尤其是在法律上，除所谓固有商之外，凡是以营利为目的的活动都认为是商。也就是把在固有商基础上派生出来的各种以营利为目的的行为，如票据、各种有价证券的交易、保险、广告、租赁、运输、有偿服务以及加工制造、出租等活动都认为是商，并称这些活动为辅助商或第三种商。所以在资本主义国家有"无业非

商"之说(但在资本主义社会也不是所有的行业都是商,如农业、矿产业、手工业和众多的自由职业都不属于商)这正是商品经济高度发展的反映,它最基本的出发点是以行为人所为行为是否营利为目的。认为凡是以营利为目的的行为,行为人、行为社团都属商,也就是说商事活动总是为了要使自己的财产增值。这种营利观是商事活动与其他社会活动一个最重要的区别,更是"商场"不同于"官场"的地方。凡不以营利为目的的人和行为,就谈不到商。所以又有"无利非商"之说。这是对商的定性的认识,也是对商的高度概括。而且这种认识在立法上也得到充分的反映和确认。但这样一来却给一些"重义"的人们产生一种错觉,好像商事活动就是"唯利是图"从而也就把商与资本主义等同起来,并形成这样一个公式:批唯利就是批资,批资也就是直接或间接地轻商。加之我国在传统文化上,我们的"圣人"早就有"君子重义,小人重利"的教导,所以,轻利、轻商思维源远流长。在这种情况下批商,实际就是批判商事活动的营利观。营利观是商品经济共同的基本思想,也是商品经济发展的动力,取消这一观念就是等于对商品经济釜底抽薪,也就谈不到商事活动了。可以这样说,商品经济,特别是商事交易,就是要以营利为目的,资本主义国家是这样,社会主义国家也是这样。只不过营利的目的、手段和占有的性质根本不同而已。因此,我们既要反对资产阶级的唯利是图的思想,又要反对不讲营利、不讲效益的虚无主义的幻想。

在对商的基本定性认识的基础上,同时也衍生出对商法调整范围量的界定,所以在有些资本主义国家的商事立法中把公司、票据、保险、破产等法律制度囊括在商法之内。同时,这几种法律制度与商品经济有密切联系,它们本身就是商品经济市场,也是商品经济秩序最重要的法律支柱。以公司来说,它是商事活动最主要的组织形式,也是商事营运最主要的载体,同时也是企业在法律上的反映。所以一些国家从静态出发把公司法作为商业组织法的重要内容加以明确规定。而票据活动是商业信用高度发展的产物,也是适应价值规律的客观需要。保险是对商事风险的转嫁和商事安全的社会保障制度。海商更是市场的延伸和商事国际化的结果。而破产更是对公司法的补充和对商品交易活动中债权债务的保障。正因为这些法律制度都是商品经济家族中的孪生兄弟,所以一些国家的商法自然而然地把这些法联在一起,组成一个和谐的整体。一些资本主义国家为什么要把商法范围界定得这样宽? 一般说来是由这些国家的政治、经济、法律制度所决定的,但更重要的是由高度发展的商品经济的现实所决定的。法律是社会现实的反映。因为在商品经济条件下,不论是直接的商品交换或其他各项经济活动,基本上都是以营利为目的。社会上的一切物质财富和精神财富几乎都可作为商品,甚至劳动力都是商品,这样的社会现实当然要求要有一个广泛的商法对整个商事活动统一调整,以便保证整个商品经济秩序能正常运转。

另外,随着商品经济的发展,商品交换的扩大和市场的延伸,商业信用的产生和发展,商业的横向结构和纵向环节,以及经营方式都发生了巨大的变化,在商品流通领域里出现了不同经营实体组成的物流、商流和信息流三大系统。原始商业中供产销运存的一些职能,过去往往集中于买卖双方一身,而现在社会分工愈来愈细,许多商事活动,如资金的筹集、货物的运输、仓储保管、信息的汇集与传递、风险的承担、经纪代理制度的发展等等,都成了专门的行业,它们共同在商品流通领域里,各自发挥着协调商品的供需和产销的机能。由此,便形成大市场、大商业的格局。这样的经济现实当然要求有一个独立的商法进行广泛统一的调整,这是商品经济发展的内在必然。

此外,资本主义国家在法规上,一般把商事认为是私人物业是服务业活动。都是私事,有它的共同点,所以在私法二元化的理论支配下,对于商事不论是固有商、辅助商或第三种商,甚至国际贸易都由商法统一调整,这样以便减少立法上的重复和避免法律上的冲突。

正是基于以上所说的商品经济运行机制的相互联系性,活动目的的营利性,活动性质的私人性,活动债务的信用性,活动范围的国际性,活动竞争的风险性,法理的传统性,所以形成一些国家对商事关系进行统一立法。有的国家虽无统一的商法典,但也把这些方面的单独法规视为商法。这不仅有它的理论依据,而且在实践上也经历了检验,是行之有效的。

有的学者认为,凡是以"商法"命名的其内容都较宽,是个大概念,其实就资本主义国家的商法而论,其内容的宽窄并不一样。如法国商法虽然把所有的制造商、批发商、零售商、经纪人服务和其他提供劳务的活动都包括在商法的调整范围之内,但公司法却未出现在商法典之中,而作为商事特别法单独立法。现在法国商法正在向陆商、海商、空商和运输法方面发展。商法典实际只对商业方面应承担责任的基本原则作了规定。这样,商法只不过是整个商事法规中的一个通则部分。而日本商法则包括公司法、保险法,但却不包括票据法和破产法。而瑞士的商法,对保险法又未列入。英美国家的商法更是别具一格。它除了用判例法、习惯法和制定法相结合的方法来调整商事关系外,更显著的特点之一是不像欧洲大陆法国家商法的内容那样广泛。它们都是以商品买卖为核心而建立起自己的商法体系。如英国的商事制定法主要的就是《商品买卖法》。美国的商法虽然叫《统一商法典》,但也是以货物买卖为主。从以上可以看出,以"商法"命名的,并不都是大概念。也就是说从定量出发,并不是所有的商法都包括公司、票据、保险、海商、破产等内容在内。因此,对商法这个传统概念定性和定量的分析,可以得出这样两点结论:一是"商法"这个概念不是资本主义的"专利",它具有广泛的适用性。资本主义国家可以用,社会主义国家也可用。二是采用"商法"这个概念立法,并不一定就要把公司、票据、保险、海商等内容都塞到里面去。事实上至今也没有哪一个国家的商法把所有的商事关系的法律制度,都囊括在内。

有的学者认为"商事法"是介于广义和狭义的中概念。其实"商事法"实际上是商法的同义词,但又比商法更古老。与商法一样它是关于商事活动如买卖、运输、保险、票据和破产等的主体的法规通用的简称。所谓"商事"是指各种商业性的行为在法律上的称谓。也可以说是商人与商人或商人与非商人相联系的在商业上所为的法律行为的总称。其所以称为"商事"还因为便于和一般民事行为相区别。因为民事行为由民法调整,一般称法律行为;而商事行为由商法调整,一般称商行为。而且在法律上所产生的效果也往往不一样。所以,"商事"一词不是专门用来反映商事立法的宽窄的,它只是一个法律上的学术用语。至今为,世界上还没有哪一个国家的商业立法是以"商事法"命名的。但是却有许多学术著作取名为"商事法论",或"商事法概要"等。就我国商业立法来说更无必要取名为"商事法"。正如不需要取名为"民事法"一样。

还有许多学者认为"商业法"是个小概念,而且美誉它是具有社会主义特色的新概念。的确,现在一些社会主义国家的商业立法,多命名为商业法。认为商业法只是调整商品流通领域里的法律。甚至有人认为只是调整商业部门所管辖的商事活动的法律。这种认识的确是失之太窄。从法律本身来说,法是社会关系的调整器,是社会整体意志的反映,是由国家立法机关制定和认可的,它是就社会某一个独立的社会关系方面进行调整。它既有质的规定性又有量的规定性。它一经制定就往往形成独立的部门法。商业法也是如此,说它是部门法是指它调整的对象是某一方面的社会关系而言,但它与某一部门所管辖的事不能划等号。任何部门法都不是所在部门的法。商业法是部门法,但绝不是商业部门的法,这一点必须明确。

一些社会主义国家之所以较普遍地把商事方面的立法命名为商业法,而且内容都普遍较窄,多是国家在商业行政管理和商品管理活动中的一些规定,实为商业行政法。并普遍把生产资料的购销,对外贸易都划出在商业法的调整范围外,这实际上是产品经济模式在立法上最集中的反映。因为在高度集权型的产品经济和计划经济的体制下,从经济组织法来说,企业、公司根本未确立起经济法人的独立地位。虽然有公司之名,而且公司设立,但实际都是政府部门的附属物。更无股份公司之类的组织形式。自然而然也就谈不上公司法了。在产品经济制度下,把商品信用更是当作社会主义的异己力量,甚至赊销预付都认为是资本主义的信用准则。因此,汇票、本票、股票、债券、期货交易等现代商业信用制度,均在严格禁止之列,当然也就谈不到票据法了。保险制度同样被认为是封资修的货色,而被财政"大锅饭"所代替。破产更被认为是与社会主义制度的优越性火水不相容,企业的债务国家负无限责任。海商,也由于帝国主义的封锁和自身实行闭关锁国政策所窒息,致使外贸、海商很不发达。对生产资料由于不承认是商品,一切购销都实行严格的计划调拨,尤其在理论上总认为商品货币是产生资本主义的温床。加之重人治、轻法治。如果说法律是社会现实生活的反映,那么,在这样的政治、经济、法律严峻的现实情况下,商事立法当然只能是简单的、狭窄的、标语口号式的小商业法了。这正是产品经济畸形发展的产物。这不是社会主义国家商业法优越性的表现,而正是它的缺点和弱点,不能很好地适应社会主义制度下商品经济发展的需要。我们的商事立法不应重蹈此辙。目前我国商业管理和流通机制虽然还滞后于政治、经济发展形势的要求,但总的看,随着经济、政治体制改革的深入发展,我国的市场已逐渐由封闭转向开放,生产资料市场、期货交易也正在广泛建立和发展,商业企业的组织形态已逐渐由一元化向多元化发展,劳动力、智力成果、生产资料、房屋、证券、信息等新的商品形态逐渐加入到商品大家族中来,商业信用票据制度,商业风险转嫁保障制度以及商流、物流、信息流制度也都日益发展。国际经济技术交流、货物买卖更有长足发展,特别是广大社会商业像雨后春笋般地、迅猛异常地发展起来。这种大市场、大商业新格局的出现,为我国制定调整范配较广的商法创造了良好的外部环境和客观基础,因此,现在的商事立法,完全可以按大商业的要求进行立法。

总之,商法、商业法、商事法这三个概念并无实质性的区别,也无大、中、小之分。尤其是概念本身不能说明法律的社会属性和它的阶级本质。因此,绝不能削足适履,以名废实,应以辩证的观点,正确处理好名和实的关系。

三、关于我国商事立法的指导思想和主要内容

商事立法总是为适应商品经济发展的需要,我国的商事立法更是迫于建立商品经济新秩序的客观需要。它一经制定必然对商品经济的发展,特别是对市场对商业管理和经营起导向或阻碍作用。因此,制定商法从总体上讲必须以适应和促进商品经济的发展为出发点和归宿。既要有商品经济的新观念,又不能丢掉计划经济的观念,要从社会大商业出发。我想我们的商法应该是规范市场、疏导流通、保护合法交易、维护广大消费者利益的强有力的武器。为此,在内容上应抓好以下几点:

1. 要有高度的契约观念

契约是商品交易的自由观和平等观在法律上的再现。也是落实计划的保证。商事活动在法律上最突出的特点是行为的契约化。当事人的各种权利和义务都要通过契约去确立。因为,商品作为一种劳动

产品,在交换过程中总是意味着等量劳动与等量劳动的交换,彼此的地位是平等的。同时在交换中它又不会自动跑到市场上去,交换者的每一方只有通过双方共同一致的意志表示,才能让渡自己的商品,占有别人的商品。商品交换又是人们相互协作的体现,要求必须遵守诚实信用的原则,同时,商品交换总是利得和风险并存,权利与义务共有。因此,在商品交换中就要求把彼此人权的平等观,让渡商品的意思表示,交换中应遵守道德观,以及享有的权利,应承担的义务和风险责任等具体化为法律。所以,只要社会经济运转按商品交换的原则进行,就需要契约作为商品经济最主要的法律形式。商事立法应充分反应商品经济这一最基本的要求。理论和实践,历史和现实充分证明,没有契约的权威,就没有商品经济新秩序,也就没有商法的权威。国外商事立法,都十分突出契约的内容。这些经验是值得借鉴的。我国虽已有《经济合同法》,但有关商事方面的合同统一订在商法内,并不矛盾。

2. 要有竞争观念,要紧紧围绕市场立法

商事活动总是通过市场去实现的,搞好市场立法至关重要。法律虽不能创造市场,但它却能为市场的发育提供有利条件。市场立法既要充分尊重无形之手——价值规律的作用,又要高度重视有形之手——国家干预的作用。有市场就有市场活动的主体。因此,首先要严格规定什么人可以进入市场从事商事活动,什么人不能进入市场从事商事活动。现在形成十亿人民五亿商的局面,特别是官商,官商窜入市场,严重扰乱市场秩序,是极不理性和正常的现象。在商品经济条件下,参与市场活动的主体虽然是很广泛的,但从来又都是有严格限制的。商事立法中一定要有"竞业禁止"的规定。运动员进入比赛都要经过严格检验是否有违禁行为,而商人进入市场更应严格审查发给许可证,并经注册登记后才能正式入场活动。市场由于受价值规律支配,因此,它又是一个竞争的大舞台。商品经济必然伴随着竞争,在商事立法上要尽可能创造平等的竞争条件,鼓励竞争,使之能做到机会均等。但是竞争又必然会带来垄断和诱发出各种不正当的竞争行为。因此,为了保护竞争和保护广大消费者的利益,又要严格禁止垄断和禁止各种不可当竞争行为的发生。在立法上既要规定"可为"的竞争行为,又要规定"禁止为"的行为;既要强调自律,又要重视他律;既要反对各设关卡,画地为牢,又要有守门员严格把关。我国在西周时就设有十一种市官专门从事市场管理,现在更应该加强审批管理。球场比赛有球场的规则,市场活动也一定要有市场活动的规则。特别是要把市场和官场分开。既不能把市场活动规则带入官场,也不能把官场活动规则带入市场。现在在官场上出现了市场,在市场上出现了官场,这都是新旧体制摩擦"板块效应"和法制不健全的情况下让商品经济这块怪物孕育出的怪胎。在商事立法中要尽可能使各项经营和服务活动规范化。这样既便于从业人员操作执行,又便于各方面管理监督。总之,既要保护合理竞争,又要坚决禁止各种不正当竞争。要克服政府在市场面前软弱,消费者在市场面前啼笑咒骂的状态。否则竞争不可能有序化,市场新秩序不可能建立健全起来,法律在人们心口中也不能有很高的威信。

3. 应突破以所有制层次为模式的传统的立法格局

过去我们的立法,在主体部分常常以所有制的性质和层次去确立起法律的立体体系。总是按先国有、后集体、再个体等顺序进行排列。这好像成为社会主义的立法模式。这种模式最大的弊端是造成各种主体在法律地位上的不平等现象。总认为国有是老大、集体是老二、个体是老三、私有是异己力量,联合、合资等是陪衬。这与商品经济的平等观和法律观是不和谐的。按商品经济规律的要求,企业是不应有上级的,更不应以所有制来分大小和地位的高低。就是资本主义国家也是多种所有制并存,但并没有都按所有制性质立法。因此,我想商法的主体部分应按经济组织的形态去立法为好。因为各种商事活动总是以一定的组织形式去参与商事活动的。如不是以各种商业性公司的身份,就是以合伙、联营、合资、合作、独资的形式去参与各种商事活动。按经营组织形式立法的好处是:可以打破在经济领域里的等级制,不管是什么所有制,只要是同一经济组织形式,都应遵守同一组建原则,同一经营活动原则,享有同一的权利,承担同一的义务。这样不论你是全民性公司、集体性公司或联营以及独资性公司,只要是公司,大家在公司面前都是商法人,其法律地位都是平笔的。这样可以打破国有商业一些不应有的特权和优惠待遇,使大家在平等的条件下进行竞争。这符合商品经济的平等观和社会主义的民主法制观,这样也便于商业企业真正按商品经济规律的要求的自我激励、自我约束、自主经营的方向发展。同时商组织法部分的立法多是一些技术性的规定,各国的规定都大体相同。在内容上主要是对主体的法律地位、作用、职能、性质及所有权和经营权的规定,而且要求都比较严。这样也便于借鉴国际上一些先进的立法经验,使我国的商法更具有中国的特色。

4. 要加强买卖活动的立法

因为买卖是商品经济社会中最普遍最经常的经济联系形式,是商品交换事务的核心。商行为的种类虽多,但一切商业交易活动的共同点都是一定的商品或提供一定的服务换取一定的对价。它反映出商品交换者之间的特殊经济利益关系,是社会交换劳动不可缺少的重要形式,是联系国民经济各部门、各地区、特别是各所有者之间重要的纽带。同时也是各社会成员实现消费的重要形式。所以,买卖活动是商品经济最基本的活动,也是商事活动的基础。它应该成为商行为法部分的中心内容。其他各项商事活动基本上都是在买卖活动的基础上派生出来的。随着商品经济的发展,买卖的方式也愈演愈多,除现货交易外,还有期货买卖、专卖、拍卖、邮购、寄售、代购代销以及批发、零售等等。所以,有的国家的商法就直接以《商品买卖法》《统一买卖法》或《货物销售法》命名,以便使商法的这种法律制度更加名副其实。美国的商法虽将过去的《统一买卖法》改为现在的《统一商法典》,但买卖仍然是该法的中心。

5. 商业立法应坚持主客观相结合的原则

在商事立法中有两种基本原则:一是主观原则,一是客观原则。所谓主观原则即以商人为本位作为立法的基础。按此原则,同一商行为,商人为之适用商法,非商人为之,适应其他法律。究竟哪些算商人,哪些不算商人,由商法确定。采用这一原则立法的主要有联邦德国、奥地利、土耳其、瑞典、瑞士、日本等国。其主要理由是认为商人有自己的特殊利益和要求,而且是从人本论出发,同时受传统商人法观念的影响。

所谓客观原则,即以商行为作为立法的出发点。按此原则,以行为的性质是否属于商行为为分界。只要行为属商行为,不管行为人员是否属于商人,皆适用商法调整。所谓商行为,一般认为是以营利为目的的营业行为。此原则的主张者认为适用法律不应以人的阶级和职业去区分,只要是同一行为,不管什么人为之,都应适用同一法律。采用这一原则立法的主要以法国、比利时和南美洲一些国家为代表。

其实现在都逐渐趋于结合,因为商事活动总是通过一定的行为去进行的,所以商法应该是商组织法(商人)和商行为法的结合。

6. 商法应特别注重保护消费者的利益

维护消费者的合法利益,是各国商事立法的一项极其重要的原则。我们国家的商事更应如此。这不仅是社会扩大再生产的客观要求,也是社会主义商事活动的性质和宗旨所决定的。从消费者本身所

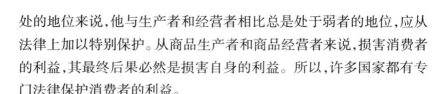

处的地位来说,他与生产者和经营者相比总是处于弱者的地位,应从法律上加以特别保护。从商品生产者和商品经营者来说,损害消费者的利益,其最终后果必然是损害自身的利益。所以,许多国家都有专门法律保护消费者的利益。

消费者利益,除经济利益外,还包括安全利益(即身心健康和精神不受损伤)和时间利益(即以最快的速度买到最适合的商品和服务)以及方便利益等。现在消费者利益遭受的损害,特别是来自价格和质量(包括服务质量)的损害,可以说已到了无可忍耐的程度。人们期待着法律,尤其是商法为他们护益。因此,商法中对保护消费者利益应有具体、明确和严格的规定,并且要对消费者的投诉尽可能提供方便的规定。

7. 要注意国际惯例的应用

商事国际惯例,是国际在长期通商贸易往来过程中逐渐形成起来的一些习惯做法和先例,后来被许多国家反复援用,并得到许多国家的承认和遵守。这些习惯和先例,便成为国际商部惯例。它是经济贸易活动日益国际化的产物。特别是20世纪以来,随着国际贸易交往日益发展,为了避免各国间商事法律冲突,减少贸易障碍,除国与国之间订立了一些商事协议、条约之外,一些国际组织和国际会议还通过了许多统一的国际性的商事公约,如《统一汇票、本票法公约》《统一本票公约》《华沙—牛津规则》《跟单信用证统一惯例》《联合国国际货物销售合同公约》等。这些惯例显有强烈的政治性,但对促进国际交易准则一致化起了一定的作用。这是20世纪以来国际商事法律发展的一个新的特点。随着我国对外经济贸易的发展,我国商业企业的生产、经营和管理,如何按我国已经承认的国际公约和国际惯例办事,这是我们立法时不能不考虑的重要问题。虽然我们的商法是属于国内法,但商法的国际性是很强的,至少不能与我们已经承认的国际公约和国际惯例相冲突。

8. 关于我国商法的立法体系

有两种方式可供选择。一种是以商法为主体,把商法制定成纲要式的或通则式的,然后再根据商法的要求制订若干个商事特别法,对有关的各个方面分别进行调整。再根据各个特别法制定若干个实施细则、规章等。形成一个宝塔式的商法群。这个体系采取分步到位、立法难小。但最大的弱点是商基本法往往很原则,适用性差。由于过于原则,所以执行起来灵活性很大,只好求助于一些规章、细则去补充。但法此规章、细则又很分散,而法的效力又较差。从其他一些部门的情况看,这种体系实施效果不太理想。另一种思路,是制定一个内容较完整的商法典式的商基本法。法典本身的结构可分为总则、商业管理法、商业组织法、商行为法、罚则和附则。其中以商组织和商行为法为重点,使它像一个现代化的大厦,各种设备基本配套,不搞商法群,并采取一次到位,在此基础上,适当再立一些辅助性法规,这样法的效力高一些,更集中一些。目前制定商法典虽然困难大一些,但也要努力攀登。

愿我国商事立法,在党的十三届四中会议精神的指导下,以奇异的编章,鼎立在中国和世界的法律之林。

(原载于《兰州商学院学报》1989 年第 Z1 期)

用法律规范连锁经营

连锁经营这一现代商业组织方式，近几年在我国及我省得到迅速发展，它是社会化大生产对社会化大流通提出的必然要求。它为商业企业的制度创新、机制选择、市场定位、新体系的建立等根本性问题提供了新的经验和方向。

连锁商业在国际上已有一百多年的历史，现在已是市场经济国家商业发达程度的重要标志。近几年在我国短短的实践中虽已充分显示出它旺盛的生命力和强有力的革新能力，但从我国目前情况看，连锁经营不论在组织形式、运作方式、产权制度上都尚处于不规范或不伦不类的状态。尤其是连锁业方面的法律制度更是空白。现在基本上是采取"摸着石头过河"的办法。这不仅对连锁业的组织选择、机制运用、产权界定、风险承担产生严重不良后果，而且也不利于与国际连锁接轨。为此，国家和地方都应尽快加强连锁经营方面的立法，以促进连锁经营健康发展。

企业的组织形式是一个重要的法律问题，它关系到企业的法律地位、组织体系的建立、经营机制的运用、风险责任的承担等重大问题。从国际惯例看，连锁业的组织形式主要有：正规连锁、特许连锁、自愿连锁、合作连锁及混合连锁。

正规连锁，主要是以资本为纽带，以股份公司的形式进行组建。它的主要特点和优点是：统一进货、统一配货、统一核算、统一管理，并实行直销经营。其产权、经营权、核算权和决策权都高度集中在总公司。这样最有利于适应大市场、大流通的需要。美国、日本等资本主义国家的连锁业,正规连锁是最基本的形式。我国的国有商业最适合组建正规连锁。

特许连锁,是以一些著名企业为主导,以转让商号、商标、商业专有技术、商业诀窍等无形财产为纽带组建起来的商业联盟。它主要是靠盟主的声誉和独特的经营技巧去赢得胜利。这对于充分发挥名优产品的辐射能力具有较大的促进作用。这种连锁虽然盟主对加盟成员实行严格控制,但它们的产权、经营权、核算权是各自独立的。如麦当劳、肯德基、狗不理包子集团、兰州金鼎牛肉面连锁都属于特许连锁,这种连锁经营对于新步入商界和效益不好的经营者来说,是获取盈利的"绿色通道"。特别是随着科学技术的发展,无形资产的价值日益增高的现代社会,特许连锁日益占据重要地位。

自愿连锁,是以批零结合为纽带,由批发商发起联合众多的小零售商自愿组成的商业联盟。它是以批发商为主,零售商为辅。在产权关系上,批发商和零售商的所有权、经营权和核算权都是独立的。在这种连锁中,批发商主要是控制零售商的商品种类、数量、价格,而不控制零售商的整个经营。甚至实行加入自愿、退出自由,原则上是一种松散型的联合。

合作连锁,是由各零售商自动发起,并由各加盟会员商选择理事会进行民主管理。参加这种连锁必须购买该连锁组织一定数额的股票,并且每年要购买一个固定数额的商品,年终根据每个会员商从连锁组织中购买的商品总额进行分红。这种组织最适合城乡集体经济,如美国的托皮柯联盟、科特、阿塞都是合作连锁。

混合连锁是现在发展起来的一种新的连锁,主要是在连锁中加连锁,以方便消费和充分发挥乘数效应。

办连锁应首先从组织上进行规范,在此基础上去规范其他各项运营机制和经营方式。

连锁业在本质上是一种规模经济,也只有具有规模(集团)性,才能充分发挥连锁组织的效应。每个连锁组织的规模究竟应界定多大,才算合理,根据经验证明,正规连锁的分店至少要 10 家,其他连锁组织的成员至少要达到 50—100 家,才是盈利点。所以美国规定创建连锁店至少要有 11 个成员店,日本规定至少要有 10 个成员店。我国连锁业的盈利点虽然低一些,但也应该有一个量的界定。从我国目前的连锁业状况看,其加盟成员一般都很少,有的只有三五个。这样,就无法发挥该种行业的规模效应。

连锁经营发展好坏,发起人——盟主至关重要,因此应从法律上对它提出严格要求。

1. 盟主必须对自己的经营资料、商业经验、诉讼史以及对成员的援助、培训等做出真实详细的介绍。并在接受加盟成员前必须提供,否则要处以罚款。如美国规定,如不按规定提供,要处以 1 万美元的罚金。

2. 要提供效益保证。包括可能的效益、过去的效益,但不包括虚假广告。提出的效益保证必须要有合理、可靠的证明资料。

3. 提供的商品和服务要有操作规程和方法,要提供商号、商标、商业机会等。

4. 盟主不得在盟员店经销圈半径一定范围内(如 500 米)另成立第二家使用相同名称的加盟店。

5. 要保证公平竞争,机会共享,不受经济性质、宗教、民族、种族和地域的限制。

6. 要提供指导和监督,以保持连锁经营的整体性。

同时,对加盟成员也有义务上的要求:

1. 首先要向盟主交纳各项费用。如加盟费、各种服务费、保证金和其他共同费用以及违约金等。如麦当劳规定加盟费为 50 万美元。日本"7-11"公司的加盟费为 300 美元。这些费用虽然都由各连锁总公司或总部根据不同行业自行决定，但国家应加以认可，使之更有合法性。

2. 经营所需的商品和某些设备、物资必须要从连锁总库购买，甚至要确定一个固定的年购买量，作为连锁总店与分店在经济上联系的纽带，也是防止伪劣产品进入流通领域和净化市场的重要环节。

3. 保证连锁经营符合章程、合同的规定和要求，忠实遵守总店的经营方针、经营方法，接受盟主的指导，并积极致力于保持盟主的形象。

4. 保证不以可能误导或欺骗的方式仿造其他公司的商标、商号、口号或其他识别符号。也不能以任何理由将总公司、总店的经营制度、秘诀和相关资料转让给第三人使用。

5. 保证一切经营活动都必须符合国家颁布的法律、法规和有关规章制度。

除了以上问题外，我们还应注意连锁经营中的合同问题。在连锁经营中总店和分店主要靠合同来确定彼此的权利义务关系。主要包括：费用的交纳、连锁的时间期限、彼此应尽的义务、经营的主要方式、技巧和办法、解约、违约、续约的处理办法和程度等。

特别要注意的是：连锁合同不同于一般的买卖合同，它是一种标准格式合同，即为了保持连锁经营内部的统一性，它的条款是由总公司、总店统一制定好了的。加盟成员店只有权表示同意或不同意，没有讨价还价的余地。这种合同实际具有章程性质。目前我国连锁经营中的许多合同都不规范，有的甚至根本没有合同。这对今后解决连锁纠纷不利。由于连锁合同是标准格式合同，为避免出现"霸王合同"，还应对合同文本格式做出统一规定。

（原载于《发展》1995 年第 11 期）

商业信用的经济和法律分析

市场经济是法治经济,同时也是信用经济,这不仅需要给予充分的法律关怀,而且更需要给予道德和法律的双重关怀,才能确立起既规范又安全的市场经济秩序。

一、信用概念的多元性及其特点

信用这一常讲常新的概念,在辞义学、伦理学、经济学和法学上具有各自不同的含义。从辞义学上讲,在《说文解字》中,称人言为信。即从"亻"从"言",是从会意上去构建的。在《辞海》(1989)里对信用作了三种释义:其一为"信任使用",着重政治含义;其二是遵守诺言,实践成约,从而取得别人对他的信用,这侧重于一般社会交往和法律的认定;其三是"价值运动的特殊形式",这可以说是从经济学角度做出的高度抽象的概括。

在英语中与信用比拟的词有 credit(Trust or reliance)。《郎文当代英语词典》(1987)对信用一词作了十种解释。如认为"信用"是指"信仰或相信其事物的正当合理性";是指"在还债或处理货币事务中受信任的品质";是指"购买商品及服务后一段时间内偿付的制度"等。《牛津法律大辞典》对"信用"释义为"在得到或提供货物或服务后并不立即而是允诺在将来给付报酬的作法"。

起初,在使用"信用"这一概念时,往往把"信用"解释为"信任"的同义语。而且使用得很严格。如马克思曾引用图克的一段话:"信用,在它的最简单的表现上,是一种适当的或不适应的信任",其他一些经济学家——如熊彼特给信用下定义时,也认为是一种信任。从严格意义上讲,这样的定义虽然较贴近生活,但作为一个科学的概念,这样的定义是不严谨的。

在传统经济学里,过去多数把信用定义为"借贷"活动。如《中国大百科全书》(经济卷)(1988)的信用条也解释为"信用即借贷活动,以偿还为条件的价值运动的特殊形式"。《大英百科全书》(卷 V,台湾中华书局 1988)也把 credit 解释为:"指一方(债权人或债务人)供给货币、商品、服务或有价证券,而另一方(债务人或借款人)在承诺的将来时间偿还交易的行为。"借贷论,较能反映信用在商品经济社会里与商品、货币的本质联系。

信用作为一种借贷活动,这种活动的对象是什么,在学术上有不同的观点:马西认为是货币的使用价值;斯密认为是货币的购买力;魁奈认为是财富的使用权;马克思认为是借贷资本。马克思认为,"信用作为本质的,发达的生产关系,也只有在以资本或以雇佣劳动为基础的流通中才会历史地出现"。

从法学上讲,信用是以商品、货币为内容,在商品流和资本流程过程中以言行事的债权债务关系。它坚持"诚实"和"有约必守"的价值理念。信用的对象应是一种请求权,包括给付请求权和偿还请求权(追索权)。

信用作为人类社会不可或缺的经济制度和法律制度,有以下一些主要特征:

首先,信用是人类本质中一种良好的心理现象。它的心理学特征就是人们在交往中所形成的一种信任感和安全感。这样使信用具有很强的人格性。如日常交往中说某人"不讲信用",就意味着这个人失去信任感和安全感。如公众之所以自觉自愿地把现金存入银行,就是相信银行能按约定取款付息;银行敢于向企业贷款,就是信任该企业肯定还款;在商业交易中,卖方愿意接受买方出具的 50 万元远期汇票,就是信任买方能在汇票到期时,按汇票确定的金额无条件地付款。如果说某一国家发生"信用危机",就是各种信用安全阀失灵,人们在各种信用活动中无安全保障。正因为信用是以人们的心理因素为基础,这样信用活动就免不了存在信用风险和信用陷阱。

其次,信用不仅是一种心理道德现象,它更是一种社会制度。它体现的是人与人之间的物质利益关系,是人类经济活动赖以存在的和可持续发展的良好环境。我们之所以说它是一项制度,(1)因信用是一种有形的可观察到和可供遵循的社会事务和国家事务的安排。人类社会有大量的信用活动。有普遍的商业信用和银行信用;还有严格的政府信用;在一般社会事务中有最基本的交易信用。(2)信用存在各种规则,如商品交易规则、银行借贷规则、票据规则、契约规则、担保规则等。这样可使信用是看得见的,可识别的,从而使信用活动具有重复性、稳定性和可预测性的一种安全的社会秩序。(3)有一定的时空性。信用制度还体现在广大民众的善良习俗上以及惯例上,从而它可对各种信用活动进行解释和评价。(4)从法律上讲,一项制度总是体现为各种具体的规则,如创设性规则、归结性规则和终结性规则,当然归结性规则是主要的体系。信用,体现为一种制度,可以说它是信用应然和实然的有机必须的结合。

第三,信用在时间上具有未来性。信用是一种未来预期的活动,如银行的信贷活动,商品交易中的赊销预付活动,尤其现在的期货交易和电子商务活动,都是靠信用为依托在未来的时间里去履行所期待的承诺。如果所有的活动都是在现时中立竿见影的及时了结,则一切"预期"、"信用"都将成为无用的制度。正是由于过去、现在和未来之间存在许多不确定的因素,所以要依靠一定的思维假设和逻辑推理构建出特定的制度来加以维系。

第四，信用的权利性。信用关系在现代市场经济社会中主要体现为一种债权债务关系，这种权利关系既具普遍性，又具特殊性。所谓普遍性是广泛存在市民社会中，尤其广泛存在商事活动中；它的特殊性，就是各种具体信用债权总是针对特定的人，所以它的权利总是一种对人权，而不是对世权。这样信用权利也就是一种相对权。另外，商业信用权利与民法上的一般债权也有所不同，它具有两次请求权，如票据权利，它除了具有付款请求权外还具有追索权。

第五，信用的品牌性。在当今市场竞争日益激烈的情况下，以信用为基础铸成的商誉在竞争中的品牌作用日益重要。"诚招天下客，义纳八方财"即"诚实拓市场，信誉生效益"，这是商家们重要的座右铭。在商业社会里，信用已不单是一种伦理准则，它是生财、聚财、用财的重要"睦邻效应"法则。信用是财源，它可以通过商品市场、资本市场、劳动力市场打通企业和个人生财、聚财、用财的通道；信用是财力，它可以通过社会的信用网络实现用小钱支配大钱，用明天的钱来支配今天的钱；信用是财富，它可以相当大的程度上决定市场占有空间和发展趋势，实现利润最大化。可以说人无信不立，企业无信不长，社会无信不稳。所以信用是个人、企业、社会的重要资源。品牌的基础是信用，所以培育品牌，着重培养信用。得信可以得人得财，失信必然失人失财，它是重要的经营哲理，也是现实的真实写照。

第六，诚实信用已由一般的道德规范上升为重要的法律原则。甚至把它誉之为是一项"帝王法则"。尽管有人对此提法持批评意见，但在各国民商法中始终不失为一项重要的法律原则。我国民法通则、合同法等重要法律，都规定了诚实信用原则，法国、德国、意大利、日本民商法中都规定所有意思表示，都应遵循善意原则，不准作虚假的意思表示。尤其《美国统一商法典》在开宗明义的 1~102 条的宗旨中就明确规定："在本法没有相反规定的情况下，本法各条款的效力可以通过当事人的协议加以改变。"但是"本法规定的善意、勤勉、合理和注意的义务不得通过协议加以排除"。同时在1~103条还明确规定，"在本法没有具体条款予以排除的情况下，普通法和衡平法的条款原则，包括……禁止反悔、欺诈、虚假说明等法律，都作为本法的补充"。可见善意、诚信原则在民商法中享有不可动摇的帝王权威，它也是法官手中的衡平法。

二、商业信用制度孕育着商品交易发展的全过程

商业信用制度与商品交易有着内在的必然联系，它孕育着物物交易、简单商品交易和发达的商品交易。

在物物（W—W）交易中，由于没有货币的介入，也没有商人的介入，交易主要是在生产者与生产者，或生产者与消费者之间进行。交易在空间上主要是在氏族部落之间或部落内部进行。交易对象主要是以一种剩余产品去换取另一种所需要的新的物品，物物交易虽也带有二重性，但追求物的使用价值是它的基本方面。在这种交易中信用的重要特点是以血缘为纽带的信用。属于家庭型、熟人型、原始型的纯民间信用。这种交易带有一定的馈赠性和回报性，但它毕竟是一种交易关系。它体现的是商品的所有权和使用权的让渡，实际是一种财产关系的变化。所以它必然要有信用关系存在其中。主要是对交易的商品在权利上是安全的，不会被人追索，才会具有交换的可能。同时应具有适合需要的性能，以发挥物的有用性。这种信用基本属于对具体物和具体人的信任。同时不涉及时空转换等因素，所以是一种简单的信用制度。在物物交易中如果有违规者——如提供次品或不回报者，会受到已形成的交易习惯的惩罚，主要是把这种损害留在心中作为"感情储蓄"，待下次交易时进行补偿。物物交易虽建立起了信用

制度的雏形,但毕竟是一种简单的博弈规则,属于"特殊立义"的信用结构。

当货币出现后,商品交换发展为简单商品交易模式,即 W—G—W 型。在这种交易中最大的特点是以货币作为交易媒介。一个生产者的商品(W),售出后变成货币(G),体现为从 W—G 的售出过程,然后用手中的货币(G)去购买其他商品(W),体现为从 G—W 的购买过程,实现买和卖的统一。也构成一个商品循环,无数次的商品循环就构成商品流通。不过,在这种商品流通中,货币虽起了媒介作用,"但商人还不起主导作用,只偶尔的介入",所以属简单商品流通。

在这种交易信用中,货币起了主导作用,使交易货币化,从而克服了"需求双重恰合"和商品计价的困难,并克服了物物交易中边际效用递减所造成的均衡不稳定性,这样有利于降低交易成本,具有普遍接受性。

物物交易是在同一时间、同一地点买和卖的紧密结合,所以只能是直接交易,而且要有买和卖在时空上分离。甲地的商品可以到乙地交易,今天的商品可以和明天的商品交易。货币交易最大的信用功能是使交易断裂,又使交易不断继续,互为因果关系。货币不仅易储蓄、易分割,具有一定属性自然物的形式,更重要的是正如马克思所说的代表着一种"社会关系的产生"。因为货币作为交易媒介后,使交易的范围扩大了,许多"陌生人"加入了交易和使"双重恰合"以及靠"感情储蓄"来弥补这些方式不现实了。这时的信用,也由直接交易中一对一的特殊主义的信用观,变为多对多的普遍主义的信用观。这时在交易中除对当事人和交易标的信任外,更重要的是对所使用的货币的信任。最起码的信任是当商品出卖者接受买方所支付货币后,他在今后的再购买中以及在给政府纳税中能支付出去。这就要求如以贵金属作货币至少不是伪劣的,如以纸币作货币时不是假币。尤其货币是一种价值尺度,更相信能保值,这就增加了对政府、对社会以及对金融机构广泛的信用,成为一种复杂的信用关系了。

随着社会分工的发展,商人出现后,交易形式发展为发达的商品交易,即 G-W-G′。商人参与交易活动,他首先是作为货币所有者,将货币转化为商品(G—W),实现先买的活动。但商人的买不是为自己的消费而买,他是为卖而买,所以他又要将买来的商品加价后再卖出去,将商品转化为货币(W—G′),实现资本增值,然后再买和再卖。这种商人交易使商业信用更加复杂化。这时商人对卖者来说代表了所有的买者,对买者来说代表了所有的卖者。反之也一样。这时商品生产者——尤其是批量生产者,总是愿将商品先卖给商人,然后由商人再卖给消费者。这时生产者出售商品时,要对商人产生信用,主要是付款信用;消费者在向商人购买商品时也要对商人产生信用,主要是对商品的质量和权利的信用,即商品的质量和权利是否有瑕疵。商人在比较优势理论支配下,他总是要将本地或本国的特产品收购起来运往他地、他国,与易地的商人进行交易,这种交易主要是商人与商人之间的交易,他们之间也形成特定的信用关系。如出现卖方市场时,则往往出现延期交货的信用;如出现买方市场时,则往往出现延期付款的信用。同时,现代商人交易总是与银行的信贷紧密相连,就是"商人阶层本身的形成,也是以货币的形成为前提"。这样商人交易中也内含着银行信用。所以,这时的信用归根结底是由商人的信用来维系。

三、健全商业信用机制要走合作博弈之路

商业是充满竞争的事业,商法更是维护竞争之法。商业信用总是存在于商业交往和商业博弈竞争之中。无竞争,无博弈,也就无信用可谈。

假定两个商业公司在竞争中进行博弈（games）
如图：

		A公司	
		守信	欺诈
B公司	守信	①A获利500万元 ②B获利500万元 ③A、B同时获利800万元	②A获利1000万元
	欺诈	①B获利1000万元	④A、B均只获利100万元

在这一博弈中由于各自选择的战略组合不同，可产生四种不同的预期效果：

①A公司讲信用可获利500万元，B公司搞欺诈可获利1000万元；②反之，如果A公司进行欺诈可获利1000万元，B公司讲信用只能获利500万元；③如果双方都讲信用，每家可获利800万元；④如果都采取欺诈，每家都只能获利100万元。在这四种选择中，其中有两种是顺向纯战略组合，有两种是逆向混合战略组合，但都是非合作的博弈。这两家企业都是分立的市场主体，因此他们的竞争决策都是秘密的。在这一信息不对称的情况下，都怕自己讲信用，别人搞欺诈，这样自己只能获利500万元，让别人获利1000万元，对自己显然不利。于是两家都选择欺诈，结果两家都只能获得最低利润100万元，得到的是'双输'的格局，如果两家通过协议进行合作，都遵守信用，这样每家都可获利800万元，这是一种"双赢"的格局，这是最好不过的选择。然而在商事主体分立的情况下，在垄断竞争中这种合作是不稳定的。因为每家公司在已知竞争对手策略的情况下，都会随时改变既定策略去追求各自最大的利益，这样博弈的最终结果就是两家公司都独立地依照自己的利益行事，都同时选择欺诈，结果都只获得最低利润。这就是不真诚合作情况下的"博弈"结果。这就是在博弈中一

方的选择总是要受他方选择的制约,反之,又制约他方的选择,这就是纳什均衡。不过这种情况都是针对只进行一次决策,即一次博弈。然而现实生活中的博弈往往不止一次,而是多次,甚至是无穷次。因为消费者总是今天消费了明天还要消费,所以在厂商之间或国家之间总是一直存在交易,这就需要重复博弈。为了重复博弈就要寻求一种双方都能接受的信用机制。在这种情况下合作博弈(cooperative game)是可供选择的有效途径。前面所谈的 A 公司和 B 公司在竞争中之所以都选择欺诈,是因为受"囚徒困境"所困惑。这是由于他们都各自为政,未进行合作的结果。他们的博弈都属非合作博弈(non-cooperative game),如果他们协议合作,双方都会选择守信,对双方都是有利的。在上述的个案中由于没有合作的可能,所以它是制度性的助长欺诈,即使一方从利他原则出发选择守信,另一方选择欺诈;或双方都选择守信,但也只是机会主义性质的,而不是理性思维的必然结果。尤其当一方选择守信,另一方选择欺诈偶尔得逞,使自己能获利 1000 万元,但这也只是偶尔取胜的一锤子买卖。而且这种不正当竞争行为一旦被媒体披露,尤其被对方诉诸法庭,判处败诉后,就会成为社会公知的信息,就会身败名裂,从而会丧失再竞争的资格,这样他的预期效应就会为零。安然公司破产案就是这一真实写照。如果他选择诚信,虽然比选择欺诈要暂时少获利,但在非合作的情况下是无制度保障的。假如有一方为了阻止竞争对手不欺诈,他将绝不欺诈。但若对手违背承诺,他将以牙还牙做出针锋相对的回应。但这是一种自己搬起石头碰自己的脚的愚蠢作法。所以,一个理性的商人总是愿意选择与竞争者合作,尤其愿与一些商誉好的、在市场上处于领导地位的商家合作,以便分享其剩余。

这种合作主要是通过机制去实现并予以巩固的。如一个竞争对手在竞争中采取了欺诈行为,在本次竞争中获利 10 万元,但他的欺诈行为败露后,便丧失了今后继续交易的机会。所以他以后的预期收入为零甚至负值。但如他选择不欺诈,他能在本期获利 2 万元。如果在重复博弈中有 N 次机会,那么有 5 次博弈机会就能使他的投资保本。如博弈重复进行到 6 次,就是他的盈利点。如博弈到 7 次、8 次……就能获得更大利益。所以只要博弈的概率不小于单个一次性投机的获得额,就能抵挡一次性投机的诱惑,竞争者就能为长远利益而精心合作,这也是重复博弈和合作所创造的信用机制。

另外,就社会整体而言,合作能使欺诈行为大量减少。如一万个股民在投资合作兴办一个公司前,就有一万个人进行投机欺诈的可能性,而合资成立一个公司后,就只有万分之一的可能。同时,合作规模越大,欺诈也更容易被揭发。理论和实践都证明大公司在交易中欺诈行为的概率比小公司要少得多,这主要是大公司的规范程度、稳定程度以及透明度都比较高。所以在一个自给自足封闭的社会中,在一个缺乏公平、透明以及存在各种歧视的社会里,合作和信用是很难建立起来的。人类在生产经营的组织形态上,从家庭→作坊→工场→合伙→公司→跨国公司→地区性的合作→直至今天 WTO 组织的建立,这既是人类的合作史,又是人类的信用发展史。

总之,在商业交易中博弈所反映的信用问题,实际反映的是个体理性与整体理性之间的矛盾。在交易博弈中,合作是最有效的信用机制。促进交易合作一般有两种可行的途径:一是主体间相互谈判和合同约定;二是进行有效的法律制度的安排。从制度上讲,商法就是商事交易中一系列合作规则和商事习惯的总括,如公司制度,就是对商事个体进行联合经营的制度保障;由于在博弈中双方信息不对称,商法特别规定了公示披露制度,以增加交易的透明度,防止暗箱操作中的欺诈;如在国际交易中采用信用证制度,保付代理制度,就是利用银行风险代替商业风险,使银行与商人之间的直接合作代替商人之间的合作,从而使商业信用制度更加可靠;票据法更是通过出票人、付款人、承兑人、收款人、背书人等一系列的合作规则,使商事交易中的债权债务关系更加方便,从而更有利于远期合作;在国际贸易中对FOB、CIF等国际贸易术语的运用,从而大大降低交易谈判成本,也更方便合作,尤其买卖合同在商事活动中的广泛使用,合同本身所体现的理念更是交易当事人合作博弈在法律上具有自我约束并以信用为基础的纳什均衡。可以说,整个商法几乎都是为商事合作而设计的信用制度规则。WTO规则,更是为了使国与国之间的商事交易自由公正的进行所设计出来的一整套合作博弈的新的信用规则。

四、培育和发展商业信用需要抓紧建立的几项基本制度的设想

信用制度是市场制度的重要组成部分,而且现代信用机制是建立在市场经济基础之上的,所以它是建立健全市场经济秩序的重要内容。现就怎样建立既符合我国国情又与国际通行的信用制度接轨的信用机制提出以下几点设想:

1. 要尽快制定信用基本法

现在我国的有关信用法律制度主要是分散在有关的民商法中,这样就显得缺乏龙头。从国外经验看,不论是发达国家或发展中国家,随着信用交易的份额日益提高,银行信贷的大力发展,各国都先后制定了信用管理方面的专门法律,如美国的《信用报告法》,日本的《长期信用银行法》《信用金库法》等。我国是一个信用滞后的国家,必须尽快制定一部有关信用管理的基本法。把有关信用的内涵、适用范围、基本原则、管理体制、主要制度和程序及违信应承担的法律责任作集中统一的调整。不能让虚假广告、假冒伪劣商品、伪造会计报表、偷税漏税等欺诈行为肆意泛滥,毒害社会。

在对信用进行法律规制时,要分层次进行,要使道德和法律两只

手并重。对信用中的"小是小非"，由道德承担，法律不作规定；对信用中的"中是中非"，应由法律和道德共同处理；对信用中的"大是大非"，只能靠法律处理，所以法律应该是不规范琐事。

2. 要建立规范、高效及全国性的信用中介机构

通过信用中介机构对个人和企业的信用状况建立档案，把违信事件记录于"黑匣子"，列出"黑名单"让公众查询。如美国有一个信用机构 BBB（Beter Business Bureau），实行会员制，会员入会后它要用计算机把顾客对会员的怨言记录下来，并让消费者免费查询，使之透明化。每个消费者如购买某行业的产品，可免费查询三个公司，它可以告诉三条有关信誉信息：该公司何时成立，什么时候成为会员，顾客有哪些怨言记录。顾客可据此进行选择。而怨言记录的公司，可争取改进服务措施，让顾客撤销怨言记录。这就是用行业自律的办法对交易信用进行管理。这种办法比单纯靠政府的行政管理或进行诉讼成本要低，而且效率高。目前我国的一些信用中介机构多为地方性的，所提供的多是"熟人"信用，而不是"陌生人"的信用，加之收费高，所以门前冷落，无人问津。

3. 建立信用制度必须与产权制度改造相匹配

信用问题实质是物质利益问题，"信用的基础是产权"。中国人常说，"人无信不立"。但人怎样才能有信有立？重要的是要有恒产，"有恒产始有恒心"。无恒产便无恒心，因此不能自信自立。因为产权制度（恒产）的基本功能就是给人们提供一个追求长期利益的稳定的预期和重复博弈制度的物质基础。法律的重要使命就是要通过物权法、债权法、公司法、土地法、房产法、知识产权法等对各种产权给予充分有效的保护，促使人们有积极性去建立信用，以便通过再交易去获取更多的利润。如果一个人，一个企业没有恒产或者有了恒产得不到法律保护或不能自由转让，股东无权用脚投票，所以企业经营者就没有积

极性去维护信用,更没有对信用的持续需求。尤其一些行政垄断企业靠"关系",不靠"信用"过日子,所以往往搞"突击战略",只贪图眼前利益,不顾失信,大搞坑蒙拐骗。而且与其他的不讲信用者同流合污。从而像三角债一样,你骗我,我骗他。这种现象的蔓延,不仅是对社会善良习俗的污染,而且是对市场经济秩序的破坏。

4. 建立各项信用制度,要奉行"以人为本"的"理念"

"无论是用管理制度来确保信用,还是用信用来巩固制度,归根到底还是"人"的问题。任何商业交易、商业竞争所体现的都是人与人之间的关系。商业信用最终还是人的信用。这就要求各项信用制度要贴近人,要"人性化"。亚当·斯密早就证明商业的本质中就有人道的基础,商业"不应当是纠纷和敌视最丰富的泉源,而应当是各民族各个人之间的团结和友谊的纽带",因为就事物的本性而言,总的说来商业对它的一切参加者都是有利的。尤其对信用立法假设,要从人性"善"出发,要相信每个人、每个组织能弘扬人类本质善良的一面,能与合作者以及国家和社会的共同利益保持一致。就是要制定一些强制性措施,甚至一些惩罚措施,也在于维护整个信用制度,使失信者更好地守信,重新参与竞争。如美国的信用管理制度中,允许有怨言记录的公司改进服务措施,让顾客自动撤销怨言记录,这就是一项很好的人性制度。奉行以"人"为本,这里的人,主要是以"民"以"企"为本,而不是以"官"以"府"为本。

5. 鉴于信用交易中风险性大,所以应加强和拓宽信用保险

虽然我国《保险法》中规定有信用保险的险种,但实际开展信用保险业务还是真空。对一些信用风险较大的业务——如消费信贷,可实行信用保险,以防范信用风险的发生。同时为适应贸易全球化的要求,在国际贸易中为减少交易风险,应大力开展行之有效的保付代理业务,以增进信用的制度保障。

　　总之,商事活动的重要特色在于它是一项以营利为目的的活动,加之制度不善、道德不良,法律还存在真空,这样在竞争博弈中,一些人在利益的驱使下就难免搞一些尔虞我诈、见利忘义的行为。因此商法应该是一部为市场灭菌杀害、除恶兴善、护权保义、兴商兴市、兴德兴国的阳光大法!

（原载于《中国商法年刊》2002 年）

商业信用原则在我国商法中的缺失及补正

一、"得"与"失"的制度考量

本文主要就商业信用原则在商事交易活动中扮演的角色进行探索,以期有利于商法的理论研究、商贸实践和商事法制建设。对此问题思考的初衷主要是鉴于近年国内的诸多商法论著在阐释商法原则时,信用原则几乎无人问津。虽有个别学者在商法中也读信用原则,但只是按普通法中一般的"诚实信用"观念轻描淡地说说而已。更为甚者是在一些单行商事立法中,往往把诚实信用概念作为灵丹妙药到处贴标签,可以把这种做法称之为立法中的"诚实信用"的温室效应现象。

在商法论著中讨论诚实信用原则,应该说这些同仁已经自觉认识到这一原则不是商法的特有原则。这种大胆的"舍",体现了宁肯空位,也不让"串味",有值得称道的地方。但仅让空位,不进行有效的补位,也是一种虚弱的表现。至于在商法中对信用制度,全盘按普通法中的诚实信用概念去讲、去立,既是"串味",又是"篡位"。

需知普通法中诚实信用原则与商法中的"商业信用"原则是有区别的。首先从两者的内涵来说,西方国家最初在教会法中所确立的诚实信用原则,是基于基督教教义——与人为善的宗教伦理观,转化为罗马世俗法的。不论《旧约》《新约》其宣告和实施的教义——就是崇拜、道德、纪律及教会结构等方面的事务规则。其中它的道德规范最主要的内容就是"爱人",爱人要爱一切人,包括对自己的敌人都要十分虔诚,这是最基本的教义。后来世俗私法也把诚信作为"圣匣"忠实地加以继承和接受并广泛运用。不论宗教法和世俗法所确立的诚信原则,都重在通过内在心灵对人的精神和思想进行控制和归化。再者,罗马民法早期确立诚实信用原则主要是把它作为处理一般人际关系的宽泛性的行为规范加以运用,它完全是建立在"关系"学的基础上,尤其是以熟人关系为基础,有熟人才有信任,无熟人则无信任。它具有浓厚的血缘性、地缘性和业缘性的特点。也可说它纯粹是以个体家庭为基础的自然经济的产物。现在虽然把它人为地扩大到适用一切陌生人领域,但由于像击石水波一样,由于受基点冲力限制,只能越远越弱。此外,诚信本质上是一个观念性的抽象化的概念,一般只易于作定性化规定,很难做定量化的约束,所以不易在商贸经济领域构成一种利益约束机制。总的看,诚实信用原则在规范一般市民生活关系中有其传统优势,但在以商贸活动为主的市场经济关系中则有很大的局限性。

商业信用是在发达的商品经济和市场经济条件下一种制度性的安排。商人们——尤其是商业企业所进行的交易总是在博弈中重复进行,因此他们总是寻求把一次性博弈转化为重复博弈,形成一种长效机制,并把它作为信用的载体。它的出发点不是从单纯的内在心灵世界去约束,而是靠交易制度和信用模式去制约,从而淡化了内在心灵的作用。它冲破了传统熟人社会中的关系网络,打破了传统的血缘、地缘、业缘关系,以陌生人之间的市场关系为基础,主要依靠法律、法规进行规范。它与交易各方的经济利益息息相关,通过对商业信用模式的选择,能给交易提供稳定的心理预期,从而降低由于交易双方或多方彼此信息不对称所产生的交易成本。此外,商业信用,不仅在宏观、微观方面有具体的体制和机制作支撑,而且还能做定性定量的综合分析,它对促进商业资本的流通、交易成本的减少、风险防范都有具体机制保证实施,而且商业信用往往与银行信用紧密相连。总之,商业信用不是单纯的道德性规范,而是一项交易性的制度创造。

二、商业信用的模式分析

商业信用是企业之间在发达的商品经济和市场经济条件下,由于客观供给和需求的不平衡,在商品交换中所产生的赊销、预付等形式的信用制度。过去,我国在计划经济时期,主张信用必须集中于国家银行,除对少数农副产品的收购允许预付定金,对大型农机具允许赊销,对购买船舶可预付款外,其他商业信用行为是政策和法律加以严格禁止的。在现实的交易活动中,客观情况不是供大于求,就是求大于供,供求绝对平衡总是极少的,而且瞬时即逝。这样在商事购销活动中,赊销和预付这两种信用模式在客观上就成为不可避免的事实。在供大于求时,就会产生赊销,即生产厂商把自己的商品赊给有信用的商家,先交货,后付款,这就是所谓买方市场;相反,如果是在供不应求时,就必然会产生预付货款的情况。即由买方(商家)先付款,然后由厂家交货,这就会产生所谓卖方市场,从而也就产生卖方信用。这种在商品流通中的赊销和预付两种信用模式,就构成商业信用的主题。这就要求卖方在先交了货之后,买方必须按约定或规定及时付款;反之亦然。

商业信用对赊销商来说,虽然增加了未来收款的信用风险,但它毕竟提前为自己的商品(W')实现了从商品(W')—货币(G')的转移,同时也减少了未来贬值的风险,减少了各种保管费以及不可抗力事件损失的风险等。对经营商来说,他可以在不付款的情况下提前获得商品的所有权,从而提前获得盈利的可能性,但也增加了销售的偶然性和货物跌价的风险。对消费者来说，为提前消费创造了有利条件。而且在这种赊销中，往往又派生出票据信用、银行承兑信用以及贴现等信用。

商业信用对预付商来说，虽然存在未来收货的风险，但毕竟为闲置的货币（G）转化为即将实现的商品（W）到增值的货币（G'）提前创造了条件。如果卖方今后不能按期交货，除依法返回货款和加付利息外，还要赔偿因货物涨价所造成的损失。如预付有定金，还要加倍返还，同时对卖方商誉也造成极大的损害。

马克思曾指出，商业信用是从事再生产的资本家互相提供的信用，这是信用制度的基础。也就是说，商业信用是职能资本家之间在买卖商品时用赊销、预付的模式所提供的信用，它是整个市场经济条件下信用制度的基础。商业信用在简单商品经济条件下就已经存在，但只有在发达商品经济社会，它才得到发展。商业信用之所以存在，是它在整个宏观和微观上都起到加速资本循环和周转的作用，对厂商和经营商都有好处，所以是一项双赢的制度，这也是它的生命力所在。

商业信用的特点主要是：1）商业信用的对象是处于产业资本循环一定阶段的商品资本和经营过程的货币资本。2）商业信用的主体商人——即生产商和经营商，而且也关联到银行商。3）商业信用往往随产业资本的兴衰而兴衰。当产业资本旺盛时，商业信用会随之扩大；当产业资本危机时，商业信用会随之缩小。4）商业信用是有效调整供需矛盾的经济杠杆制度，合理的商业信用债务，不仅是不可避免的，而且对生产商、经营商和消费者都有好处。5）实现商业信用的工具不是靠单纯的道德伦理保证，实现它的重要的法律工具是商业性票据、信用证和相关的商事合同，而且还派生出银行承兑及贴现等银行信用制度，从而降低了商业信用的风险。

三、商业信用与银行信用的关系

银行信用是货币资本的实际贷出者和借入者之间的中介信用业务,是信用经济时代重要的特殊的信用制度。商业信用虽有利于商品资本的循环和周转,但它却要受职能资本的数量、归流和商品流转方向的制约。尤其商人在人工费用、交易成本方面,以及在固定资产的投资方面,不可能都得到商业信用的支持,即使能取得商业信用,但由于在固定资产方面的投资往往数量大而且回收慢,这就不得不依靠银行信用来补充。同时,商人在信用购买时虽无需用货币支付,但另一方面商人为确保自己在竞争中的优势,他在出售商品时,不论是批发或零售,也往往采取信用方式出售商品。这时商人所提供的信用总额,一般是大于它的购买价格,其差额就是它的销售收入。但由于各信用主体决算期不同,现实中的商人不一定都能获得这个全额,有时还必须支付这个差额,这时商人就必须依靠银行信用,而且随着市场经济的发展,商业资本同银行信用的关系愈来愈密切和愈来愈重要。但是,对商业企业来说,具有第一重要性的仍然是商业信用。因为银行信用是商人把从银行借来的货币资本当商业资本投入使用,它们的关系比较简单。实际上,银行信用对商业企业来说,其重要性远不如对产业资本那么大。银行信用的重要特点是:1)银行信用最初是在商人的推动下才发展起来的。最早的银行信贷也只适用于商人,是后来才以产业信贷为主,并产生了个人消费信贷。2)商业信用的对象是特定的商业资本,因此要受商品数量、使用价值及流转方向的限制;而银行信用的对象是具有一般等价物的货币资本,因此一般不受流转方向甚至不受规模的限制。3)商业信用的主体是职能企业家在商品买卖过程中以商品形式提供的信用;而银行信用的主体是银行这一特殊商人与职能资本家在资金供求上所建立的借贷信用关系。

4)从社会功能上讲,商业信用主要是在社会再生产过程中使商品的价值得以提前实现;银行信用是银行将社会上方方面面的闲置资金,通过存款信用方式集中起来变成职能资本并形成巨额的信贷基金,然后把这些货币作为资本贷放出去,并收取利息,从而扩大了投入社会再生产的规模,这是银行信用与商业信用的根本不同之处。

但是也要看到商业信用与银行信用彼此之间有着内在的密不可分的联系。如就商业资本来说,不论是单个商业资本,还是社会资本总体,其不可能把全部资本一次性地全部用于购买商品,它总有一定的量处于货币形式。如果把这部分独立为借贷资本,并加以共同利用,其中一部分就必然信贷给商业资本,这样就能利用信贷资本节约货币形式的商业资本。同时商人的买卖活动总是买和卖的统一,并总是不断相互转化。在买的时候是把货币转化为商品,但在卖的时候,又把商品转化为货币。所以商业资本总是由商品资本和货币资本两部分构成。只要有货币资本存在,它总会与银行发生存款、结算信用关系。同时商人为了扩大经营,增强竞争力,又总是要与银行建立贷款信用关系。此外,就社会整个商业资本而言,它也总是这里在买,那里在卖。这样货币变商品、商品变货币也不可能是同时同量进行,它必然有货币资本的存取与银行产生信用关系。而且商人的买卖——尤其是远期的批发买卖,总是要借助票据作为支付工具,这样商人就不可能避免地要与银行发生支付信用关系。可以说在现代经济社会中,每个商人既离不开商业信用,又离不开银行信用,商人完全是由这两种信用所编织成的信用人。尤其银行这种特殊商人,它更是靠存款信用和贷款信用安身立命。它的整个业务互动都是建立在信用基础之上,无信用,就无银行。

四、商业信用对交易成本的影响和对合同曲线的推导

从整个经济运营过程而言，商业信用的存在会降低商品循环和周转成本。但就微观个体而言,商业信用模式的差异往往也反映出交易双方彼此的信用度在竞争中的力量有强弱之分。凡是信用度低的企业在交易中对方往往要提出较苛刻的交易条件，尤其在对外贸易中更是如此。其目的就是以此来降低交易风险,维护交易安全。如赊销信用模式,其信用主动权在买方,所以这时买方就会对卖方提出一些高要求,如产品必须要提供权威质监部门的质检证书、原产地证明书,甚至要求提供样品保证,或试用后付款,或用商业汇票付款等信用方式等,这无疑会增加卖方的交易成本。反之,若是预付信用模式,其信用主动权在卖方，这时卖方会对买方提出一些较苛刻的信用条件,如信用证必须是即期不可撤销的信用证,汇票必须是银行承兑汇票,甚至要求开本票,更苛刻的是要求现款交易。交货往往采取 EXW（产地）或 FAS（装运港船边）交货方式等,这无疑会增加买方的交易费用。交易费用又叫交易成本,是指市场上一切交易活动都要寻找各自的相对人,卖者要寻找买者,买者要寻找卖者,其实都是在寻找合理的价格和信用的预期。但这种寻找都不是免费的,都要花费时间和精力,如信息搜集、谈判、签约以及纠纷的解决等,都要花费用。这些都是为获得可靠的信用信息资源不可避免的费用,Coase 在 1937 年给它取了一个学名,就叫"交易费用"。这些费用的实质内涵其实都属商业信用范畴。

交易费用的高低与交易双方的信用度息息相关。越是信用度低的企业其交易费用越高；反之，越是信用度高的企业其交易费用越低。这主要是在交易活动中所花的交易费用都要由商业信用的实施者来承担。但由于商业信用模式不同,所体现的各自的信用度不同,

其费用额自然也各异。用公式表示可概括为：

1=1/n∑P_1k

其中：1 表示信用度或信用指数；∑ 表示各种商业信用交易费用总和；P_1,P_2,……P_n,表示各项交易费用在某一计算期内所花费的数额，n 表示信用交易费用的种类；k 表示商业信用所获得的总收益。

信用度高低程度不同，其信用成本自然不同。凡信用度低的企业，越需要更多的信用保障，即花费更多的交易费用，自然信用成本就高。如采用预付贷款信用模式成交，买方的信用成本就高，卖方的信用成本相对就低；如果用赊销信用模式成交，卖方的信用成本就高，买方的信用成本相对就低；如采用现货成交，买卖双方的信用成本相对均衡。如预付贷款信用，付款人要将自己的资金提前交给别人使用，自然要减少自己的收益，增加交易成本；即使用远期汇票付款，也要承担承兑费用及相关费用。但预付货款信用对卖方来说却好处甚多，如果是现款其好处自不待言，如是银行承兑汇票，也可立即贴现，就是不贴现，由于它收款的概率高，在会计处理业务上，一般把它当作积极财产对待，所以不计提坏账准备金。只有当出现付款到期，付款方确定无力付款时，才转入应收账款(按无票据赊销对待)，这时才按消极财产对待，才计提坏账损失费。尤其信用度低的企业，往往要承担仲裁费、诉讼费，这就是因信用差所带来的损失。

特别提出，在商业交易中，为保障交易信用的可靠性，一般总是以合同形式将信用固定下来，从而也可通过合同曲线推导出买卖双方信用度的优劣。合同曲线，是借助美国经济学家 F.Y.埃奇沃思提出的埃奇沃思方框(Edge Worth Box)推导出一买者和一卖者进行贸易最理想点的轨迹。通过合同曲线可以分析出一个卖者(投入物的供给者)和一个买者(投入物的购买者)之间的关系是优还是劣。现先为双方各画出一幅货币(Y)和投入物售量(X)之间的无差异曲线图(图1、

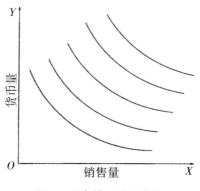

图 1　买者的无差异曲线

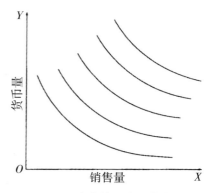

图 2　卖者的无差异曲线

图 2）。

垂直轴代表货币，它的长度是由买者的货币供给量决定的；水平轴代表销售物（W），它的长度是由卖者的生产能力决定的。这里的无差异曲线，是指某一商品一个相当量的供给组合和一个特定的贸易需求组合，都能给消费者的偏好带来同等效应，没有任何差异，该曲线称为贸易无差异曲线。

在买者和卖者的无差异曲线图做成后，然后把卖者的无差异曲线图旋转 180 度，使各轴线末端连接，这样把两个曲线图合并成一个图（图 3）。

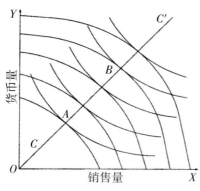

图 3　买卖者的无差异合并曲线

图 3 的每一个点都可以被看成是一定数量的货币对其一定量的销售单位的交易。在这笔交易完成后，卖者手中的货物已转归买者，买者手中的货币已转归卖者，即货物与货币发生了易位易

权。合同的曲线（CC′）是买者和卖者上述无差异曲线的相切的轨迹，这也是买卖双方所追求的信用点。因为它可以预示着买卖双方的心理预期得以实现。对于不在合同曲线上的每一个交易点，都可以相应地在合同曲线上找到买卖双方有利的成交点。如买卖双方第一次商定的成交点是 A 点，则他们能向 B 点移动，这表明彼此的信用关系发生变化，而同时双方都感到满意。因此在合同曲线上的某一处都可以成为实际交易点。买卖双方追求的合理交易点，就是他们合理的交易额，也是他们合理的信用度。如果在曲线上的位置不定，这说明双方的信用发生变化，为了双方的利益将要进行重新谈判。直到把交易点移到曲线上的某一位置为止。这样对双方的利益和信用风险也就没有必要再谈判了。如果要追求新的交易点，又要进行新的谈判。所以合同的曲线（CC′），或信用效率曲线，它体现的买者和卖者之间的最优组合选择。凡是在合同曲线上对买卖双方有利的交易点，在无恶意违约的情况下，这一交易合同也是信用度和安全度较为可靠的合同。同时合同曲线还说明，离原点"O"越近的无差异曲线所代表的信用水平越低，离原点越远的无差异曲线所代表的信用水平越高。最后要注意的是，这一切都是在双方严格善意守约的情况下所做的假设。

五、商业信用原则在商事立法中应用

在商法中确立商业信用原则，不仅有理论依据，而且有立法依据。在国外一些商法典和我国一些商事单行法中都有商业信用原则的规定。如《U·C·C》在第 1 条—103 条当中把禁反言、欺诈、虚假说明作为一般法律原则加以规定。并把善意明确定义为是指有关行为或交易中事实上真诚守信。可以说是把商业信用原则作为该法的"圣匣"加以信奉。

在大陆法系国家的商法典中，如法、德、日等国，都没有专章条对商法原则的规定,这主要是为了适应商事活动充分自由自治的需要。但这并不说明商事活动不应遵守商业信用原则。在这些国家的民法典中没有集中的条款对民事原则的规定, 实际上是把有关原则分散规定在相关的条款之中。如《日本商法典》第 18 条规定,"不是公司的,在商号中不得使用公司的字样,违反此规定的,处 500 元以下罚款"。在法国商法总则——商人篇中明确规定,凡犯有盗窃罪、欺诈罪、背信罪……人员均不得从事商业工业职业。这些规则体现的是对信用原则的要求。他们主要是通过具体制度设计把对相关信用的要求融入具体的规则中,也许这样更容易把信用要求落到实处,因为法律的主要目标在于保持其特定关系的平衡性、确定性、可靠性与灵活性。因此就整体而言,明智的立法政策就应尽可能用规则来调整人类行为,因为它们比原则更为确定,运用它们也更具统一性和可预测性。这一基本认知,可以说直接支配着国外的商事立法。在我国诸多的商事单行法中,虽都不缺对信用制度的规范,而且都是以原则加以确认。但遗憾的是借用普通法上的诚实信用概念,自然免不了浓厚的"串味"。商业信用应是商法中正宗的原则概念,现在应把它请回来使之魂归神主,并建立起相应的规则使它脚踏实地屹立在商法的丛林之中,发挥它应有的规制作用,这应是义不容辞的立法职责。最后,再三强调,在市场经济条件下的信用制度,虽然也存在政府信用和个人消费信用,但更重要和主要的是商业信用和银行信用,它们是商法信用制度的世俗基础。

(原载于《兰州大学学报(社会科学版)》2012 年第 1 期)

市场经济下的信用制度

一、在诚信制度构建中要厘清道德规范和法律规范

信用是对未来心理、经济和社会的预期，即期待关系人对他的许诺在未来确定的期限内应忠实认真地履行。传统"诚实信用"始端于原教旨主义。它的生命力在于信仰，而且是超理性的信仰，并形成"信则灵，不信则亡"的宗教哲理。在中国主要受儒家思想影响，认为"人而无信，不可为人也"。但世俗中的诚实，由于脱掉了宗教外衣，主要靠道德的觉醒，所以规范效应被弱化。同时诚信在世俗法中，主要建立在关系学的基础之上——如教缘关系、血缘关系、地缘关系，以农业工业为基础的业缘关系等。尤其在中国，人际关系长期形成以家庭、家族、朋友为中心的差序格局，所以采用人格化的道德规范为主也就在所难免。道德规范虽也重要，但它总是由近及远、由亲到疏、由熟悉到陌生的自然逻辑力逐渐减弱，像水上击石一样，越远水上的波纹就越小。所以它不适应在市场经济条件下，主要在陌生人之间远距离交往，尤其它缺乏制度性的硬约束。因此在现代工商文明社会中，法制化的制度建设比道德批判更重要。

二、市场经济下信用制度中的商业信用

马克思说，"商业信用，是从事再生产的资本家相互提供的信用，这是信用制度的基础"。商业信用的广泛存在，主要是因为商品生产

在客观上总是存在供给与需求的不平衡现象。当供大于求时,就会产生赊销,即卖方先交货,买方后付款,从而形成买方信用;在供不应求时,就会产生预付交易,即买方先付款,卖方后交货,从而形成卖方信用。

商业信用的特点主要是:1)由于它主要是在陌生人远距离之间建立起来的信用,所以它不单纯寄托于一般人格化的道德保证,主要是靠专门的法律制度和信用机制工具——如票据、信用证、贴现、保付、担保、保险以及特殊的违约救济等信用手段进行有效保证,所以它是一种法制型的信用模式。2)商业信用有助于克服买难卖难,而且无钱无货也能进行买卖。3)商业信用的主体主要是各类企业。它的客体主要是企业处于产业资本阶段的商品资本和经营过程中的货币资本,所以它的实质内容是企业信用范畴。4)商业信用在时间上既有短期信用,又有长期信用;在空间上主要是陌生人之间远距离信用,从而大大扩大了交易时空范围。5)它的社会经济功能,主要是化解了社会供需矛盾,并有法制保障。同时还派生出以银行信用作防护剂,从而成为具有高效公平正义的好制度。所以经济史学界称它为是继货币之后"第二次商业革命"和"企业革命"。

三、市场经济下信用制度中的银行信用

主要是以银行和货币为基础,并通过存款、取款、借贷、监督支付、汇兑、兑换、承兑、贴现、保付及其他融资、证券交易、理财等业务,给所有客户提供对货币的有效利用所形成的信用制度,是市场经济条件下更为重要的信用制度。银行信用的特点主要是:1)银行信用主要产生并服务于商业信用,所以属服务型信用。2)银行信用的客体主要是具有一般等价物的特殊商品——货币。3)银行信用的主体主要是银行这一特殊企业。4)银行信用的内容主要是银行与其他职能企

业和客户在资金供求上所确立起来的存贷款关系，并以雄厚的借贷资本基金为基础,信用规模大且广。5)银行既是债权人，又是债务人。银行的全部学问,全由信用铸成。银行信用的好坏,直接关系到国家经济政治社会的安危。

四、培养企业优良的信用度是企业生存和发展的根本

企业是社会物质活动的基地,也是社会信用制度的基础。企业信用的好坏,不仅直接影响企业的交易费用,而且影响企业的生存与发展。现代企业的生存发展,主要靠竞争。竞争既靠经营模式创新,也靠名优品牌创新,尤其好的商誉,更是企业全体员工长期辛勤奋斗,崇尚信用所孵化出来的功德碑，是企业重要的无形资产，也是一个地区、一个国家重要的商贸资源。企业的商誉现已可以量化计算,并构成合同信用曲线。为使信用制度法治化,国家已制定诸多相关法律法规,信用制度的光辉必将普照中华大地。

（原载于《甘肃日报》2012 年 10 月 31 日第 009 版）

论经济法的范畴

一、发展经济法学要有范畴意识

范畴（category）从辞义上解释，具有类型、范围之意；也有形范铸器、标榜铸样、垂范滋世、立规制法之意。从哲学上讲，是指人们对客观事物内在本质和关系的概括。在西方社会，认为范畴一词源于希腊文 kateglria，意为指示、证明。在中国《尚书·洪范》编中有"洪范九畴"一语。既有洪（大）的意思，又有各归其类的意思。在西方，亚里士多德较早对范畴作过系统的研究，并归类为量、质、关系、样式四大类基本范畴。康德、黑格尔也都对范畴作过研究。

马克思运用辩证唯物主义和历史唯物主义进一步对范畴做了研究，认为范畴是反映客观事物本质联系的思维形式。它是人们在长期的社会实践和理论研究中不断探索、抽象、概括出来的思维成果。范畴总是随着社会的发展不断发展、变化和增加。从历史的观点看，各种范畴既具有历史的烙印，又具有社会进步的身影。

人类发展至今，各个知识领域和每门学科都形成了各自特殊的一系列基本范畴。法学也有自己特有的范畴。可以说每一门成熟的学科都有自己特定的范畴。就法学领域来说，一些传统的法学部门都有自己的基本范畴和核心范畴，如民法中的民事法律关系、物权、债权等；刑法中的犯罪构成、犯罪与刑罚等；商法中的商人、商行为等。

经济法不论作为一门独立的学科或独立的部门法，都必须有自己特定的、科学的、稳定的、系统的理论和范畴。经济法自诞生以来，面临两大困境：一是受传统旧势力的阻挠甚大，有的人千方百计想把经济法扼杀于摇篮之中；二是就经济法自身来说，存在三大缺陷：一是缺乏较为科学的基本理论的指导和驾驭；二是缺乏自身特有的范畴体系；三是缺乏部门法性质的基本经济法。由于缺少基本理论作价值理念，所以显得缺"魂"；由于缺少特定的基本范畴作脊梁，所以显得缺体；由于至今缺少基本经济法，仅是数以十计、百计的单行经济法律、法规，所以显得群龙无首。由于这三大缺陷，致使经济法尚未摆脱"幼稚的阴影"，同时也就成了一些人攻击、丑化、贬低的话把。

任何一门科学的理论体系，都由该门学科特定的概念范畴和规律构成。有人说有了概念就不需要范畴，其实范畴不能代替概念，概念更不能代替范畴。概念虽也是认识客观事物的思维形式，甚至有时与范畴重叠，范畴也总是通过特定的概念术语来表现，但不是所有的概念都是范畴，范畴只是概念群中的基本概念。范畴虽来自概念，但又高于概念。从时间上说，人类使用范畴这一术语要比使用概念这一术语早；从思维作用方面讲，范畴着重反映客观事物相互之间的联系，概念则着重反映事物的属性。概念重"名"、范畴重"实"，往往是"以名举实""名定实辩"，如"经济法"这一概念仅是名，而范畴则体现经济法之实。概念有内涵和外延这两个最基本的逻辑特征，范畴则具有类型、范围或指示、证明的逻辑特征。人们在认识客观事物的过程中虽要借助特定的概念进行判断、推理和论证，并往往形成新的概念，但这些新概念只有升华为新范畴，这些新概念才有新价值。

研究经济法的范畴，重在探索经济法的规律。也就是通过经济法范畴思维工具，把握经济法总体的、全过程的最普遍的本质联系，揭示经济法的发展规律，使之更有效地认知经济法。

二、关于对经济法学范畴的探讨

经济法学究竟由哪些范畴构成，这需有志于经济法学的志士仁人的共同努力，非一朝一夕之所能。经济法的范畴应由核心范畴、基本范畴和普通范畴组成。

（一）核心范畴

核心范畴，又称为基石范畴。"任何一种理论要想自成体系或形成学派，都必须有自己的理论基石。而理论基石的表现形态就是基石范畴。基石范畴是一定立场、观点和方法的集中体现，因为它是一种理论体系（学派）区别于其他理论体系（学派）的标记。"核心范畴应能集中体现经济法的灵魂，具体讲，应具备以下条件：

1. 首先能集中体现经济法的价值理念，尤其能体现出它的质的规定性。可以说它是经济法范畴的逻辑起点；

2. 能体现出经济法的主体性。能用经济法的价值观直接或间接地把经济法的应然和实然主体联结起来；

3. 能体现出经济法行为的客观性及其在经济活动中最普遍、最常见的存在性；

4. 能贯穿于各具体的经济法律、法规之中，能贯穿于经济立法、执法、司法和用法的整个运行过程之中；

5. 能有辐射力，能统帅、凝聚、吸引其他基本范畴及相关范畴；

6. 能以思维形式进入法学领域。其中尤为重要的是要有人格化的主体和可依赖的规则来规范人们的行为。

用这些条件来衡量，可以说我国经济法目前还没有形成公认的核心范畴。有人认为："当一个学科出现核心范畴，也就意味着这一学科在某一阶段的发展达到了顶峰。"这样也就意味着该学科进入僵化停滞的岁月。当然，从辩证法的观点看，任何事物都是发展变化的，所以核心范畴也会不断交替变化。就我国目前经济法学的整个环境和条件以及自身的水平，虽然要准确地给经济法的核心范畴定位还较困难，但当经济法的理论研究达到一定程度时，核心范畴自然会瓜熟蒂落、水到渠成。

经济法的核心范畴，从理论层面或技术层面上思考，试拟以"经济权力"作为最优概念加以首选。

对于什么是权力（power），有各种定义。伯兰特·罗素说："权力是预期结果的生产。"哈罗德拉斯韦尔说："权力是参与决策。"马克斯·韦伯认为：权力乃是这样一种可能性，即处于某种社会关系内的一员能够不顾抵制而实现其个人的可能性。还有人认为权力是指某一具体事务上拥有一定法律权利的机构或人。从形式意义上讲，传统上一般这样理解权力，它是指拥有控制某物或某人的特定权限，其主旨是实现对人的绝对统治力。这些定义基本上都是从效力观出发，如立法机关制定出一项有效的法律，司法机关做出一项有约束力的终审判决，经济管理机关制定出一项有效的经济政策，这些都是运用权力"预期结果的生产"和"参与决策"具体效力的体现。韦伯的权力观虽是从现代"法律命题"出发，因为法律命题作为一种抽象规范，一般总是包括命令性、禁止性和授权性规范等具体内容，它的实施总是要产生一定权利要求的预期，但它的实质效果，是要影响权利人的控制权和自治权，所以虽然出发点不同，但结果仍然是殊途同归。依作者之见，经济权力是为权衡（分配）社会利益资源，其享有权利的成员赋予其所依存的组织的特定的职权，是法律秩序效力之所在。

经济权力的特点是：（1）它的渊源是权利，每一种权利都是权力的渊源。即权力掌管者所拥有的职权，是权利享有者为维护自身和公共利益的需要而赋予的，它不是神授的，也不是天赋的，而是民授的。但经济权力一旦形成，它对经济权利则起制约、促进、保障作用：（2）

经济权力和权利一样,都是以维护特定的物质利益关系为基础。无利益资源关系,也就无权利和权力可言;(3)经济权力是以权衡协调国家、社会、个体之间物质利益关系为主旨;(4)经济权力属组织权力,是政府和其他各种组织对其成员所享有的支配力,非组织不享有权力;(5)经济权力都是具体的,如决策权、分配权、调控权、监督权等,而且总是带有历史的烙印,如社会主义公有财产权、知识产权、股权、信息权等都是现代社会的新概念;(6)经济权力日益多元化、社会化和全球化,尤其是一些社会组织的经济权力日益增多。

笔者之所以把经济权力作为经济法的核心范畴,作为法律命题,是因为这一概念总的来讲是由逻辑赋予经济法的内在效力决定的。经济法是为了维护社会整体利益,构建有效的经济秩序,从各种相互冲突的利益均衡过程中产生的。这一命题,既考虑到经济与法律的"应然"理念,又考虑到我国经济与法律的"实然"境况。从"应然"讲,在现代社会经济生活中,在概念上,"国家""法律""权力""权利"是不可少的,没有国家、法律、经济权力制度,没有权利主体,国民经济的运转就失去了强有力的约束机制和保障制度。在理论上,法学家们早把合法权利区分为权利、特权、权力、豁免权,并把法定责任区分成义务、责任、无权利、无资格。霍尔菲德把这些区分和相互的制约关系设计成了如下模式:

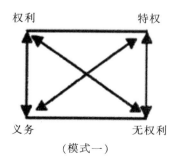

（模式一）

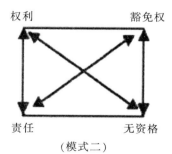

（模式二）

垂直箭头表示的是法律的关联性，一组中一个概念的存在同时意味着相对应的另一个概念的存在，斜线箭头表示法律的矛盾性，一组中一个概念的存在，同时意味着相应的另一概念的不存在。经济权力主要体现的是国家管理经济的权能，这与经济法的本质相吻合，同时它要承担相应的责任。有责任，就不能享有豁免权，无资格也不能享有权力。国家在经济管理活动中，除享有一般意义上的权力，还享有特殊意义上的特权，如征税权、货币发行权、国际经济条约的签订权、国民经济发展中重大决策权等，这些只能由国家特享。经济活动总是要由众多的主体参与，而且他(它)们总是享有众多的主观权利，同时又要承担相应的义务，这种义务不能以特权排除。这些概念都是以物质利益为对象而相互联系并相互排斥。配置好经济权力更有利于对利益的界定。经济权力和经济权利，它们分别代表着社会整体利益和个体利益，并相互联系、相互制约、相互促进，所以这一核心范畴，不存在逻辑上的障碍。

从"实然"方面讲，之所以做出这样的选择，其现实性是：(1)经济法具有公法和私法的兼容性。因为经济法主要是与国家管理相生相伴的法律，所以经济权力体现公法性，经济权利体现私法性。由于在经济法中经济权力是最优概念，经济权利是"次优概念"，这样经济权利只能与经济权力结合使用，而不能独立成为经济法的核心范畴。这是由经济法的本质决定的；(2)在现代社会中由于总是存在着由社会公共机关依法所掌握、运用体现公共利益的经济管理职权和其他权能，以及由社会个体所享有的参与社会经济活动的广泛权利，这样就能较好地协调政治国家与市民社会中存在的利益冲突；(3)经济权力和经济权利是经济法律关系的具体化，是对经济法现象矛盾的特殊性及其内在联系最深刻、最全面的反映。它集中体现了经济集中与经济民主的统一，经济法的价值属性和历史起点的联系，并能较好地以思维方式进入经济法律、经济法学领域,成为经济法规则的胚胎;(4)对经济权力、经济权利的激励、配置、保障和制约是整个经济法规则的核心内容。根据这些内容能有效地构建起经济法的主体体系、行为体系、保障体系和责任体系,并制约着经济法的定义、对象、原则、主体、内容、行为模式和法律后果,从而支撑起整个经济法学的理论体系,实现经济法逻辑的继续;(5)能有效地与相邻部门法相区分。如民法是以民事权利为中心,行政法是以行政权力为中心,经济法则以经济权力为中心;(6)具有重要的方法论意义。传统法学总是强调权利本位,面对现实生活中广泛存在并起支配作用的权力,尤其是经济权力则采取排斥态度,甚至认为权力不能进入经济领域。就是在公法中也只限于行政(executive)权力,立法(legislative)权力,司法(iudicial)权力,面对经济(economic)权力,则漠然视之。若把经济权力作为经济法的核心范畴,这样就为我们观察和认识经济法提供了新的途径。这一核心范畴是在经济法的基本理念的指导下概括出来的。经济法的基本理念,是在社会整体利益本位的指导下,确立起经济运行的激励制度、资源的有效配置制度、风险保障制度、危害公共利益和经济道德的约束制度,以促进国民经济的可持续发展。在经济日益全球化和现代化的环境下,具有特别重要意义的是国家利益、社会利益与公民的利益观念协调一致。在相互作用中起连接作用的基本环节是共同的整体利益。从此基点出发,在各项经济法律制度中,重构国家、社会、经营者、消费者、中央与地方、东部与西部、城市与农村、个人与集体、本国与外国的利益格局,坚持市场调节与国家干预相结合,富国、富区、富民的统一,权利与权力的统一,竞争与反不正当竞争的统一,公平与效率的统一,发展与环境保护相协调,是经济法的重要使命。也正是在以上基本理念支配下,才能有效地确立起经济法的范畴体系。

在核心范畴中虽未提及经济义务,但这并不是对义务的否定。从法律义理上讲,有关权力、权利的设定,就自然要求与之相应的行为—义务,权力本身就意味着对某种职责和义务的履行。所以,权力概念,既渊源于权利概念,又渊源于义务概念。

(二)经济法的基本范畴

基本范畴是以核心范畴为轴心,以普通范畴为基础,对某一学科的本质或主要方面所作出的共同和高层次的思维概括。如果核心范畴是该门学科的基石,那么基本范畴就是该门学科的梁柱,如任何一个部门法总是有调整对象、原则、主体、行为、责任、历史、运作等范畴,经济法学也离不开这些基本范畴。现分析如下:

1. 关于经济法的调整对象

法的调整对象是大陆法较为重要的问题,英美法并不十分重视这一问题。经济法的调整对象问题是世界性的大难题,但它又是经济法的一个重大理论问题,又不能进行回避。要不要确定经济法的调整对象,如不要,现由是什么?要,又如何来确定?是以社会关系为主,还是以参与的主体为主,还是以采用的调整方法为主,或是几种的结合,或是另辟蹊径;对社会关系的划分,是援用传统的划分标准,还是采用新的标准,这些都值得深入研究。经济法的调整对象,从质的规定性来说是社会经济关系,不是婚姻关系,也不是罪与刑的关系,这应该说是没有多大争论的。现在有争论的是在"特定"经济关系的"特定"二字上鏖战,"特定"到底"特"在什么地方,"定"在哪里。有的学者认为应取决于"国家因素影响—管理和协调"的经济关系。应该说这也是一个不小的生存空间,不管这个生存空间是自封的,还是敕封的,就是"特定"也应该有一个合理合法的空间,而且更应争取使"特定"早日变成"法定"。事实上,现在经济法并未取得"特定"的合法地位。一会儿取消经济法专业,一会儿又取消经济法庭,说不定有朝一日还要取消经济法课程，更有甚者是一些刊物连篇累牍地竭尽贬低谩骂之能事，言必称罗马，所以这对经济法根本不是"特定"，而是"否定"。

经济法作为一个基本法学概念，就概念本身来说，内涵和外延是它最基本的两个逻辑特征。传统逻辑研究概念，只研究实概念，不注意研究虚概念和空类，因而认为任何概念都有内涵和外延。现代逻辑除研究实类外，还研究虚类和全类，认为除实类外，还有一种虚概念，认为虚概念只有内涵而无外延，或者其外延为零。所以在经济法的调整对象上，既可以把经济法作为实概念，又可以作为虚概念，不受"特定"的限制。事实上就是在许多所谓平等主体之间的经济关系也有国家因素，如有些合同必须经政府主管部门批准确认才能有效，尤其在对外贸易活动中各国都有大量的政府管制行为。所以经济法在外延上应以虚为主，或虚实结合。

另外，关于经济法的性质，到底属于干预性，还是属于协调性，我看这要看政府在经济活动中所扮演的是什么角色。如果政府是"教练员"，他就是协调者；如果政府是"裁判员"，他就是干预者；但有时政府还充当"运动员"，如政府直接进入市场融资、投资、采购，这时他既不是协调者，也不是干预者，而是平等的参与者。同时干预说和协调说都有各自所产生的历史社会背景。在西方，从现代经济法早期的产生来说是国家干预经济的产物。它主要是在自由资本主义发展到垄断资本主义阶段时，为了维护经济自由和经济民主，国家不得不干预经济，充当市场的夜警。我国是从高度集中的计划经济转向市场经济的，由于过去政府对经济活动——尤其对企业的经济活动干预过多，现在要转向简政放权，不强调政府对企业的经营活动直接干预，强调间接调控，所以产生了协调说。干预具有直接性和强制性，协调具有间接性和弱和性。所以有的学者说，西方经济法是从右边走过来的，放的太开了,不得不管;中国经济法是从左边走过来的,管得太多了,不得不放,这是有道理的。笔者认为这是两副不同的药方,一副是西药,一副是中药,都是为了医治同一病情。现在提倡中西医结合,把干预与协调结合调整最为有效。从目前情况看,由于我国正处在经济转轨时期,强调协调的方面多一些,一旦市场经济形成,到那时也许干预的手段又会多一些,许多新的调整手段又会出现。社会、经济、法律制度总是在否定之否定中不断发展前进的。

国家在社会经济活动中虽然扮演了多种角色,但裁判员和教练员总是主要角色,运动员总是次要角色,而且在许多竞赛领域禁止政府充当运动员。这样,国家在社会经济活动中主要是实施组织和管理职能。国家的组织职能主要是对社会资源进行有效的配置,以促进生产力的高速发展。我认为对社会资源的配置不完全靠市场,市场对资源的配置更起不了基础配置作用,尤其对产权的原始配置,如哪些资源属国家所有,哪些资源禁止个人所有,这是市场无力配置的。民法的物权制度是对个体产权在既定的情况下行使的占有、使用、流转的配置,它属于后配置。对产权制度性的配置,属先配置,也属基础性配置,这是国家行为,而且是重要的国家行为,这样对土地、矿藏、资本等重要资源的配置,就不能完全依赖市场。管理活动更是社会化大生产的客观要求和直接产物。凡有共同活动的地方就有管理。任何经济管理都有二重性,即合理组织生产力的自然属性和维护生产关系的社会属性。在市场经济条件下,决定经济增长的因素是多方面的,如体制、机制、技术、产品、市场等,但一般说来,体制相同看机制,机制相同、技术相同看管理,在诸多因素中管理居于基础地位。所以经济法是组织、管理经济之法。

2. 关于经济法的原则

法律原则虽然是一种抽象的理念和价值追求,一般事先不作具体的事实的设定和具体的权利义务的规定,但由于它具有指导性、本源性、概括性和调节性,所以有人说它是法律体系中的"神经中枢"。尤其在平衡利益冲突时,它可以弥补法律规定的不足和缺陷。

从目前的情况看,可以说是有多少教科书就有多少不同的原则,这也是有待进一步研究的重要范畴领域。经济法的使命在于促进国民经济和社会不断获得高速稳定的发展,所以可持续发展是经济法的首要原则;经济法具有协调社会各种经济利益和经济结构的职能,所以应坚持公平制衡原则;经济法具有保障经济自由、经济民主的职能,市场经济的本质在于开展完全竞争,所以经济法应坚持公平竞争原则;在经济活动中,不论投资者、生产者、经营者、消费者都要把投资安全、交易安全、消费安全放在首位,所以经济法应坚持经济安全原则;经济活动说到底要使资本增值,所以经济法要把提高效益作为重要原则。这些原则,既具有政策性又具有公理性,符合经济法的本质特征。

3. 关于经济法的主体

"法律主体"范畴,是对各种企业、公司、合伙、独资、个人、国家、政府、团体和其他组织等人格体所作出的法律概括。民法把主体概括为法人和自然人,商法把主体概括为各类商人,经济法作为一个独立的部门法也应该有自己独特的概括方法。经济法的主体根据其在经济活动中享受的权力和地位的不同,可以分为管理类主体、经营(服务)类主体和消费类主体。

管理类主体主要是指各级政府及其所属经济职能部门,还有各级人大及其常委会;经营(服务)类主体主要是指各类企业集团控股公司、各种投资公司、经营公司等;消费类主体主要是指为满足自身需要实现商品最终价值的各类用户和商品购买者。

主体范畴,应规范主体的法律地位,明确各自的权力和权利,防止一切不合理主体进入市场,严把市场准入关,防止权力交叉、权力滥用、权力过度集中,同时又要塑造好经营主体的内部治理结构。消费类主体,是弱势群体,要充分维护他们的合法权益。同时,在主体制度的设计上要高度重视投资者、经营者的投资和交易的安全。总之,为净化市场,要塑造出合格的高质量的成熟的市场主体,这是保障经济秩序健康发展的前提条件,也是经济法律的重要任务。所以,主体制度可以以强制性规范为主。

4. 关于经济法律行为范畴

法律行为主要是主体的行为。主体"不外是他的一系列行为构成的"。行为是法律最主要的客体。马克思说"除了行为之外,法律别无客体"。经济法律行为按性质分,可分为国家管理经济的行为;市场交易行为;国家参与经济活动的行为;消费行为;涉外经济贸易行为等。

在设计经济法行为范畴时不能与主体范畴建立在同一价值重心取向的基础之上。如果说主体价值制度的重心是安全,那么,行为制度的价值重心则应是效率,这样相互对立,相互制约,才能达到价值天平的平衡。如果把价值重心配置到一方,或双方价值同一,以博弈论讲,会造成双输的格局。如果主体和行为的价值对立,会产生双赢的效应。这就要求一种价值定位要为其他价值的实现留下合理的空间。为追求效益,行为制度的任意性、灵活性和可供选择的规范要相对多一些,强制性的规范相对要少一些,只有这样,投资、交易的机会才会增多,交易成本才会减少,效益才会增加。

5. 关于经济法律关系内容范畴

在诸多著述中,凡论及经济法律关系的内容时,往往只讲经济权利,不讲经济权力。在讲权利时,只讲经济个体权利,不讲国家的经济权利,这已成为通病。如把经济决策权、命令权、禁止权、许可权、监督权等重要内容都一概单纯视之为权利,很明显这些行为体现的是管理与被管理、命令与服从的关系,在本质上属权力。现在有些人有这样一种心态,认为在民主法治社会里应耻言权力,不然会有专制之嫌。讲权利是时髦,其实这是一种幼稚病,至少也是一个误区。现在有些"世纪"经济法教材,干脆对权力、权利、义务都不讲,这从体系上讲,不仅显现出缺胳膊少腿的病态,而且在理论上也显露出苍白乏力。所以对这一范畴领域既不能允许用经济权利去篡位经济权力,更不能将经济权力、权利从经济法殿堂中罢黜,要着重设计好对经济权力的配置,尤其要从机制和制度上运用好以权力制约权力,防止权力异化,避免权力寻租,消除权力租金。

6. 关于经济法的责任范畴

法律责任是法律规范必不可少的构成要素,它具有重要的司法意义。经济法作为一个独立的法学领域,也应有自身的独立的责任制度,这样才能对经济产生积极的效力。经济法责任制度的特点有二:一是行政、民事、刑事责任综合运用。这在税法、价格法、审计法、会计法、统计法、土地管理法等经济法律中都已得到充分体现。国家立法并未因这些手段的属性不同而不能使用,就是在国外也是如此。如一些国家的会计法、税法中,都是把行政、经济和刑事处罚同时规定在一个法律之中;二是经济法还有自己特殊的责任制度。如财政法中的停止拨款、银行法中的取消贷款、税法中的取消税收优惠、土地管理法中的取消转让、市场管理法中的禁止入市、社会保障法律中取消抚恤救济待遇等,还有因政府或经济主管机关决策或指挥失误给企业造成损失及人员伤亡,给予的补助和医治等,这些都是经济法中具有特色的责任制度。经济责任与民事责任不同的地方是民事债务不承担刑事责任。经济法上的债务,尤其是国债应建立起刑事责任制度。建立完备的责任制度,旨在强化义务观,增加责任感,对加强管理,推动社会进步是有积极意义的。

法律责任,从法律规范的逻辑结构来说,属法律后果要素。法律后果包含否定式后果和肯定式后果,惩罚性的规定属否定式的后果,奖励性的规定属肯定性的后果。经济法与当事人的物质利益有最紧密的联系,也最宜于设置奖励的规定。所以它不是法律后果范畴之外的派生物,而是内在的必要的激励机制。在今后的经济立法中应尽可能增强这一机制。

7. 关于经济法的生成范畴

对经济法的过去、现在和未来的历史过程及其发展规律的探讨,同时也包括对各国经济法的思想、理论和经济法律制度的研究,也是经济法不可缺少的一个生成领域。

8. 关于经济法的运行范畴

主要是对经济法的创制、实施、执行、效力、经济诉讼、经济司法以及经济法的修订、废止等操作运行过程的概括。也可说是把经济法的理论形态升华为经济法规范,建立起经济法的法规体系,使它成为真正的活生生的现实的法律。这是中国法制建设的重要领域,比搞几百年前别人已经编纂过的法典更有国际意义。

(三)关于经济法的普通范畴

经济法的普通范畴是指经济法这一现象某些个别方面、某些具体联系和具体过程的比较简单的抽象,属于初级范畴,这在各个部门法中都大量存在。它可说是经济法学中存在的一些普通法律概念。如经济法由于是属于法的范畴,所以必然与法律、法规等概念相联系;又如在主体方面的范畴,往往要涉及公民、法人、合伙、个体工商户、代理人、当事人等概念。在法律行为方面往往涉及故意、过失、违约、侵权、赔偿、代理、承包、租赁、买卖、偷税、抗税等;在权利方面往往涉及所有权、物权、债权抵押权、留置权、诉权等;在客体方面往往涉及标的、证券、票证、提单、有形资产、无形资产、不可抗力等等。运用这些概念正像物理学中运用数学公式一样，它并未失去物理学的本体性能。

三、关于经济法学范畴研究的方法

任何科学研究都离不开一定的方法。所谓研究方法，是主体在认识客观世界的实践中，对事物的本质及其规律所应遵循的一般原则、规程和技艺。也可以说是由必然王国到自由王国，由主观到客观彼岸的桥梁渡船、通道。虽然说观点正确，方法才灵，但方法好，可以取得事半功倍的效果。

（一）现代经济法范畴应坚持经济分析的方法

法与经济本身就十分紧密，经济法与经济更是亲上加亲。经济学要由"黑板经济学"变为"现实经济学"，必须使它制度化、法律化。经济法要由"黑板经济法"变为"现实经济法"，就必须生根于经济、服务于经济，从经济运行中去吸收营养，只有如此，经济法学才有旺盛的生命力。一些西方国家的学者，已捷足先登，出版了《法和经济学》《法律的经济分析》《论经济与社会中的法律》等名著。尤其用经济学中成本理论、博弈理论分析法律成本、效益和博弈中的法律问题，揭示出隐藏在法律后面的经济义理，使法律更具理性，使经济法学有面目一新之感。

（二）价值分析方法

因为经济学是以研究经济法为对象的一门科学。任何法律和法学都是立法者和法学家们世界观的产物。每种法律和法学范畴的理论主张都渗透着一定的价值取向和哲学观点。对许多法学范畴的研究和理解都代表着不同的价值观。法学范畴研究中的价值分析主要是对各范畴的价值认知和价值评判，也就是要研究范畴所蕴含的价值基因和价值属性并对其范畴内含的价值取向进行评价，在此基础上进行扬弃,以求创新。

（三）应然与实然相结合的研究方法

实然就是以现有经济法律、法规为主要的法源,从中求得实证,用以说明经济法是什么,它强调的是"实在法",即经济法实际是这样的法。这种方法固然重要,但它具有静止性、滞后性的特点。经济法学由于是一门正在发展中的学科,不仅要研究它是什么,更要重视它应是什么,即重视对它的理性研究,而不拘泥于传统法律形式的一贯与概念的明确,尤其不受现行法典的约束。这就需要有前瞻性、创新性。它所追求的经济法是一种应然法。

（四）历史的研究方法

恩格斯说:"第一时代的理论思维,包括我们时代的理论思维,都是一定历史的产物,在不同的时代具有非常不同的形式,并因而具有非常不同的内容。"法学范畴都是历史产品,都有它形成的历史过程,经济法范畴也是如此。历史考察的方法使经济法范畴更带有思想和文化史的氛围,更有助于探索经济法发展的规律性。现在对这方面的研究还很薄弱,至今还无经济法史方面的专著问世。

（五）比较研究方法

有比较才有鉴别,尤其与民法、商法、行政法、管理学、行为学、制度学、知识经济学等学科的相互联系、借鉴。同时还要注意吸收国外经济法学的先进理论和规则,进一步加强国际性的交流,这也是开放式的研究方法。

（原载于《兰州商学院学报》2001 年第 4 期）

论整体本位与经济法的理论建设

一、经济法的法学观

经济法作为一门新兴的部门法,应有自己独立的理论基础。任何阶级或学派的法学,都是以某种哲学为自己的理论基础。经济法也不例外。经济法的理论基础,笔者认为是整体本位论。法的本位问题,主要是说明法的逻辑起点和法学观,体现的是法的价值取向。整体本位论,它遵循"存在决定意识""意识反作用于存在"这种受动和能动的辩证关系。认为经济法是客观经济制度所决定并在上层建筑的反映,不是人为的现象。在此认识的基础上,它认定世界存在的根本形态是运动。这种运动发展的根源不是外部原因,而是事物内部矛盾的运动。经济法的发展变化也是这样。它是社会客观经济形态运动发展的结果,它在简单商品经济形态下,经济法的形式主要表现为"诸法合一";在发达的商品经济形态下,主要表现为民法和商法;而在垄断资本主义经济和计划商品经济形态下,则主要表现为经济法。历史告诉我们,经济法总是深深植根于经济的发展之中。同时又总是稳定和发展经济的重要条件。所以,从运动和发展的观点来说,经济法的出现,是新事物对旧事物的扬弃,是逻辑和历史的统一。

经济法的理论总是与世界观紧密联系的。它运用科学的世界观去阐明一定社会在特定历史发展阶段与经济构造相适应的法律制度。以求得经济基础与上层建筑的统一,从而形成自己的法学观。由此可见,经济法的理论是从世界观到法学观向前推移的。

法学观不是孤立的,它直接、间接与政治、经济、民族文化、科学技术等诸因素有密切联系。尤其受哲学观的支配。所以,要认识经济法就要把它放到与其他多种因素复杂的联系中去认识。这种联系性要求把思维方式建立在既是开放的、多维的、多层次的,又是系统的和整体的基础上。并从经验上升到科学的理论,实现认识的飞跃。可见经济法的理论,又是科学的世界观和方法论的统一,是科学的世界观和方法论在经济领域中的运用。从而形成经济法的法学观——整体本位论。综上所述,经济法理论是由哲学观世界观方法论法学观向前推移的。

二、关于个体本位论

由于法的理论受哲学观念的支配,所以,在法的本位问题上,历来就有整体利益本位论和个体利益本位论的纷争。为说明整体本位论,有必要先对个体本位进行简要的评介。个体本位法学思想由来已久,不过最初是建立在宗教神灵论的基础之上,把个人的存在都归结为灵魂所具有的终极本源之中。在中世纪文艺复兴时期,提倡个性解放,也是以个体本位思想为依据。近代卢梭、洛克等人以自然主义天赋人权论为基础,确立起所谓理性个体本位思想。后来叔本华、柏格森、采尼、海德格尔等人又从意志决定论、生存价值论和存在论出发,提出所谓非理性个体本位思想,使这一思想达到登峰造极的顶端。到了现代规模经济出现后,这种个人本位发展为个体(组织体)本位,成为放大了的个人。个体本位思想虽然派别很多,但他们的灵魂是自由主义,以维护个体利益为最终的追求。他们还有大批二元对立的概念,如自我与他人、个人与社会、民主与法制等等。他们正是把这些概念用来描述社会似是而非的工具和作为提供行为规范的方便手段。

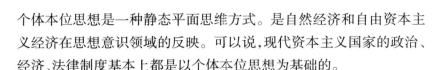

个体本位思想是一种静态平面思维方式。是自然经济和自由资本主义经济在思想意识领域的反映。可以说,现代资本主义国家的政治、经济、法律制度基本上都是以个体本位思想为基础的。

个体本位论在法律上的运用,主要是坚持自然权利观,以维护自我利益为核心;他们对经济活动的认识,总认为经济活动是私事,是民事,因此应采取自由放任主义,国家不干预原则;与此同时便提出经济自由、契约自由、职业自由等主张;在法律上便相应的确立起自愿、平等、等价、有偿等原则;在权利与义务的关系上,主张以权利为本位;为了个体(组织体)的合法利益,他们把它人格化,赋予它法人资格,从而使个体组织神圣化。在这种个体本位论的基础上,从而建立起与资本主义私有制相符合的较完备的私法体系,以及一整套基本法律制度的原则。他们不仅把个体本位的物竞天演、优胜劣汰等理论,运用于经济、法律,而且还把它引入政治领域,成为推行霸权主义、搞和平演变和欺负弱小民族的理论依据。为了掩饰人们的耳目,他们总是在这些理论上蒙上一层超国家、超权力、超群体的假面纱,并提出"维护个体利益,穷人会与富人共同分享改进劳动措施的成果"。这种以个体本位为基础的社会法律秩序,虽然也给资本主义私有经济带来一些繁荣景象,但它毕竟是以确保个人利益为限,因此它总是与现代社会化大生产的需要和社会整体利益相矛盾。所以在现代就是在资本主义社会也对这些理论和原则进行了修正,这为现代经济法的产生和发展提供了一个新的社会环境。

三、关于整体本位论

整体本位论认为世界是整体的世界,人类活动是以整体为中心,它实现的是整体的价值,维护的是整体的利益,追求的是人类的解放。在现代社会中,特别是以公有制为主的社会制度下,具有特别重要的是国家利益与公民的社会观念协调一致。在相互作用中起连接作用的环节是共同的整体利益。经济法正是从此基点出发,确认国家利益高于个体利益,个体利益要服从整体利益,局部利益要服从全局利益。认为经济活动是人类社会共同的最基本的物质生产活动,是人类共同的事业,不完全是私事和民事。在以生产资料公有制为主的社会制度下,更是这样。在对经济关系的认识上,认为纵向经济关系不可能脱离横向经济孤立存在;横向经济关系要受纵向经济关系的控制、调节和监督。纵横经济关系是紧密联系的,不可能截然分开。它的思维方式是一种动态立体交叉型。它是社会化大生产和人类追求共同理想的反映。

整体本位思想在法律上的运用,主要体现为应以规范整体利益为自己的价值取向;坚持国家干预原则;加强宏观调控;坚持权利义务统一观;确立起两手并重(有形之手与无形之手)、两权分离、责权利相结合的原则;充分发挥多种经济组织形式和各种运行机制的作用;追求经济民主、有序和效率等原则。它要求立法者、执法者和法律参与者都要从维护整体利益出发,自觉地处理好整体与个体的关系。经济法正是从这些基本信念出发去调整纷繁复杂的经济关系。这正是经济法的价值所在,也是它具有强大生命力的源泉。也只有以整体本位为基础,才能找到经济法与有关相邻法最根本的差异。

四、确立整体本位论的依据

整体本位论之所以是经济法的理论基础,有其理论和现实的依据。

1. 从经济法自身特有的本质来说,经济法在本质上从整体利益出发,国家干预经济的有力工具。从资本主义国家的经济法来说,它的本质集中到一点可以说在于"制衡",以协调资本主义经济关系的内外矛盾。这一本质充分反映了当代资本主义社会政治、经济制度特点的需要。当代资本主义社会在政治上和经济上都是一个分权制衡的体制。如在政治上实行分权、选举、轮换制度,以防止权力个人垄断和保持相互制约相对稳定的状态。在经济上资本主义国家是以私有制为基础,但在所有制上也是多元经济成分的混合。在调控经济的手段上,虽重视"看不见的手"的调控作用,但又十分重视"看得见的手"的作用。虽鼓励竞争,但竞争的结果必然形成垄断,而垄断又妨碍竞争,甚至危及整个资本主义制度。因而为维护资产阶级整体利益,又不得不反对垄断。可以这样说,资本主义国家的经济法,正是在这种对立统一的矛盾中相互制约和均衡的产物。在本质上是基于资本主义国家整体利益的需要。也正是在这种情况下,才发挥了法律制度在宏观调控上的权威性和有效性。正如日本著名经济法学家金泽良雄所说:"经济法不外是适应经济性即社会协调性的法律。也就是主要是为社会协调的方式来解决有关经济环境所产生的矛盾和困难(通过市民进行的自动调节的局限)的法律。"

在社会主义制度下,经济法更是为维护国家和社会整体利益的需要。因为在我国虽然各种经济关系之间没有根本的利害冲突,但各种经济成分之间,在所有者、经营者和生产者之间、中央与地方之间、计划与市场调节之间、按劳分配与其他分配形式之间,以及国民经济各部门之间都存在矛盾。要解决好这些矛盾,只有从社会整体利益出发,才能把握住社会主义最本质的特征。我国经济法正是国家协调以公有制为主的生产方式基础上所产生的物质利益和需要而制定的法。

2. 从社会现实来说,法是社会现实的反映,而人类社会最大的现实是整体地共同存在于社会上,个体的生存和权利都是社会整体生存与权利的一部分。经济脱离社会整体抽象的超群体的个体是不存在的。

以人类社会经济活动发展的总趋势来说，经济组织形式从原始式的家庭个体劳动工场，作坊合伙公司联营集团区域性的联合国防性的联合；生产资料的所有制由私有发展到共有公有；资本由独资发展到银行信用资本信用；经济模式由简单商品经济发达的商品经济产品经济。这一切否定之否定，无不说明人类一直在追求联合起来进行劳动的理想。这正是人类整体思想放射出来的光辉。也是生产力高度发展的必然结果。

3. 经济法的整体本位思想与商品经济有着内在的必然联系。从商品经济的运行来说，它总是由生产、交换、分配和消费所组成的有机整体。就商品本身来说，也是价值、使用价值和文化价值的统一，是内在质量和外观美，合法性和社会信誉的结合。就计划与市场的关系来说，更是紧密结合的统一整体。就市场本身来说，也是由市场主体（买者、卖者），市场客体（商品、货币、证券），市场行为构成的统一整体。在空间范围上更是由地方性、区域性和国内市场与国际市场的统一整体。就国民经济各部门来说，在整体上总是存在着内在的必然联系。另外，商品经济更受价值规律的支配，而价值规律也只有站在社会整体利益上，从社会总资本的运动来说，才是公平等价的。所以经济法的整体本位思想，也是客观经济规律的要求。

4. 从旁证还可得知经济法的整体性。国内外在区分商法和经济法时，许多著述都认为商法偏重于个体间的权利义务的对价关系。而经济法则从国民经济的整体出发，偏重于整体间的公共关系的均衡与调整。美国的丹尼斯·特伦在论及《商法与经济法》时说："经济法它超越古老的公法与私法之分，它在资本主义国家导致某种程度法律整体化。"台湾学者张国健也说："商事法乃是着重保护个体经济主体间的利益；经济法侧重于国家整体经济生活，而依公共利益予以调整为其目的。"由此可见经济法的整体本位思想,具有世界公认性。

总之,整体本位论,不是一个单纯量的概念,而是一个质的概念。是对经济法的法学观最基本的概括,它内含系统、制衡、发展、动态平衡、层次等基本思想。

五、与整体本位论有关的几个问题

1. 整体本位论与经济法的调整范围问题。

首先要明确指出,我们主张经济法的理论基础是整体本位论,但不是要把所有的经济关系都囊括在经济法的调整范围之内。建立整体本位论,不仅使经济法有自己独立的理论基础,而且更有利于界定经济法与相邻部门法各自的理论基础。就理论基础而言,经济法是整体利益本位论,民法是个体利益本位论,行政法是国家权力本位论。

2. 整体本位与个体本位的关系。

整体本位论是否就是有些人所说的"反个体""灭个体"呢?不是。整体本位与个体本位之间的关系,主要包括以下制约机制:(1)坚持整体利益与个体利益的辩证统一;(2)整体利益高于个体利益,全局利益高于局部利益;(3)个体利益和局部利益要自觉地服从整体利益;(4)整体本位思想中内含着要尽力维护个体的合法权益,维护个体的尊严和价值;(5)在对待整体和个体的权利关系时,坚持权利与义务的辩证统一。这些关系不仅在理论上而且在一系列方针、政策、法律、法规中得到了充分的体现。

3. 整体本位论与职能说、体制说、主体说、方法说的关系。

职能说认为经济法是适应国家管理经济职能的需要而确立起来的法律制度。体制说认为经济法主要是适应经济体制改革的需要而确立起来的法律制度。主体说主要认为经济法有自己特殊的主体——国家和国家管理机关以及企业内部组织。方法说认为经济法有综合调整方法,从而形成独立的法律部门。这些理论都从某一侧面论证了经济法的某一个别方面的特点。但从认识论来说,认识事物,认识个别固然重要,但由于客观事物,特别是社会经济关系是一个复杂的综合体,仅对个别事物的认识总是不全面的,个别总是简单的。如果人的认识只停留在对个别事物的认识上,就容易犯客观唯心主义的错误。所以必须把众多的个别的认识形成一个整体概念,才能认识事物的本质及全貌。

4. 国内不少经济法论著认为经济法的理论基础是计划商品经济,这种认识有其合理内核,但也有偏颇之处

因为计划不是社会主义经济最本质的特征,因而不能说明经济法的本质。科学理论应从现象到本质,从科学抽象的高度去加以概括,使之能具有较普遍的涵蓄力和相对的稳定性。

总之,整体观是现代社会和经济发展的总趋势,它更能充分反映经济法的本质。马克思主义的核心,就是从整体上认识问题。我国革命和建设都是在整体思想下进行的,现在经济改革开放千头万绪,一切应改革的事情,要尽可能用法律制度加以规范,这一切没有整体观念是不行的。我们一定要跳出过去一些传统法学理论的局限性,克服保守疑问心态,开辟新领域,建立新天地。

(原载于《兰州商学院学报》1992 年第 2 期)

股权的性质和特点

一、对当前关于股东权性质的几种认识的再认识

（一）关于债权说

该种主张认为："股东一经取得股票，其投资的那部分财产已转归企业，股东只享有收益权，这种收益权实质上是一种债务请求权。"（《中国法制报》1987 年 12 月 7 日）其实，股东与公司之间并非债权债务关系。因为股东出资认股之后，就是公司的内部成员之一，既然是公司自己的成员，就不可能是债权债务关系。同时公司的债权人对公司的债务是不承担责任的，而股东是要以自己认购的股份对公司的债务承担有限责任的。此外，债权人是无权参加公司管理的，只享有一定的收益权；而股东除享有收益权外，还享有公益权。再者，债权人不管公司是盈是亏都要按事先的约定取得利益，并且公司破产后也属于破产债权人；而股东的收益是要以公司盈利的大小和有无转移，而且公司破产后也不能作为本公司的破产债权人。由此可见，股东权并非债权性质，这已为国外许多学者所公认。

（二）股东地位说者认为，股票是丧失了的财产权换来的股东权，而这种权利是由多数权利义务所构成，非单一的权利

股票是这种多数权利义务的集合体，一般称为份额复数主义，它与单人主义是不同的，是构成股东地位的一个单位，并非一种设权证券。股东与公司的关系全依股东所享有的权利和义务加以维系，而且

这种权利必须依公司整体存在而发生作用。股东权正是由股份的集聚而使股东享有的一种社会地位，因此，称这种主张为股东地位论。其实这种说法，只说明股东数量的规定性，并未说明股东权是一种什么性质的权利。

（三）所有权两分说者认为，所有权是可以一分为二的。主张把所有权分为法律上的所有权和经济上的所有权，股东只享有法律上的所有权，企业公司则享有经济上的所有权

这里主要是混淆了法律与经济在所有权问题上的实质和形式的关系。马克思论及法和经济、所有权和所有制的关系时多次指出，"法律关系"不能就其本身去理解，它总是生根于社会物质生活关系这块肥沃的土壤之中。特别是所有权的法律制度，仅仅是所有制经济关系的实质和内容在法律上的合法化和制度化的表现形式。所有权是由法律加以强化的实现人们对物质资料占有的最高权能，它的法律范畴主要包括经营权、占有权、使用权、受益权和支配权等。在财产权的层次上它是处于统帅地位，其他财产权能都处于从属地位。所有权所包含的各种权能，不仅在经济上是对所有制的法律保护，而且也是在经济上利用财产或实现所有权的具体形式。目的是要通过对所有权的法律保护，达到经济上的占有、使用、受益、支配和经营。而经济上具体权利的实现以及经营管理原则和方式的确立，又总是要通过具体的法律规范去引导和确认。由此可见，在所有权制度中，法律规范与经济关系是紧密联系的。如果没有在事实上享有对经济（财产）的所有权，法律上的所有权便成为毫无意义的肥皂泡。所以，绝不能把法律上的所有权单纯视为经济之外的附加物，也不能把经济上的财产权单纯视为法律之外的对立物或异己力量。只有事实上的经济关系具有了法律上的所有权的形式，才能使法律把事实上的财产权纳入正常的法制轨道和法律秩序。所以，所有权总是法与经济的紧密结

合。就所有权的本质来说,它是对财产的一种独占权,而且是最高的独占权,它具有绝对性和排它性的特点。它是不能"一权二分"的。虽然所有权人在实现他的所有权能——即实现占有、使用、受益、支配和经营时,这种权能不一定完全由他自己亲自去行使,如现在的承包制、租赁制,甚至股份制,都实行"两权分离",但这种分离,只是所有权和经营权的分离,绝不是将完整的统一的所有权一分为二。即使在实现两权分离后,作为国有财产,国家仍保持对企业财产的所有权。而企业所拥有的独立经营的财产,只体现为企业对财产的实际占有权,而不体现为对财产的所有权。

(四)所有权丧失说者认为,股东一旦投资入股后便丧失了对投资财产的所有权。笔者认为股东在投资入股之后,并未丧失对投资的所有权。其理由如下:

1. 从股权的性质来说,它既非物权,又非债权,而是一种证券化了的权利。它主要表现为契约性货币形态。它是信贷资本条件下产权的主要表现形态。那么,股权到底是一种什么性质?笔者认为,股权是在信用制度下发展起来的证券化了的一种新的所有权形态。它是现代规模经济情况下产权的主要表现形态。它的主要特点和优点是使所有权与经营权严格分离,它既能使产权明确化,又能使产权广泛社会化,它既有静态的稳定作用,又有动态的灵活作用。在经济上股东可通过获得股息红利而实现分配权;在政治上股东可通过参与股东会进行议事、审查账务、选举董事,行使自己的经营管理权;从道德法律方面来说,股东所享有的权利,又体现为股东的人格权。特别是股东可通过对股票的转让,行使它对投资的最终处置权。股东之所以能享有这些权利,归根到底,它体现了股权上的所有权的实有性。所以,马克思在论述股票时说:"股票如果没有欺诈,它们就是对一个股份公司拥有的实际资本的所有权证书。"(《马克思恩格斯全集》第24卷第387页)由此可见,股权并未丧失所有权,它只是使所有权由实物形态转化为证券形态。这种所有权形态不仅优于物权,而且也优于债权,但在现实生活中产权往往既表现为一定的物权,又表现为一定的债权,同时还表现为一定的股权。

2. 从股份制公司本身来说,不论是在资本主义国家,还是社会主义国家,它都只是一种经济组织形式或财产联合方式,而不是一种独立的所有制形式和经济形态,这也说明股份公司不享有所有权,公司的性质归根到底是由股东投资财产所有权的性质决定的。这也说明股东未丧失所有权。

3. 从股票的转让来说,在股份制下,为了保持公司组织和资产的稳定性,经营活动的连续性,所以规定股东在认购股份之后一般不能退股。但是各国法律差不多都规定股票持有人可以将股票自由转让,通过股票的转让可以使自己的投资复归。资产所有者正是通过投资使所有权与经营权分离,而通过股票的转让又使资产的占有权复归,资产所有者正是通过投资(分离)——转让(复归)——再分离——再复归,来实现自己对资产所有权的支配。

4. 从当前我国联合参股来说,往往有国家股、企业股和职工个人股。人们把这种联合形式,有的称"混合所有制",有的称"一企三制"。显然,人们之所以称它为"混合所有制"或"三种所有制",原因正是由于投资者未丧失原有的所有制的属性。如果说投资者参股后就丧失所有权,而形成所谓"法人所有权",那又怎能叫多元结构的"混合所有制"?

5. 从一些资本主义国家的国有化情况来看,国家在实行国有化时,其重要途径之一,就是收买和控制一些公司的股票。当国家拥有一个公司的全部股份或依法达到规定比例的股份时,这个公司便成了国有企业。当国家要把国有企业变为私有的时候,也往往是通过把

股份转让掉。这种情况也说明股票是一种所有权证书。

6. 从现今各国立法情况看,不论是在民法、商法或公司法中,都没有规定股东在认购股票之后就丧失了所有权。相反,倒是有规定股份公司不能向本公司发行企业股,其理论依据就是因为股东对股票享有所有权,本公司对本公司的股票享有所有权容易造成投机行为。这也说明股东没有丧失其投资财产的所有权。另外,国外不少论著也认为股东是企业财产的所有者。

7. 从所有权的取得来说,一为原始取得,如依法没收、征收、依法分得劳动成果等;一为继受取得,主要是通过买卖、继承、赠予等行为。前者所有权取得的特点,主要不以所有人的意志为转移,后者所有权取得的特点是要以原所有人的意志为转移。如果说股份公司成立后就取得了股东入股财产的所有权,则既不属原始取得,也不属继受取得。再从所有权的丧失来说,只有通过所有人的自愿转让,自愿抛弃或所有权客体的消灭,或所有权主体的消灭,或被依法强制没收等,股东入股显然不属这些情况。

8. 从股份制企业的财务制度来说,在西方国家凡股份公司用发行股票的办法集中起来的股本,在资产负债表上都是作为公司的负债处理,而不是作为公司的自有资金。由此可见,这部分股本并非公司所有,所有权仍属股东。

9. 从我国目前各地股份制的试行和法制建设情况看,至今尚无一个地方规定股东入股后对投资财产丧失所有权的。

二、股权的特点

股权既然并未丧失所有权,那么与一般财产意义上的所有权是否完全相同呢? 不,股权性的所有权有它自身的特点:

1. 股权性所有权丧失了对财产的实际占有权和支配权

任何股东入股后,不管你拥有股份公司多少份额股份,但你无权支配公司的一颗螺丝钉。这与物权意义上的所有权相比,是对所有权人的占有权和支配权最大的制约和淡化,而对企业的经营权却确实起了最大的强化作用。

2. 股权性所有权的权利载体主要体现为股票这种有价证券,使所有权证券化,是财产权人格化、法律化的具体象征

从而使所有权脱离物权的实物形态、债权的契约形态,而转化为价值形态,并使之定型化、要式化、无因化和文义化,为所有权的流转提供了法律通道,以适应商品经济竞争的要求。

3. 股权的凝聚力最强,对集中资金具有魔力般的吸引力

而物权、债权主要通过集聚的途径积累资金,这样在速度上要慢得多。正如马克思所说,假如必须等待积累去使某些单个资本增加到能够修建铁路的程度,那么恐怕直到今天世界上还没有铁路。但是,集中通过股份公司转瞬之间就把这件事完成了。

4. 股权的社会化程度高

而物权、债权的集团性和私有性的程度高,它们必然与社会化大生产发生矛盾。而股权由于它是以资金为主,没有过多的人身社会属性的限制,它的来源最广泛最社会化。因而它较能适合生产社会化的要求,是推动财产由私人占有或集团占有,向社会占有的推进器,为未来的社会所有制奠定了新的阶梯。

5. 股权具有有限责任和经营风险分散化的特点

股东之所以认购的股份限额对公司的债务承担责任,而公司又只以其所拥有的财产对公司的债务承担责任。这是各国股权制度一项基本原则。同时由于股权的社会化,也带来经营风险责任的分散化。这样责任不仅是有限的,而且是分散的。这正是股权制度经久不

衰的奥妙之一。由此,它更适合现代新科技、高风险经营活动的发展。

6. 股权具有"两票"的特点

即一张股票对股东来说,既是一张选票,又是一张饭票。所谓饭票就是股份公司对股东来说,虽是一个利益共同体,但又不吃大锅饭。在吃饭时(即分红),却要各端各的碗,各吃各的饭。所谓选票是股东虽不能直接参与公司的经营管理,但对公司的重要人选和重大事项又有选择权、表决权。这两票又具体化为两权。即公益权(选票)和自益权(饭票)。自益权是可以在经济上获得股息和红利的请求权,具有绝对性。公益权是在行使选举、监督、管理等方面的行动权,具有相对性。可以看出股权是政治与经济、请求与行动,相对与绝对的结合,可以说它吸收了物权和债权的优点。

7. 股权具有民众管理的特点

在股份制度下,公司的经营管理主要是通过选举和聘任学有专长、才有高能的专业技术人员来充当的,从而形成专门的管理者队伍,使资本所有人和资本的管理人相分离。这样自然使公司政企分离,摆脱官办,而成为民办了,这也为培养和造就一批企业家,为人才的脱颖而出创造了有利的社会环境,这是在单纯的物权和债权的情况下所望尘莫及的。

8. 股权具有联立综合和分权制衡的特点

在股权制度下的股份公司,它虽是一个联合体,但它的权力却又分别由它的董事会、理事会和督事会以及股东大会等"四会"分别去行使。而政府主要是处于协调、监督和服务的地位,从而在外部和内部便形成决策、执行、监督和协调等各职能系统,使整个组织既联立综合又分权制衡。这对促使组织结构和职能的规范化、系统化是有好处的。

9. 股权既有流动性, 又有永续性的特点

股东入股后虽不能擅自抽走投资, 但他可以根据股份的得利情况完全自主地由利低的公司向利高的公司转移。这最适合商品经济竞争规律的要求。这条无情的鞭子, 随时有形无形地在鞭策公司去拼搏、进取, 它的激励机制要比物权、债权对企业的约束力和鞭策力要强得多。但是, 股权虽能转让, 股东虽走, 而投资给公司的资本仍是不能抽走的。这对公司来说, 公司资本又具有永续性和稳定性。股权的这种特性对克服投资的短期行为是较为有效的。这两者对建立商品经济新秩序却是有益的。

10. 股权的变异性, 如上所述股权有许多奇异功能

但是任何有益的东西又总是包含着不利的因素。作为股权来说, 就是它的投机性、食利性、破坏性, 以及在资本主义制度下对劳动者的麻醉性。因此, 我们在利用它的时候, 不能不倍加警惕, 以便充分发挥它的积极作用, 防止和克服它的消极作用。

需要注意的是, 我们在强调股份制的优越性时, 绝不能一叶障目一概排斥和否认其他经济组织形式的优越性, 应该认识到经济活动的复杂性, 必然要求经济组织形式的多样性。现代企业是商品经济高度发展的产物, 不应该采取单一的模式。任何一个国家都不是一种所有制结构, 也不是一种经济组织形式。就是资本主义私有制条件下, 也不完全是股份化。就是在股份制公司中也可实行租赁、承包。现在我国有些地区在试行股份制中, 就采取"先股后包"的做法。国际上许多融资公司, 就是既是股份制, 又是租赁制, 在组织形式上不是绝对互相排斥的, 关键是要从实际出发, 寻求一种能充分促进生产力发展的高效益的联合方式。

消费者利益亟须法律保护

目前损害消费者利益的现象相当普遍，社会各方面都在呼吁对消费者利益要以法律保护。这不是偶然的，是有其深刻的社会经济原因的。下面就此问题谈谈我们的一点看法。

（一）用法律手段保护消费者利益是商品经济发展的必然要求

随着商品生产的发展，消费领域的日益扩大和商品信息的发展，特别是资本主义发展到帝国主义时期，由于竞争日益加剧，垄断和竞争愈来愈不择手段，所以从 21 世纪以来，特别是第二次世界大战后，在世界范围内兴起了保护消费者利益的立法。如美国在 1890 年就制定了《保护贸易和商业不受非法限制与垄断之害法》、德国在 1890 年专门制定了限制不正当竞争的法律。日本、英国分别颁布有《保护消费者基本法》《公平贸易法》。瑞典颁布的《市场法》《销售法》《串门售货法》《旅行社法》统称为维护消费者利益法。罗马尼亚、匈牙利、苏联等社会主义国家也都有保护消费者方面的法律制度。而且许多国家还设立了如"消费者保护司""小额法院""消费者协会"等专门组织。有的还建立了消费保险制度。而且目前已由国内消费立法，发展为国际消费关系法，并签订了一些国际性的公约，如《一九六一年麻醉品单一公约》《一九七一年精神药物公约》，我国于去年已加入这两个公约。联合国于一九八〇年十二月五日还通过了一套《多边协议的管制限制性商业惯例的公平原则和规则》，这是反垄断的第一个国际性文件。从以上可以看出用法律手段保护消费者利益已成为国际法制建设的一个重要问题。

我国也颁布了一些保护消费者利益的法律、法规,如《食品法》《药品管理法》《商标法》《计量法》以及《广告管理条例》《物价管理条例》《工业品质量责任条例》《关于禁止商品搭配的规定》以及《关于开展和保护社会主义竞争的暂行规定》等。但还很不完备,而且其中有些法律效力不高,有的只是一些部门性的规定,这样还不能充分起到保护消费者利益的作用,加之执法又不严,所以很不适应当前形势发展的需要。目前损害消费者利益的行为已成为妨碍商品经济的发展和群众十分愤慨的一个问题。所以加快制定一部专门旨在保护消费者的基本法是十分必要的。

首先,目前对有些商品还实行专卖制度,有些商品还供不应求,还是卖方市场,这样就容易使供给者利用自己手中的专营权或优势迫使消费者接受不合理的要求和条件,如硬性搭配、回扣或操纵物价等等。因此,在这种情况下,为了维护消费者的利益,为了缓和社会矛盾,通过立法对一些商事行为加以强制性的制约,限制对商品买卖和提供服务活动中的绝对自由是完全必要的。

第二,目前我国商品经济关系和运行方式正朝着开放型和横向发展,而且在商品的队伍中,不仅生产资料是商品,还增加了像知识型商品这样的新成员,甚至有部分劳动力也成了商品。这样价值规律和市场机制的作用已大大增强。生产者经营者和消费者的自主权,选择权日益增多。同时随着体制改革和商品经济的发展,经济形式、流通渠道、价格体系、经营方式、结构层次、竞争手段、市场范围都日益多样化、灵活化,并且在商品经济条件下,迫使生产者、经营者都更重视经济效益。这虽使我国的商品经济焕发出生机和活力,但是经济生活中的不稳定因素却相对增多,"透明度"也相应减弱,使整个经济生活更加复杂化了,这样损害消费者利益的行为的可能性将必然增多。

于是就要求发展商品经济与保护消费者利益的立法必须同步而行。

第三，就我国来说，发展生产从事经营的根本目的是为了最大限度地满足人民群众日益增长的物质和文化生活的需要，生产者和消费者的利益基本上是一致的，不存在根本性的矛盾。但在商品经济条件下，生产者、经营者和消费者又是分离的，而且商品生产者和经营者所追求的主要是为了商品价值的转化；而消费者则主要是为了追求商品的使用价值，这样就使商品价值的形成和实现之间存在矛盾。同时我国目前还有多种所有权，就是在同一所有权内部，也还实行各自独立的经营管理权和独立的经济核算制。这样，生产者、经营者和消费者之间在客观上还存在着经济利益的差别，所以他们之间在一定程度上也还存在矛盾。如果这些矛盾不能得到正确处理，势必一伤俱伤。理论和实践都充分证明，损害消费者利益，其结果势必也要损害生产者，经营者的利益。反之，如果消费者的利益受到保护，而最终也保护了生产者和经营者的利益。结果一利俱利。

第四，以现实经济生活来说，近几年随着开放，搞活经济，扩大企业自主权，一些生产者和经营者借口开展竞争，搞活经济，往往不择手段地肆意损害消费者的利益，如：制造、销售假药、假酒、假冒商标、偷工减料，以次充好，缺斤少尺，服务不求质量，强行搭配，随意提级提价，压级压价、投机倒把、行贿受贿违法乱纪行为时有发生，晋江假药案、成都左成洪等人的假酒案，仅是被揭发和公之于众的典型案例之一。甘肃省经委今年一季度对兰州八个食品厂的食品进行了抽查，其中只有一厂的食品合格。素有毛纺之乡的兰州，对毛纺品抽查了九种，合格的只有四种，此情此景，再也不能等闲视之。

第五，社会主义物质文明，不仅要求有数量充足、品种齐全、质量优良、技术先进、安全卫生、价廉物美的商品，而且要求在提供商品和服务中要做到公平交易，讲求信誉，遵守职业道德，提供各种优质服务,做好文明经商,这是建设社会主义物质文明和精神文明在社会经济生活中的具体要求和体现。一定的物质文明总是要求与之相适应的精神文明。同时用法律手段来调整各种消费关系,本身也是社会文明的体现。因为法律中的平等、民主、诚信、权利义务以及责任制度等观念的形成,并上升为各种规范,它是一定社会物质和精神文明的反映,是人类改造客观世界和主观世界的综合成果,是人类进步的体现。

第六,在对外经济交往中,虽然有涉外经济合同制度,货物进出口许可证制度,进出口商品检查制度以及海关对货物的监管制度等,但是总有一些外商不讲信用、不重合同、弄虚作假、以次充好、以伪充真、行贿受贿、拉拢腐蚀,从而损害我国经济利益和消费者利益。另外,从我国方面来说,也有一些生产者和经营者有时出售一些不守合同的产品,不符合规定的质量、安全、卫生、包装标准的要求,被退货、罚款和赔偿损失的也常有发生。所以从对内对外两方面来说,都需要加强保护消费者利益的立法和加强国际性保护消费者利益的立法,以适应经济工作日益国际化的需要。

第七,从一般民事、经济法律原则来说,损害消费者利益的行为,被认为是违反担保原则、过错原则和严格的责任制原则的。根据这些原则精神,要求生产者、经营者在生产经营活动中,要对众多的消费者负有免遭损害的担保责任。这种担保法律制度,既是保护消费者合法权益的一种重要手段,又是生产者和经营者承担义务的一种重要方式。如果生产者、经营者给消费者造成损失,消费者有权请求赔偿和行使其他正当权利。这是在交易活动中贯彻平等互利、等价有偿、诚实信用等原则所决定的。同时也是用法律手段管理经济的具体体现。

第八、损害消费者的利益虽往往是"斤斤两两、尺尺寸寸、角角分分的小意思"，当然也有上千上万的。但是它不是损害一个消费者的利益，而是众多消费者的共同利益。其次，损害赔偿一般要求要迅速了解，否则时过境迁，便失去意义或无处查证；如将这些争议都通过诉讼解决，其赔偿所得则往往还不够交纳诉讼费，更不用说请律师了，对法院来说也受理不了如此众多的纠纷，即使能受理，时间也会拖的很长。如由行政部门去解决也是难以应付的。据此，就必须要有专门的立法予以调整，这是其他法律所不能代替的。

（二）用法律手段保护消费者利益既然十分必要，那么应包括哪些主要内容？

首先应明确用法律手段来调整各种消费关系，目的在于维护消费者的正当权益，明确商品生产者、经营者和劳务提供者的义务，推动经济体制改革，加强两个文明建设，促进商品经济的发展，以实现社会主义基本经济规律的要求，这应当是保护消费者立法的基本出发点和归宿。同时既要从我国实际出发，又要与国际上的规定大体一致。还应尽可能做到既要有保护消费者的基本法，又要有与之相应的配套法，使之配套。

保护消费者立法的内容十分广泛，主要包括以下内容：

一、要明确规定消费者应享有的基本权利

这些权利主要包括：（1）对商品和服务的了解权，如了解商品和服务的质量、性能、价格、使用、保养方法、商品的商标、出厂日期、有效期等，这是在购买商品和利用服务时进行意思表示的前提，是最起码的权利；（2）对商品和服务的选择权，消费者在购买和利用服务时，有对商品的品种、规格、花色、款式和服务的项目，有的还有对服务人员进行自由选择的权利。"硬性搭配"，搞地区封锁或强行购销都是侵权行为；（3）对商品和服务安全、卫生的享有权，因为消费者购买商

品,利用服务目的在于满足生活上或生理上的需要,因此要求提供的商品和服务必须在品质上要既安全又卫生,不致给消费者造成人身上和经济上的损害;(4)对商品和服务的监督权,消费者对提供的商品和服务的质量、数量、价格有权进行监督,对不符规定的有权进行检举揭发、批评和建议;(5)索赔权,只要商品和服务的提供者在客观上给消费者造成人身上、财产上,甚至荣誉上的损害,不管主观上是否有过错,受害者有权要求赔偿或其他救助的权利。赋予消费者这些基本权利可以有效地保护消费者的合法权益,结束消费者无权的状态。

二、要有保护消费者的主要措施

在提供商品和服务的过程中,给消费者带来的损害主要有经济上的、健康上的、心理上的、荣誉上的以及时间上的。因此在制定立法时,应主要围绕这几个方面,不仅要有确定的方针、政策、原则,而且还应有具体的措施。主要应包括:

1. 安全措施

消费交易活动,与人身健康和经济利益息息相关,所以应首重安全。因此对提供商品和服务应有防止危害、确保安全的措施。如实行公示制度、外观原则和严格的质量标准等。对一切不符合质量标准、安全标准和卫生标准的产品和服务要严格禁止进入流通领域和服务领域。对这些标准要做到标准化,严格按国家的、部委的、企业的或双方协商的标准执行。特别是对服务行业,要制定服务标准,使服务工作规范化。把"软"任务,变成有据可依的"硬"任务,而且随着科技和生活水平的提高,标准要相应地提高。对营业场所和设施都要做到安全可靠。对食品、药品和有毒及带电的商品更要有可靠的安全措施。总之,消费活动不仅要获得物质上的满足,还要得到精神上的愉快。

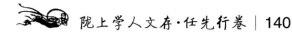

2. 要有严格的价格管理措施

价格直接关系到生产者、经营者和消费者的切身物质利益,体现了国民收入的再分配。特别是在损害消费者利益的行为中价格问题是最突出的,因此要求在提供商品和服务时,必须遵守国家的价格政策、法规或在双方协商一致的基础上进行,不许随意提级提价、压级压价和变相涨价。并要求凡陈列销售的商品和开展的服务项目都要明码标价,便于社会监督和消费者选择。对必须生活资料的价格,应尽可能由国家制定标准价格,并力求基本稳定,即使要调整也要考虑消费者的承受能力。

3. 要有严格的计量措施

防止消费者在进行交易时免遭在计量方面短斤缺两、短尺少寸的损失。在这方面国家已制定了计量法。在市场、商店应设公平秤、公平尺。计量器皿应由国家统一监制,并随时进行检查验证,以确保各项交易按公平计量实施。

4. 要有诚实的标示制度

商品和服务的提供者对自己的商号、商品名称、服务项目、质量规格标准、价格和收费标准、营业时间以及营业者姓名(或编号)都应有所标示。特别是对食用和具有新技术及大型耐用消费品应有说明书,说明商品的性能、产地、出厂日期和有效期,并必须有合法的商标。各种标示和说明都必须诚实无欺,不准隐瞒瑕疵或夸大用途。标示要逐步做到规范化。现在有的地方对不同性质的价格分别用红、黄、兰不同颜色标示,很受群众欢迎。标示制度是各国商事交易活动中一项基本原则,它既可避免消费者在选择上的错误,又有利于社会监督。

5. 要有防止不正当竞争的措施

所谓不正当竞争,是指在从事商事活动时,以不道德的行为侵犯他人正当权益的非法的商事行为,是侵权行为在商法中的表现。主要包括以下几点:(1)虚假广告。如把纤维说成是纯毛织品,冒充名牌商标,谎报产地,搞虚假说明等;(2)限制性商业惯例(或称卡特尔行为)。主要是指在商事活动中,特别是在国际贸易中,公司之间为了争夺高额利润而组织各种垄断组织或达成各种垄断协议,进行互相勾结、串通投标、操纵价格、划分市场、分配销售额或限制产量以及利用一揽子许可证贸易,从中勒取高额利润,最普遍的是制定不合理的"转移价格",以低价销售挤垮对手,或采取成倍加价,规避所在国的外汇管理或逃避所得税,此外,还有些批发商强制零售商按他规定的价格出售商品等;(3)行贿、受贿。在经济活动中主要表现为以收受酬谢费、手续费、提成、回扣、补贴、优待、操心费、赠送礼品以及有奖销售等方式来收买、引诱、拉拢出售者和消费者,以便推销自己的商品和服务,是一种"拉客商""争顾主"的不正当竞争,也是违法犯罪行为;(4)硬性搭配商品;(5)价格歧视。主要是具有垄断能力的厂商,把同一货物对不同的买主采取不同的价格,以便巩固与自己有联系的独立商或零售商;(6)败坏竞争对手的名誉,收买竞争对手的职员或代理人,以及窃取竞争对手的商业秘密等;(7)买空、案空、投机倒把,欺行霸市;(8)其他不正当行为等。有人认为搞活经济就不可避免地要搞不正当竞争,还有的人认为商业活动就是要搞投机倒把活动,这是极端错误的。正当的商业活动与投机倒把活动有本质的区别。我们积极提倡开展合理竞争,坚决反对搞不正当竞争。社会主义的竞争,是在公有制基础上,通过价值规律和市场机制增强企业外部的压力,激发企业内部的活力,促进企业不断提高经营管理和服务水平,让企业在市场上直接接受广大消费者的评价和检验,实行优胜劣汰,这是克服"大锅饭"的有效方法,也是一种新的平等观。它与资本主义制度下的唯利是图、互相倾轧、弱肉强食的竞争是根本不同的。

6. 要按核定的经营范围、商品经营目录和必备商品目录向消费者提供数量充足、品种齐全、质量可靠的商品,让消费者有充足的挑选权利,以利交易的自由进行。同时要制定在价格上涨时,防止囤积和惜卖的措施。

7. 要合理安排商业网点和营业的时间

采取灵活多样的经营方式,保证消费者耗费较少的时间,尽快地得到预期的商品和服务。

8. 要增强消费者的自卫能力

要在公民中广泛进行消费教育。在学校中应适当增设消费知识课程,瑞典已在各类学校中设有消费知识课,美国在一九六二年三月肯尼迪发布的《总统关于消费者利益的白皮书》,提出消费者"自知权力"的主张,这也符合我国现实社会的需要。因为随着科学技术的发展,新商品不断增加,这就要求消费者要有识别、选购、使用和养护等方面的知识,以增强维护自身利益的能力。

9. 要有可行的市场管理措施

在现代商品经济条件下,生产者、经营者和消费者相互分离,但是又通过市场把他们联结起来,而且消费一般都要通过市场交换才能实现。因此,对市场实行严格的社会监督和民主管理是保护消费者不可缺少的内容。在我国西周时已设立十一种市官管理市场。现在更应该加强对市场的监督管理。对市场应进行综合治理,各级工商行政、立法、司法部门以及消费者协会和广大消费者都应协调一致。从生产、流通、服务到价格、广告、商标、计量、安全卫生等方面加强管理,在目前特别应以行政、立法、流通、价格为主,建立一套简便易行的市场监督方式,如公布质量、公布牌价,设公平尺、秤,发卫生合格证,设意见箱,提供市场信息,亮照营业,以及为消费者投诉提供方便等等。总之,要把市场管理作为发展商品经济的一项系统性的社会工程来抓。

10. 要做好营销后的信息反馈，及时听取消费者的意见

认真做好销售和服务后再服务，树立顾客至上，优良服务的思想。

三、损害消费者利益应承担的法律责任

这个问题虽然较复杂，但是不论从法律逻辑结构或司法实施来说，任何法律如果没有制裁措施，再好的法律也会变成一纸空文。从发展商品经济，加强法制来说，凡商品和服务的提供者给消费者在健康上、经济上、时间上及荣誉上造成损害的，都应承担相应的法律责任。这是消费者实现自己合法权益的保障，也是商品和服务的提供者应承担的义务。

就责任的内容来说，应该包括既有侵权性的责任，又有违约性的责任。在侵权性的责任中，应包括既有侵犯财产权，又有知识产权和人身权的责任。从主体来说，应该是既有自然人的责任，又有法人的责任。在自然人的责任中应该包括直接责任人、代理人、代表人、个体经营者以及合伙人和有关国家工作人员的责任。在法人责任中应包括国有企业法人、集体企业法人、其他法人以及国家机关和上级主管部门的责任。

就承担责任的方式来说，主要应包括：返还原物；排除障碍、停止侵害，消除危险；恢复原状；撤销合同，或主张实际履行，或进行修理，重作、更换、补足计量、退回多收款项；支付违约金、赔偿损失，以及罚款、罚金，收缴非法所得；还有恢复名誉、赔礼道歉、责令悔过以及冻结存款，吊销营业执照，停业整顿和其他处理办法等。此外，凡违反有关行政法规和构成犯罪的，还应分别承担行政和刑罚责任。这些责任可以单独使用，也可以合并使用。

就承担责任的原则来说，既应实行过错原则，又应实行非过错原

则。这也是损害消费者利益的责任,不同于一般民事责任的特点。一般民事责任,往往实行过错原则和责任分割原则,而在损害消费者利益的商事活动中,则往往实行无过错原则和连带责任原则。也就是说,生产者或经营者,在给消费者提供商品或服务的时候,只要给消费者造成客观上的某种损害,不管主观上是否有过错都要承担赔偿责任。同时消费者的索赔权还不同于合同的索赔,合同的索赔只能向合同的当事人索赔,而消费者的索赔除了有权直接向零售者索赔外,还有权向经营该商品的批发者以及制造者索赔,这样批发、零售和制造者在损害消费者利益的赔偿责任中就负有连带责任性质。这些原则也是各国在保护消费者立法中的理论依据。

四、要有对维护消费者利益组织的规定

"徒法不足以自行。"维护消费者利益的事情面宽量大,应有专门的机构进行管理,以便从组织上保证政策和法律的实施。维护消费者利益在组织上应普遍成立"消费者协会"等类组织。使之成为群众性的"自治体",并用法律对其任务、权利、职能和作用加以规定。现在我国虽已有这类组织,但尚未充分发挥积极作用。国外许多国家都有这样的组织,如美国成立有"消费者联盟",并掀起"保护消费者利益的运动",特别是组织年轻人作为"突击队员",专门找企业产品的毛病,并公开进行揭露和斗争。日本规定消费者协会的会长由内阁总理大臣兼任。瑞典从中央到地方都成立有消费者协会,基本上都是群众性的组织。他们的宗旨在于维护消费者的利益,强化在市场上的地位和作用。其主要职责是:反映消费者的意见和要求;协调有关部门管理市场;接受消费者的投诉,调解和处理消费者与商品和服务提供者的纠纷;代表消费者起诉;为消费者提供消费信息和服务,以及其他一些应由他们承担的职责等。

形势在发展,法制在健全,保护消费者利益是关系到人民切身利益的一件大事,是发展商品经济的客观要求,我们坚信在我国,保护消费者利益将会很快走上法制的轨道!

（原载于《甘肃社会科学》1986 年第 4 期）

保护消费者利益的立法亟待加强

我国在保护消费者利益方面制定有一些单行法规。如《中华人民共和国食品卫生法》《关于严禁商品搭配的规定》《关于严禁出售冒牌走私手表的通知》，等等。此外，在《物价管理暂行条例》《企业全面质量管理暂行办法》《经济合同法》等法律和法规中也都有保护消费者利益的规定。这充分表明党和国家是十分重视保护人民群众的合法权益的，同时也说明在我国保护消费者利益是有法可依的。

但是，这些法律和法规还很不完备，而且其中有些法规效力不高，只是一些部门性的规定，多数法规又缺乏严格的法律责任制度，加之执法不严，已不能适应当前形势发展的需要。加快制定旨在保护消费者利益的法律和法规，已成为我国法制建设中的一个重要问题。

为什么要加强经济立法，对消费者的利益加以保护呢？

第一，这是保护弱者的需要。从供给者与消费者的关系来说，供给者通常总是一些力量强大的公司、企业或其他经济组织，而消费者则往往是孤立的个人。在有竞争的情况下，供给者为了自身的利益，不一定都能自动制止有损于消费者利益的行为发生。目前，加之有些商品供不应求，还是卖方市场，这样就容易使供给者利用自己手中的专营权或优势迫使消费者接受其不合理的要求和条件，如硬性搭配、收回扣或操纵物价等等。因此，为了维护弱者的利益，缓和社会矛盾，维护社会正常经济秩序，必须对从事生产经营活动当事人的不法行为加以制约。

第二,是确保生产者、经营者和消费者共同利益的需要。在我国发展生产、从事经营的根本目的是为了最大限度地满足人民群众日益增长的物质和文化生活的需要,生产者和消费者的利益基本上是一致的,不存在根本性的矛盾。但由于我国目前还存在多种所有制,就是在同一的所有制内部,企业也还各自行使独立的经营管理权和独立的经济核算制,这样,生产者、经营者和消费者之间在客观上就存在着经济利益的差别,也就是说在一定程度上存在着矛盾。如果这些矛盾得不到正确处理,势必一伤俱伤。凡损害消费者利益的行为,其结果必然也要损害生产者、经营者本身的利益。从表面上看,保护消费者利益似乎是单纯为了消费者利益,其实,这也是为了生产者和经营者的根本利益。

第三,是适应现实经济生活的需要。近几年来,有一些生产者和经营者借口搞活经济,往往不择手段地恣意损害消费者的利益,如偷工减料、以次充好、缺斤少尺、强行搭配、随意提级提价,等等。既损害了消费者的利益,又违反了社会主义道德与法律,引起广大群众的不满。所以,保护消费者的利益已成为当前群众十分关注和亟待解决的一个重要问题。

第四,是建设两个文明的需要。在社会经济生活中人们不仅要求有数量充足、品种齐全、质量优良、技术先进、安全卫生、价廉物美的商品,而且要求在提供商品和服务中做到公平交易,童叟无欺,讲求信誉,恪守职业道德,维护社会良俗佳习,做好文明经商,这是建设社会主义物质文明和精神文明在经济生活中的具体体现。

第五,是适应对外经济交往的需要。在对外经济交往中,以进出口贸易来说,有一些外商不讲信用、不按合同办事、弄虚作假、唯利是图,如以伪劣产品冒充名牌产品等,损害了我国的经济利益和消费者的利益。这类事例在近几年中屡见不鲜。另外,从我国方面来说,也有一些生产者和经营者有时出售一些不符合质量、安全、卫生、包装要求的产品,被退货、罚款和赔偿损失的事情也常有发生,既损害了国家信誉,又在经济上造成损失。所以必须加强保护消费者利益的立法,乃至要加强国际性保护消费者利益的立法,以适应经济工作日益国际化和法律化的需求。

第六,是维护法制原则的要求。从一般民事、经济法律来说,损害消费者利益的行为,被认为是违反担保原则、过错原则和严格的责任制原则的。这些原则要求生产者、经营者在生产经营活动中,特别是在商事活动中对众多的消费者负有免遭损害的担保责任,和损害赔偿责任。但一般民事责任往往实行过错原则和责任分割原则,而在损害消费者利益的商事活动中,则往往实行无过错原则和连带责任原则,后者几乎成了各国在保护消费者利益立法中的理论依据,这就要求民法和经济法对之加以解释,或在这些法律中另作一些规定加以补充调整。

保护消费者利益的立法内容十分广泛,我认为主要应有以下几项规定:

1. 禁止不符合质量、安全和卫生标准的商品进入流通领域

应规定因产品质量问题造成人身或财产损害的,产品的制造者和经营者要承担赔偿责任,致人死亡的,要负刑事责任。这就是要求产品生产者和经营者要对产品承担瑕疵担保责任。

2. 必须遵守国家的价格政策、价格法规,不许随意提级提价、压级压价和变相涨价,凡陈列销售的商品都应明码标价。价格直接关系到生产者、经营者和消费者的切身物质利益,体现了国民收入的再分配,是一个严肃的经济问题和政治问题,凡违反国家物价政策和物价法规的,必须做到该退的退,该罚的罚,该没收的没收,构成犯罪的,要依法追究刑事责任。

3. 不准以不正当行为进行竞争

所谓不正当竞争,是指在从事商事活动时,以不道德的行为侵犯他人正当利益的非法商事行为,如做虚假广告、硬性搭配商品、买空卖空、投机倒把、欺行霸市等。

4.要按规定的经营范围或商品经营目录向消费者提供方便,让消费者有充足的挑选权利,以利交易的自由。

5. 合理安排商业网点和营业时间,采取灵活多样的经营方式,让消费者耗费较少的时间,尽快地得到预期的商品和服务。

6. 及时听取消费者的意见,做好销售后的服务工作。对有瑕疵的商品和不良服务要做到包修、包换、包退、保赔。

尽快制定适合我国国情的保护消费者利益的立法,不仅要制定保护消费者利益的特别法,而且要制定有关的配套法,如产品责任法等等,特别是应当加快制定商业法,以便把各种商事活动尽快纳入法制轨道。

（原载于《现代法学》1986 年第 3 期）

著作类

商法原论

之所以定名为原论，原因在于本章主要探述的是有关商法的原宗、原理、原则、调整对象和立法模式等核心问题，这些问题都属于商法的本原，既体现商法的名，又体现商法的实，也是商法核心价值理念的进一步展现，更是进一步集中说明商法是什么以及为什么而制定等问题。总之，欲穷商海事，还需更上一层楼。

一、寻寻觅觅的概念追踪

(一)商法概念的密宗

法学是由一些特定的基本概念编织而成的万花筒，商法也如此。概念是人们对事物理性认识的抽象概括，属于符号学范畴。当人们对事物的认识上升到理性认识时，就要做出说明，这时就会把它抽象化为特定的概念，并对它的本质属性即内涵和外延做出揭示，以便说明它是什么。概念，其实反映的是事物名和实的关系问题。常言："无名，天地之始；有名，万物之母。"一些学术上争论的问题，往往集中在名与实的关系上。如果把名与实的关系弄清楚了，世上许多问题也就清楚了，法学以及商法学中的许多问题也是如此。法学，许多问题都有它特定的质和量的规定性，所以法学全由特定概念工具构成，一些基本概念尤为重要。例如，究竟什么是商法，至今尚未上升到理性认识的高度，所以至今也未形成统一的权威性定义。定义，按苏格拉底的观念，是对认识的对象所作出是"是"的结论。

这里的"是"实际是一个系词,按亚里士多德的说法,作为系词的"是",必须要放在第一个范畴,即从作为"存在"的"是"中去理解。范畴就是要坚持述谓同一,定义的本质即是澄清对象认识的语言思维及其观念。考察许多国家商法典,如法国、德国、日本以及美国统一商法典,均未在商法典中对商法直接下定义。当然,不仅商法如此,民法也如此,法国、德国和日本民法典也未直接给民法下定义。之所以存在这种立法的尴尬状况,其主要原因是对这些问题名与实的关系,即内涵与外延的本质关系尚未形成科学的认识。这主要由于客观事物的复杂性,而人们主观认识却是有限的,同时为了方便执法,以利于法律的灵活使用,致使立法中出现两难境地。所以立法者只能表示,欲问何为商法、民法,便是法中提供的那些概念、原则、制度和机制,而这些需要自己体会。

不过,就商法来说,虽然在法典中从未直接下过定义,但也间接地作了规定,法国、德国和日本商法典都在第一条对商人下了法定定义,因为商法在本质上属职业法和商人法,商法的核心使命在于维护和规范商人这一特殊主体的利益,所以对商人的定义实际是间接对商法的定义。这样规定,从立法技术上讲,比直接给商法下定义还好。这样既可减少学术上一些不必要的争论,又可使执法更加灵活方便。虽然法国、德国对商法的界定有客观主义和主观主义之分,但总体而言还是以商人为其唯一的规范对象。所以把这些国家的商法概括为:调整商人之间关系的特有之法,也在情理之中。

就《美国统一商法典》而言,它在第一篇总则的第一章第 1—102 条本法的基本宗旨中明确规定:a)使调整商业的法律更加简洁、明确并适应现代要求;b)使商业做法能够通过习惯、行业习惯和当事方协议不断获得发展;c)使各州调整商业交易的法律归于统一。根据这一首要性和原则性规定,可以把美国商法定义为:商法是调整商业交易关系并使之归于统一的法律。所以商法在无法定定义中暗含法定定义,间接中蕴含着直接。这就需要从无与有、直接与间接、虚与实的独立关系中去寻珠探宝。

商法的原始名称,常有学者认为是商事法或商人法。其实《牛津法律大辞典》早已告诉我们:"商事法是商法的同义词,但又比商法更古老。"为什么说商事法比商法更古老? 这主要是因为法律最早起源于诉讼,商法亦然。我国最早的商法学者王去非在他的论著中说:"夫商事思想之在法律上,其始原滥觞于诉讼,其继浸假发达而及于实体法焉。是故学者每谓商事为商法上之诉讼,良非无故也。"也就是说,商事在法律上是指商业诉讼。商事活动由于历史悠久,而且日益发达,商事纠纷势必随之增多。诉讼(程序法)经长期经验积累,而后才逐渐形成实体法——商法。所以商事比商法更古老这一事实说明程序法先于实体法的古今之理,也说明商事是商法最早的原生态概念。

由于商事的复杂性,加之人们在客观上认识事物的价值取向不同,加上法律又未对商法直接下定义,这样就导致商法概念的多维性。常见的几种定义模式主要有:

一维模式,又称 X 模式:以调整对象和研究对象给商法下定义,如认为商法是调整市场交易关系的法律规范的总称。

二维模式,又称 XY 模式:以调整内容和研究内容给商法下定义,如认为商法是调整商人和商行为的法律规范的总称。

三维模式,又称为 XYZ 模式:以思维方式或方法给商法下定义,如认为商法是规范商事关系的私法。

四维模式,又称 WXYZ 模式:以立法宗旨或研究目的给商法下定义,如认为商法是以营利为目的并追求资本增值的法律。①

国外学者一些代表性的定义,法国伊夫·居荣认为:"商法是在民法之外,专门规范大多数生产、销售与服务活动的一个私法分支。"②德国 C·W·卡纳里斯认为:"商法是商人的特别私法。"③日本学者松波仁一郎认为:"从广义解释,商法者,关于商的法规之总称也;以狭义解之时,商法为规定关于商的私人间之特别关系者。"④也有学者从法律形式上给商法下定义,认为"商法在被确认为一个法律部门的时候,则被认为是以商法典为中心的有关法律的总称"。还有学者从法律实质意义上去认定,认为"商法就是企业关系特有的法律的总称"⑤。也有学者主张,"商法在当今应向企业(主要是大企业)特别是对外私法方向发展"。英国学者认为:"商法是指与商业有关的法律……主要用来指合同法和财产法中与企业和商业惯例有关的那些内容,是一个概括性的概念。"⑥美国学者多认为,根据联邦宪法和统一商法典的规定,商法主要是调整"商业交易关系"的法律,以买卖法和银行法为其主要内容。

我国学术界对商法的代表性定义有以下几种:(1)根据《澳门商

---

①定义的思维模式,参见徐光宪:"论定义的多维性",载《光明日报》2001 年 5 月 7 日第 A3 版。

②[法]伊夫·居荣:《法国商法》(第 1 卷),罗结珍、赵海峰译,法律出版社 2004 年版,第 3 页。

③[德]C·W·卡纳里斯:《德国商法》,杨继译,法律出版社 2006 年版,第 2 页。

④[日]松波仁一郎:《日本商法论》,秦瑞琦等译,中国政法大学出版社 2005 年版,第 6 页。

⑤[日]我妻荣主编:《新法律学大辞典》,有斐阁 1983 年第 1 版,第 500 页。

⑥[英]戴维·M·沃克:《牛津法律大辞典》,北京社会与发展研究所译,光明日报出版社 1988 年版,第 180 页。

法典》第1—3条的规定,认为商法是规范商业企业主、商业企业及其商行为的法律规范的总称。主要采取折中主义原则进行立法。(2)根据台湾地区"商业登记法"第2条中对商业的定义,认为商法是调整有关商业营利事业的法律制度。(3)台湾地区学者张国健教授在其《商事法论》中,认为商法是以商事为规范对象的各种法规的总称。①(4)《中国大百科全书》(法学卷)认为,商法传统上是指与民法并列并与之相互补充的部门法,即调整市场关系中商人、商业组织和商业活动法律规范的总称。②

研究商法概念,实际上是对商法在整体上进行最本质的评价。研究时要注意几种主要评价倾向:一是分广义和狭义进行评价。从广义上讲,商法不仅包括国内商事法(商事公法和商事私法),而且包括国际商事法,如国与国之间的友好通商条约、各种商事公约以及各种商事惯例等;不仅包括商事私法,还包括商事公法。所以定义的内容十分广泛。如果从狭义上下定义,则一般仅指国内商事私法,定义的内容较为狭窄。二是从形式与实质进行定义。凡有商法典的国家,所谓商法是指形式意义上的商法典。实质意义上的商法,是指所有调整商事关系的法律。既包括国际商事法,又包括国内商事法;既包括商事私法,又包括商事公法;既包括商法典,又包括商事特别法。甚至还包括民法和其他法律中有关商事的规定,这样的定义范围较为广泛。三是从主观主义和客观主义价值取向对商法下定义。所谓客观主义商法,即从商行为出发定义商法,专指规范有关商行为的法律规范的总

---

① 张国健:《商事法论》,台湾三民书局1970年版,第7页。
② 《中国大百科全书》(法学卷),中国大百科全书出版社1984年版,第505页。

称。原法国商法便以此出发给商法下定义。所谓主观主义商法,是从商人出发定义商法,专指规范有关商人的法律规范的总称。德国基本由此出发给商法下定义。此外,还有折中主义定义,即把商人和商行为结合起来,认为商法是调整商人和商行为的法律制度的总概括。日本商法是这一制度的代表。从以上论述中可以清楚看出,商法是一个多元概念,既有形式意义的商法,又有实质意义的商法;既有广义的商法,又有狭义的商法;既有国内商法,又有国际商法;在理念上既有客观主义(商行为)为价值取向的商法,又有以主观主义(商人)为价值取向的商法;在立法上,有的实行民商分立,有的实行民商合一。同时,在当今世界,又有人提出"现代商人法"的新概念。因此,对商法的理念不同、价值取向不同、规范的对象不同,自然所做的定义也就不同。这种多元化现象为商法的比较研究提供了丰富的素材,研究者可以博采众长,为我所用。

下定义有各种途径可选,历史主义途径是其中之一,它是通过对经典商法学著作的研究,探寻商法学作为一门专门的学科,最为人们所关心和感兴趣的内容,也可以说通过历史考证,寻求前人的说法。经验主义途径则主要探寻当代学者最关心的问题,并对它的内涵和外延加以区分,从理论上指出它是什么。还有形式主义途径,是从相关商法典中去认识商法。这些选择各有利弊。历史主义途径有其正确的一面,它为我们借鉴前人的智慧提供了有利的帮助,因为了解历史背景有利于理解问题的真谛。但历史主义的方法容易使人思想僵化,并不足以应付现实和将来的新问题。经验主义的方法,固然能减少走弯路,但经验往往具有局限性。分析的方法较能经受时间的考验,被人们遵循,但随意性较大,尤其法律效力较弱。形式主义的方法,固然法律权威较强,但它只适用于有商法典的国家,就无商法典的国家而言基本不适用。

商法所反映的是一种复杂现象,主要是社会商事活动,因此商法的定义应该既反映其质的规定性,又反映其量的规定性。由此出发,笔者认为,商法是规范商事营利关系中商人和商行为的法律规范的总称。其中商事是商法规范的本体,营利是商事的实质追求,商人和商行为是商法的核心内容,总称是指形式意义和实质意义上国内、国际商事私法和公法等各种商事法律规范的总括。

二、商法的特殊品格

法律法则与自然法则不同,自然法则是"因果关系法则",法律法则是"目的法则"。由于商人与政府官员和普通公民所追求的目标不同,因此用以达到这种目的的法律制度和技术方法自然也有所不同。人们在研究事物时,认识其普遍性固然重要,但决定事物本质的并不是它的普遍性,而是它的特殊性。

商法作为一门独立的部门法,有它独具的特点,研究商法的特点,有助于进一步认识商法的本质。与其他法相比,商法的特点可概括为以下几个方面:

(一)营利性

商法总是与商事活动紧密相连,无商事活动也就无商法可言,商事是商法的本源。何谓商事?商事是指一切营利事业。这是商事最本质的特征,所以自古以来就有无利非商之说。商事活动以营利为目的,这也是商事不同于一般民事、政事、刑事以及其他社会事业之处。所谓营利,就是通过生产、交换及其他服务活动使资本增值并将其分配给投资者及公共管理者(主要是政府的税收),而且惠及企业的经营者和劳动者。所以商人的营利观虽从利己出发,但客观上却产生了广泛的利他结果。商事营利的本性主要是由资本的本性所决定的。"资本合乎目的的活动,只能是发展致富,也就是使自身增大和增值。"商业的这种营利本性,已不是单纯的理论空谈,而是被国内外法律实践所认可。如台湾地区"商业登记法"规定,本法所谓商业是指各种营利事业。最具代表性的是1998年新修改后的《德国商法典》,其第1条明确规定:"商人的营业是指任何营利事业。"就我国《公司法》而言,把原来的"财产"改为"资本"概念,实际上就从法律上确认了公司是以营利为目的的企业。另外,其他有关商事法律中也都有类似的规定。

营利在法律上主要包括三项内容,第一项体现为商事经营过程中的投入、产出及收支平衡。第二项是要通过营业的方式去实现(营业具有三性:目的上的营利性;时间上的连续性;空间上的同一性)并通过营业的外部活动获取利润。第三项是将所获利润分配给投资者并按规定纳税。

商法的营利性,具体表现在公司的设立、股东的投资、合伙企业的成立、合伙人的参与经营、独资企业的设立、商品交易、证券交易、海事贸易、银行借贷以及提供服务等,所有这些无不追求利益最大化。维护营利是商品经济交换对商法的客观要求,但是必须明确,商法所维护的是正当合法的营利,对于非法经营和不正当竞争,不但不予保护,而且坚决禁止。总之,商法是"利益法",但绝不是损人法;是营利法,但绝不是欺诈法。

(二)技术性

法律就其本身而言,是人类控制各种社会关系的一系列专门技术。就商法而言,它是以规范商事经济效用为目的的法。为达到交易的敏捷、公平、高效和安全,其立法的谋篇布局、原则确定、制度安排、规则设计、结构营造、资源分配、路线运行、库存控制、信息掌握以及对策确定等方方面面都颇具技术性,与其他法和一般私法偏重于伦理规范有着明显的不同。商法的技术性,不仅体现在商行为方面,而且也体现在商事组织制度之中。例如,公司法中的资本投资制度、资本运营制度、法人治理结构制度、揭开法人面纱制度、公司章程制度等,都具有很强的操作技巧。在商行为方面,如在货物买卖法中,从磋商谈判、发盘、收盘到契约的订立和履行等都蕴含着丰富的商业技巧。在票据法、证券法、保险法、海商法中,技术性更加突出。例如,票据法中,对票据的签发、承兑、背书、抗辩(对人对物的抗辩)、贴现率的计算以及票据无因性的认定等都需要专门的技能。在保险法中保险人为获取可靠的利益,必须用数学、统计学定律和缜密的计算方法,来测定保险事故发生的概率以及保险费与保险金额的比率。在海商法中,提单的签发和使用、共同海损的分摊和理算规则都需要有专门的技能,所以对在国际上海事纠纷都设立专门的海事法院进行审理。在国际贸易中有关贸易术语的运用、信用证的运用以及托收承付规则都具有很强的技术性,其他各种特殊商行为,如期货交易、融资租赁、信托和招标投标都具有特殊的技能。由于商事活动具有广泛的专门技术,所以在国际上许多国家都设专门的商事法院或法庭以及专门的商事仲裁机构来处理各种商事纠纷。这也形成了商法在司法上的特点。

(三)公私法的二元性

商法在西方传统法律上属商人自治法,在本质上属私法。但随着社会经济的发展和社会整体观念的加强,国家对经济活动开始干预。国家公权力日益渗入到商事领域,从而形成了商法公法化的格局,即在商事法中越来越多地体现出国家公权力对商事活动的干预,如商业登记制度的普遍确立、商业账簿制度的控制和反垄断、反倾销、反歧视的限制,在公司法中对公司组织的形态、法定资本制、公司章程中法定事项的记载,法人组织机构的规定以及股票的发行、转让、公司的兼并及其监管等规定。此外,各国还有许多贸易管制制度和商事惩罚制度,甚至宪法也对商事活动作了规定。这些使得商法的公法性日益凸显,从而显示出商法与民法不同。民法是纯私法,商法除私法性外,还有公法属性,这是商法的重要特点。

但是,商法公法性,只说明公私法相互渗透,绝不能认为商法就是公法,商法在整体上和本质上仍然以私法为主。"商法的这一双重属性正好反映了现代市场经济日益表现为混合型经济的发展趋势,也体现出商法的进步性和灵活性。"①

(四)国际性

商法的国际性特点是由商品交换本身的内在客观要求所决定。各国自然禀赋的不同,决定了各国之间必须要发生经济交往,形成我中有你、你中有我的经济格局。尤其在当今世界,任何一个国家,无论地理范围有多大,物产多么丰富,妄图闭关自守、万事不求人,绝不可能。而且随着科学技术的发展,经济日益全球化,国与国之间的经济交往不是削弱,而是更加紧密,这就形成无国界的商业市场。过去如此,现在如此,今后更是如此。这种情况反映在商事立法上,商法不仅调整国内商业经济关系,而且调整国际贸易关系;不仅适用于国内,而且适用于国际。

商法国际性特点很早以前就已存在。如古罗马法中就存在市民法和万民法之分。万民法是专门为在罗马经商的外国商人制定的法律。中世纪适用于地中海沿岸各国的康索拉度法、适用于大西洋沿岸各国的阿勒伦法以及适用于北海和波罗的海沿岸各国的威斯匹法,都是国际性的海商法。《汉萨同盟》更是欧洲著名的国际性商贸条约。20世纪以来,为适应国际贸易的需要,一些国际组织制定了许多国际

---

①刘凯湘:"论商业的性质、依据和特征",载《现代法学》1997年第5期。

性统一的商事法规则。如 1912 年的《海牙票据统一规则》、1931 年的日内瓦《统一票据法国际公约》、1932 年的《华沙—牛津规则》、1978年的《联合国海上货物运输公约》以及 1980 年的《联合国国际货物买卖合同公约》。还有国际商会 1953 年制定的"贸易术语解释国际规则""跟单信用证统一惯例"以及"托收统一规则"。世贸组织成立后又制定了一系列国际贸易统一规则。以上这些国际贸易性公约、规则和国际惯例的基本原则和规定都融入各成员国和缔约国的国内商事法律法规之中,从而使各国的国内商事法颇具国际性色彩。同时不少发达国家制定的商事法,既适用于国内,又适用于国际,这更具有国际性特色。所以商法有国际商法之说,但无国际民法之说。

(五)静态与动态的结合性

商法的静态主要体现在商组织法,动态主要体现在商行为法,这两个特点在商法中相互结合。商业组织法主要维护商事主体的法律地位,并确定其应享有的权利以及应承担的义务,其中最主要的是规范主体的安全。行为法主要是用以规范商事交易的行为规则,其中更以规范资本运作的效率为主。商事法具有组织法和行为法的统一性。如公司法、合伙企业法和个人独资企业法是主要的商事组织法,但其中也有不少内容属商行为的规定。又如商业买卖法、保险法、证券法和票据法等,是主要的商行为法。此外,就商法的整体而言,凡有商法典的国家,在商法典中,总是既包括商事组织法又包括商行为法,可以说总是把安全和效率结合在一起考虑。

从功能上讲,组织法原则上属强制性规范,行为法原则上属任意性规范。如公司法中公司种类的规定,公司最低人数和最高人数的规定,公司中最低资本的规定,股东会、董事会和监事会职权的规定以及公司会计制度的规定等,都属强制性规定。这主要是为了保护投资者和社会公共利益的需要,而商行为要随市场的变化而变化,具有许多不可预测的因素,只能由当事人自由选择,通过合同加以约定。因此只能以任意性规定为主。不过要注意的是,商法中的强制性和任意性不是绝对独立的。如公司法是强制性的,但投资者要组建哪种类型的公司,公司以什么方式设立,又是可以自由选择的。又比如商行为是自由的、任意的,但是公序良俗、惯例又是不能违背的,垄断和倾销更是不允许。这种矛盾统一的状态,构成商法又一奇观。如果把强制性规范和任意性规范这两种机制完全配置在某一方面就会产生双输的格局,如果分别配置就会产生双赢的效果,所以商法是静态与动态相结合的法。

(六)进步性

商法与其他法律相比,"具有其他法律领域难以匹敌的更新能力和应变能力,不断为生活反复充实,进而丰富了整个私法秩序"①。商法在变革私法制度方面有一系列革命性的成果。如早期与教会法斗争方面,商法反对教会法禁止借款经商和贷款生息的规定,最终获得大胜。又如原罗马法规定物权所有者具有永久追索权,从而严重妨碍商事活动转手交易的合法性。后来是由于商人的反对,在汉萨商法中才从法律层面建立起保护商人对外在事实构成信赖的权利,从而建立起善意取得制度。最早的商事代理制度也是从海商运输中由承运人代货主将货物交给收货人而发展起来的。又如商业汇票制度、托收制度、商业信用制度、商业银行制度、保险制度、信托制度、融资制度、行纪制度、公证人制度、公司制度、合伙经营制度、复式会计制度、广告制度以及破产制度等等都是因商事活动的需要,在商事活动的实

①[德]拉德布鲁赫:《法学导论》,朱健、朱林译,中国大百科全书出版社1992年版,第73页。

践中不断发展、创新。所以,商法作为创新法、变革法和进化法绝对无愧。

就商事制度而言,由于商人们有自治的权利,所以倾向于将自身的法律关系和权利争执置于普通法院管辖范围之外的协议,交由群众性的仲裁员或仲裁评判人进行鉴定裁断。尤其现在网络、交易证券交易、期货交易和国际贸易等领域兴起许多新的法律制度,这些都应归功于商人们的实践和新的商业革命。

商法的更新能力和变革能力是由商法所调整的社会关系,即商事关系内在的特性所决定的。因为商事关系是由商人、商行为和商品三大因素组成。这些要素总是随市场的变化而变化。法律总是社会现实的反映,当客观社会现实发生变化时,法律不可避免地要与时俱进地发生变化,这是不以人的意志为转移的客观规律所决定的。这种商品经济和市场经济的发展变动必然带来商事制度、商事组织、商事行为以及商事理念的大变革。如在主体制度方面,商人从行商发展到坐商、从杂货店发展到百货公司、从封闭式经营发展到超级市场以及从个体经营发展到连锁经营;在组织形态上,由独资发展为合伙,又由合伙发展为各类公司;在责任制度上,由过错责任发展到无过错责任,直至严格责任;在商事经营理念上,由个人利益中心主义,发展到投资人和职工利益主义,由狩猎式经营发展为投资回报式经营,由现货信用发展为整个商业信用体系的确立,由管制主义发展为任意主义,由禁止已婚妇女独立取得商人资格到废除这些封建性规定,如此等等,不得不促使商法与时俱进,不断发展变化。而且商法的这些更新和变革较之民法、刑法频率更高。如日本商法典从1899年制定以来,1911—1975年64年间先后经过25次的修改。又如《法国商法典》在1807年颁布时有648条,后经无数次的修改,至今继续有效的

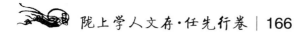

仅有 140 余条,其中只有约 30 个条款保留 1807 年的行文。①又如《德国商法典》自 1897 年颁布以来在 100 年间先后有 30 多次大的修改,先后出版过 32 个版本。《美国统一商法典》自 1952 年公布以来,先后有 10 次修改。这些法律今后还将不断发生新的变革。总之,不断革新既是商法的特点,又是商法的优点,商法总是扮演着私法开拓者的角色。

三、关于商法、商事法、商业法、商人法和商务法诸概念的解读

过去许多国家对这几个概念基本上是通用的, 如 Commercial 一词既可译成"商",又可译成"商业",还可译成"商事"。又如现代德语中,商法、商事法和商业法都统一用"handelsrcht"。但它们又有实质意义上的区别,从字意层面上讲,Commercial 泛指一般商务,business 侧重指商事职业和责任,而 merchant 则专指商人。从法律层面上讲,对这几个概念的理解愈来愈不同。

(一)商法(Commercial Law)

我国改革开放之初,曾有学者认为"商法"是资本主义的概念,只有"商业法"才是社会主义的概念。并再三强调不能把资本主义的商法与社会主义的商业法等同起来。甚至有人从市场经济和计划经济去区分商法和商业法。如《中国大百科全书》(法学卷)在解释商法和商业法时称,"商法……即调整市场经济关系中商人、商业组织、商业活动的法律规范的总称","商业法通常指社会主义国家计划经济国家调整商业关系法律规范的总称"②。还有的学者把商法、商业法、商

---

①金邦贵译:《法国商法典》,法制出版社 2000 年版,译者的话。

②《中国大百科全书》(法学),中国大百科全书出版社 1980 年版,第 505 页、第 507 页。

事法分为大、中、小三个概念。认为商法是大概念,商事法是中概念,商业法是小概念,商人法是古老的概念。①法国克洛德·波商认为,商人法属古代商事法,商业法属近代商事法,商法是现代商事法。②甚至认为"商法"这一概念是于1961年才第一次在法国出现。不过他所说的商法主要是就商法应具有的自治性、民主性、灵活性和任意性等特有品格精神而言。认识商法与商业法的区别,首先是其范围……商法不仅接受了宪法、社会法、税法和其他法律规则,不仅把法律公、私两方面进行了综合,而且还把法律技术与用于解决商界生活中诸如企业日常遇到的组织问题的管理技术融为一体"。并通过"信贷—租赁"及"商业特许等典型商事合同,使仅为企业服务的管理技术变为法律技术"。其次是在于其使命,它所规范的不是按职业划分的人,而是按行为性质和经济影响划分的业务。即商法是客观法,商业法是主观法,这是就法国的情况而言。最后是商法的时代特征,它是商业文明的产物。现实社会中,从经济、商业考虑问题已成为人们的习惯。商法已成为工业、科技、农业和城市社会通用的法律。尤其当代社会出现一种新变化:不仅人们的观念普遍商化,而且也出现了"法律的商化"。这是一个世界性的新变化。商法,就学术研究而言,不应局限于现代商事法律制度,它往往是对各时代商事法律制度的总称。尤其说"商法"这一概念直到1961年才第一次出现,是与历史事实不符的。据有关史料称"商法"这一概念,在1622年英国学者G.Malynes出版的《商人习惯法》中首次提出。③更不用说19世纪初各国的商法典。

---

①刘小稳主编:《中国法学研究》,中国政法大学出版社1996年版,第252页。

②〔法〕克洛德·商波:《商法》,商务印书馆1998年版,第1章。

③Clive M. Schmitthoff's Select Essays on International Trade Law, Edited by Chia-jui Cheng, Kluwer Academic Publishers, 1988, p.40.

"商法"具有较强的现代性这一特点不能否认。但这仅仅是指它与商人法、商业法相比较而言，更不能因此说这一概念是 1961 年才出现的。尤其在古代，人们说商法主要是指商人法。至于说商法是个大概念，也只是与传统商事法相比较而言，对于内容的宽窄各国都不一样。

（二）商业法（Business Law）

有人认为商业法是个小概念，并认为是具有社会主义特色的新概念。这主要是因为过去东欧一些社会主义国家的商事立法，多以"商业法"命名。认为商业法只是单纯调整商品流通领域的法律，甚至只是调整商业部门所管辖范围内的事物。这样商业法的范围确实很窄小，而且深深印上了计划经济的烙印。同时当时一些社会主义国家普遍将内贸和外贸分别管理，并分别立法。在这种格局下，也就错误地把部门法当成是某一个部门的法。我国在改革开放初期拟制定我国商事法时，主管部门也坚持只能命名为"商业法"。

同时集权的计划经济制度下，公司全为行政性公司。商业信用——如赊销预付被认为是社会主义的异己力量，也被认为是"封资修"的东西，因而全被"财政大锅饭"所代替。海商因受外敌封锁加之自己推行闭关锁国政策，所以外贸也很不发达。票据、债务、股票和期货交易更是严加禁止。破产制度更是与社会主义的优越性水火不容。企业债务全由国家财政负无限责任。当时存在的商业全属官商，私商基本被社会主义改造所消灭。如果法律是社会现实的反映，这样的社会现实下，当然它的范围就极其狭窄了。这时一些国家所适用的商业法，其内容也只是一些有关商业管理体制和商品经营范围等方面纵向的管理规定。所以商业法实际是一种特权法，有时甚至是嫌疑法。这种情况不仅在社会主义国家如此，即便是近代资本主义国家也是如此。所以有的学者认为商业法是近代社会的商事法。它最突出的特点是属于管制性的法,与商法的自治性相悖。

（三）商务法（Affaires Law）

认为商法传统上被理解为"贸易私法",主要调整销售活动和服务活动。而"商务性"则主要囊括了公法（国家对经济的干预),如税法、劳动法,尤其还涉及对消费者权益的保护。所如它既调整销售活动和服务活动,还调整大部分生产活动（主要是工业生产活动)。在适用范围上,商务法不仅适用于商人,还适用于农耕者、手工业者以及自由职业者。因此商务法涉及的学科领域远远多于传统的商法。并认为,商务法"是在民法之外,专门规范大多数生产、销售与服务活动的一个私法的分支"①。特别是,商务更能使内外贸易为一体。现在许多国家设立的政府商业管理机构都以"商务部"命名,这充分体现出其职能的时代特征。所以这一思路和命题具有较强的新颖性、适用性和发展性。

（四）商事法（Mercantile Lan）

商事法是商法学中一个原生态概念。有学者认为商事法是介于广义和狭义之间的中概念。其实"商事法"是商法的同义词,但又比商法古老。与商法一样,它是关于商事活动,如买卖、运输、保险、票据与破产等主体的法规通用简称。②所谓商事比商法更古老,主要是指法律最早起源于诉讼法,商法亦然。如前所述,我国最早的商法学者王去非有云:"夫商事思想之在法律上,其始原滥觞于诉讼,其继浸假发

---

①［法］伊夫·居荣:《法国商法》,罗结珍、赵海峰译,法律出版社 2004 年版,第 1 页。

②［英］戴维·M·沃克:《牛津法律大辞典》,光明日报出版社 1988 年版,第 605 页。

达而及于实体法焉。是故学者每谓商事为商法上之诉讼，良非无故也。"即商事在法律上是指商业诉讼而言。而诉讼（程序法），先于实体法——商法，所以商事比商法更古老。这可谓是对商事这一概念最原生态的解读。

另外，在法律上使用商事也便于与民事、政事和刑事行为相区分。商事的本质涵义/含义，学术解读纷纭：有的从司法角度观察，认为是指商业之事实，有的认为是指法律上属于商业之事实，有的以为是指商业法律关系并连及商业法律关系的法律事实，有的以为是指商法上的法律关系，有的以为是指私法上基于商的法律关系，有的以为是交通上因商而产生的法律关系，还有的以为是商法上的诉讼活动，更有的以为是关于商之法律事实而引起的权利的移转、变更和消灭的关系，还有人主张商事是指以为营利行为者。通说以商事为媒介或补助物品流通之营利行为。①这是从实质意义上对商事的认识，具有一定的前瞻性。

商事究其本质属性而言，是商人性、商行为性、营利性、交易性和法律性。商事关系，首先是商人在法律上的特殊关系，尤其是公司这类特殊商人组织关系；商事是关于商行为之事；商事活动的中心内容是各种交换活动，无交换就无商事可言；商事最本质的特征是以营利为目的的商人行为的活动；商事活动，由于充满利益关系，它总是需要法律进行规范，所以孟德斯鸠早就说："哪里有贸易，哪里就有法律。"所以商事的主体是商人，商人在营业上所为的行为为商行为。商人所从事的有组织的职业化活动就构成商业。因此，可以概括地说，商事是以营利为目的的商人行为或各项商业营业行为在法律上的称

①刘郎泉：《中国商事法》，商务印书馆2011年版，第51页。

谓,是商法学中一个核心概念,它涵盖商法学中的全部内容。在经济学中,一般都称商业,在法学中一般都称商事。它不是用来反映商事立法宽窄的中性概念。同时过去许多国家的商业立法很少用"商事法"命名,不过1985年联合国贸易法委员会制定的《国际商事仲裁规则》采用"商事"概念进行命名。所以说,它是商法中一个重要的学理概念。有关商事的其他内容,待在商法的调整对象中再讲述。

（五）商人法（Merchant Law）

商人法这一概念自问世以来,其究竟是什么和为什么,学术界一直争论不休。就其译法来说,也各不相同。有的把它译为"商人习惯法",显然这种译法失之过窄。也有人把它译成"国际商事法",显然这种译法又失之过宽,而且与原文相背离。商人法源自拉丁语"Lex Mercatoria",是一个古老的名称。也有人采用"Jusmercatorum"这一新概念,但受到批评,认为会造成概念混乱。据有关史料记载,商人法这一概念,最早出现在1290年英国的一本名为Fleta的惯例集中。不过这时虽然有了商人法这一概念,但它真正成为普遍性的法律秩序体系,是在"中世纪末才成为整个西方世界的商业交往的基础"①。

究竟何为商人法,国内外众说纷纭。英国学者Schmitthoff认为,商人法是适用于国际贸易领域的独立于国内法的"组织法"②。法国学者PhilppeKahn认为,商人法是指商人们在其商事实践中所创立的商事习惯和惯例的总称。③《牛津法律大辞典》中解释道:商人法是指产

①［英］施米托夫:《国际贸易法文选》,大百科全书出版社1993年版,第8页。

②郑远民:《现代商人法研究》,法律出版社2001年版,第26页。

③郑远民:《现代商人法研究》,法律出版社2001年版,第26页。

生于中世纪西欧商人中间，调整他们彼此间关系的一系列习惯和法律。①

我国学者也各有认识。有的学者认为，"商人法通常是指从事国际贸易活动的各国的商人在实践中所共同认可并遵守的统一规范国际贸易活动的某些习惯和规则"②。有的学者认为，商人法是指西欧中世纪中后期兴起的，专门适用于商人或商事活动的法律。③也有的学者认为，商人法是相对独立的边缘性和综合性的法律体系或法律部门。以上认识都各有千秋，都从不同视角对商人法的时空特点、习惯特点、国际性和属人性等特点作了较为科学的揭示。

应该看到，中世纪还没有形成独立的统一的单行商人法，仍然是以商事习惯、惯例、行会规章、集市规约、城市法规、王室敕令和教会法等领域规范性文件的综合反映。它又是整个商法史发展的里程碑，但不是商法起源地。在探索商人法这一概念时应注意掌握好以下几点：(1)商人法的基本价值取向和逻辑起点是属人主义，即以维护商人利益为基本出发点，这主要是当时商人还未取得社会公认的合法地位。(2)时间上特指它产生于中世纪的晚期更为确切。(3)空间上它主要形成于西欧社会，即南面以地中海为中心和北面以佛兰德尔为中心的两大国际市场为主要基地。(4)内容上主要是指有关城市法、集市法、海商法及王室法和教会法等。城市法主要是各种商业行会章程和规章。因为当时商人都被组织在各种行会之中。如在拜占庭帝国

①[英]戴维·M·沃克：《牛津法律大辞典》，光明日报出版社1988年版，第524页。

②徐国栋："现代商人法论"，载《中国社会科学》1993年第2期。

③沈宗灵：《比较法研究》，北京大学出版社1998年版，第101页。

时期,仅在君士坦丁堡就有公证人、银行家和钱兑商、服装商等二十几种商业行会,此外还有各种手工业行会。各个行会都制定有自治性的章程或规章。如在"钱兑商章程"中规定,如要加入钱兑商公会必须要呈验由正派而有地位的人士的保证书。任何钱兑商如进行黑市交易,都要受到处罚。并对钱币的价值和成色以及铸造钱币的行为都作了规定。又如在"巴黎羊毛织工行会章程"中规定,未从国王处购得手工业执照的,任何人不得在巴黎做羊毛织工。同时对匠师招收学徒的资格和收费都作了规定。并规定每个会员要保守行会的秘密,会员间有相互扶助的义务。各行会规章都有相同的内容,中心行会规章被认为是不折不扣的"商人法典"。(5)商人法的司法特征。当时的商人法还体现在有专门的商事法院。这些法院多设在集市上以便及时解决纠纷。法官多从商人中推选产生。并有"半个能说话的陪审团",即陪审团中本地商人与外地商人各占一半。(6)商人法的国际性。这主要是因为当时的海上贸易活动都在各国的港口进行,陆上商事活动主要是在各国所设的集市上进行,参与交易的当事人多为外国人,货物也都要超越国境,尤其是南北、东西的长途贩运更具国际性。所以这时的交易规则多适用国际习惯法规则。这里要注意,虽说商人法具有很强的国际性,但是把商人法说成是完全意义上的"国际商法"又欠妥当。(7)商人法还包括王室的敕令和教会法的有关规定。王室敕令,主要是从王室买来的有关经商的特许令状。(8)在地位上必须明确商人法只是整个商法发展过程中一个重要的阶段,而不能说商法起源于中世纪商人法,此问题留在历史篇中讲述。

根据以上分析可以看出,商人法是指西欧在中世纪晚期兴起的,专门适用于商人和商事活动的并具有国际性的各种习惯、自治规约及相关法律综合体系的总称。严格地说,中世纪并未形成统一独立的商人法。真正意义上的商人法,是法国 1673 年路易十四颁布的《商事敕令》。

四、失魂缺主的商法体系

当代社会又提出"新商人法"（New Law Merchant）或"现代商人法"（Modem Law Merchant）的新概念。"新商人法"这一概念始见于1954年英国 Schmitthoff 的一次演讲。后来他称这一概念为"跨国法"。这一概念主要建立在"国际共同法"理论基础之上。现代商人法是指以国际惯例，一般交易条件和一般法律原则等形式体现出来的独立于国际公法和国内法之外的，处理国际商贸交易当事人权利义务的跨国法。现代"WTO"的法律制度正朝着这个方向发展。现代商人法的指导思想是要使商法重新恢复它的国际性和自治性。本来中世纪时期的商人法是具有浓厚国际性的法律制度，但后来由于各主权国家的兴起，完全被吸收到国内法之中，不仅失去原有国际性、自治性的光彩，而且制造了许多国与国之间的冲突和矛盾。尤其"二战"后，国际经济贸易活动日益国际化、全球化，原有旧的商贸法律制度极不适应，为此国际有识之士提出"新商人法""现代商人法"等新概念。联合国也专门设立了贸易法委员会，尤其专门成立了WTO，以适应世界新变化的需要。商法必须随着国际国内政治经济文化发展的大趋势，从形式到内容有所创新，有所发展。

研究商法体系是为了进一步探讨商法的"魂"和"体"，而不是简单的法律罗列。商法体系与法的体系紧密相连，都属于法的系统工程。不过法的体系属于法的宏观系统工程，商法体系属法的微观系统工程，两者相辅相依，相互促进。研究商法体系对进一步完善我国法治建设具有重要的理论和现实意义。

（一）商法体系建设中的喜与忧

目前我国商法体系的研究有喜有忧，可喜的是已制定了众多的单行商事法律法规，客观上已形成一个商事法律群。尤其可喜的是，国家最高立法机关已公开向世人宣称商法已经是法律群林中一个独立的部门法。它已从长期的受歧视、排斥和压抑下站立起来了！无论是商事立法，还是商法理论研究，都呈现出我国历史上前所未有的繁荣景象，我国商法的发展已进入一个新的里程碑时代。

可忧的是，我国虽然已经有了众多的商事单行法，但至今尚无统领这些商事单行法的法典式的商事基本法。这样势必形成群龙无首、众神无主的尴尬局面，也像一棵大树只有枝叶、而无主干一样。一个完整独立的部门法，不仅要有完备的单行法、独立的法典或基本法，而且还应有独立的司法制度。我国商法学界在讨论商法的独立性时，多注重商事实体法的研究，而对商事诉讼法和商事司法制度研究不够，仍习惯于传统的大一统民事诉讼制度，这实际是一法独统的阴魂未散。既然是商事纠纷、商事诉讼，为什么要适用民事诉讼法并归民事法庭审理，岂不自相矛盾吗？这种情况在商法未成为独立的部门法前还情有可原，那么在商法成为独立部门法之后，仍保持这种旧格局，就是自欺欺人了。在处理商事诉讼和民事诉讼法律制度方面，中东一些国家，如阿富汗于1963年专门制定了《建立商事法院和商事诉讼程序的法律》，巴林1971年所制定的诉讼法也被命名为《民事和商事诉讼法》、阿拉伯联合酋长国根据《临时宪法》第102条的规定也将民事和商事案件的诉讼分别审理，在迪拜、阿布扎比、沙迦等酋长国，商事争议提交由2~3名商界名流组成的审判庭，由他们进行调查，并根据公认的商业准则和当地习惯进行处理。商事纠纷主要通过商事仲裁解决。对商事仲裁的上诉也由该领域内的商会进行最后公断。法国从查理九世于1563年11月赦令设立专门的商事法院及交易所，一直保持至今，其他不少国家如英国、印度尼西亚、柬埔寨都有专门的商事法庭或商事法院，专门审理商人与商人、商人与非商人之间的纠纷。这些做法都值得借鉴，尤其将诉讼法定名为民事和商事诉讼法很有理性。可以说,只有实质意义上的商事单行法,无形式意义上的商法典或商事基本法以及无独立的商事诉讼和商事审判机构,不能称为完全意义上的独立法律部门。

(二)商法体系建设,不仅要注重商事立法,更要重视对商法核心价值理念的培育

商业法治建设与国家整体法治建设一样,不单追求立法的数量,更重要的是要增强全体公民的法治观念。如果每个公民,尤其是领导层对法律的信仰能像宗教信仰者对教规那样虔诚信奉,法治建设的成效应为可喜。法律如果不被信仰,法治精神没有在所有官员和广大民众中牢固地树立,那么有法等于无法。现在最突出的弊端,是在官员层中较为普遍存在的贪污腐败行为,以权寻租、以权谋私,为自己垄断的小集团谋求高薪高福利,这种严重的政治瘟疫症,从思想意识来说,其根本是对法律失去信仰,所以从法治建设的整体追求来说,我们还任重而道远。

就商事法治体系建设来说,发展商法,到底要给社会培育什么样的核心价值理念,商的精神究竟是什么,现实社会的存在又究竟如何?这些都关系到商法的应然性和实然性等根本哲理问题。所以研究和建立商法体系,绝不是简单地对现有商事法律法规进行简单的排列,它实际是对整个商法的本质进一步深钻细谈的过程,也是对商法精神培育的过程。商法就其本质来说,它是以维护和促进投资和交易的选择,使社会有限的资源得到有效的配置。它鼓励人们进行有效竞争,激励人们奋发拼搏。古谚云:商人无懒汉,懒汉无商人,他们为了致富,敢下火海捉鳖、上刀山揽月。这些都是对商人勤奋、敬业精神的歌颂。它的核心价值理念是兴商(发展商品经济)、兴市(发展市场经济)、兴富(发展致富)、兴国(追求国家强盛)、兴公(公平竞争、等价交换、机会均等)、兴民(发展民主政治,商业只有在民主政体下才能得

到有效发展以及兴和(商业只有在和平环境下才能得到有效发展,商业的发展又进一步促进人类和平竞争事业的发展)。这些都是商业和商法最基本的价值理念和精神追求,所以商业和商法是人类的进步事业和进步的法律制度。

可是客观社会现实,总还有一些人,由于深受轻商业、歧商人、排商法的传统习惯势力和旧的观念的影响,总认为商业是末业、商人是十商九奸、商法是微法。他们无视当代社会商业是主业、人们都生活在商业中。许多人还认识不到这种新变化,轻商、歧商、排商的幽灵还严重禁锢着一些人的头脑。一些地方一方面把招商引资的规模作为政绩考核的主要内容之一,另一方面又处处耻于言商,从来不提以商兴农,以商兴业、兴市、兴省,以商富民。把一些本属商行为的事,也改头换面的加以淡化。甚至立法,把本该带商的商字也去掉。如仲裁法,世界上许多国家都定名为《商事仲裁法》,我国原民国政府也定名为《商务仲裁法》,联合国国际贸易委员会所制定的也叫《商事仲裁示范规则》,在我国却偏偏把"商事"二字去掉,淡化为普通的《仲裁法》。《商业会计法》也是如此,各国凡营利组织的会计法都叫《商业会计法》,我国却是把"商业"二字去掉,淡化为《企业会计准则》。法律之名,本属符号学范畴,名正才能言顺,名所体现的是实,轻名实质是轻实。中国轻商之名,其实质是轻市场经济发展变革之现实。

(三)商法体系建设要进一步理顺与其他法律部门的关系

商法体系建设必然要涉及一些具体法律的归位。这样必须确立正确的划分标准。划分的标准不应以个人主观偏好或过时的传统观念为依据,甚至不能以既有的法律为根据,而应以客观实质所规定的社会关系为依据,并应遵循国际上公认的法律划分准则。如凡属规范营利性主体和营利性行为的法律都应归位于商法体系之内。以营利和非营利为标准进行划分,泾渭分明,河水不犯井水,既有客观依据,又易于执行,并符合传统和现行做法。

根据营利与非营利为标准进行划分,诸如商业买卖、租赁、商业银行借贷、商业运输、保险、建筑等合同,不论从主体还是合同的实质内容都主要是为实现营利目的服务的法律工具,理应归位于商法体系之内。尤其像"融资租赁"这类新型的商事活动,不论国际国内都是商人与商人之间的交易活动。另外,就国际公认划分准则来说,买卖业是商业的主业,联合国1980年制定的《国际货物买卖合同公约》(以下简称《公约》)明确规定,该公约属国际商业买卖,不适用于个人家庭消费买卖。这样如把《公约》中规定的买卖制度搬到其他法中也有失公允。还有国际统一私法协会,组织众多国家的合同法和国际贸易法专家、学者、律师,经十余年努力,于1994年5月制定通过了《国际商事合同通则》(以下简称《通则》),其中也以买卖合同为主。该《公约》和《通则》我国都派代表参加讨论并签字承认了,尤其《公约》我国还派代表参加了起草,为什么我们又作了与自己所承认的国际文件相反的规定,真是难以理解。就WTO法律文件规定来说,也是将货物买卖、服务贸易、与贸易有关的知识产权问题归入国际贸易法领域。还有联合国贸易法委员会1985年制定的《国际商事仲裁示范规则》和1996年制定的《电子商务示范规则》都对"商业"一词所辖范围作了明确规定,这些文件我们都有义务与其保持一致。所以确立商事法律体系还应遵循国际已公认的基本法律准则,否则会闹出一些国际笑话。

(四)商法体系在内部应建立起有魂有体、有根杆枝叶的完整体系

商法的体系总的是由魂和体两大部分构成。商法体系的"魂"是商法的核心价值理念,集中体现为维护商道,是商法本体论的最高设想,是解构商法这一存在物的理性诉求,也是构建商法体系的思想和文化基础。商法应重视这一方面的研究,以利于为它建立起法哲学基础。

商法体系的"体"是由商事根本法、商事基本法和各种商事单行法律法规规章不同法律位阶和层次效力的实体法群所组成,也是商法之魂的具体承载物,从而形成一个"重魂载物"的有灵有神、有血有肉的和谐协调的有机系统。这些"体"如果无"魂"作引导,就会成为毫无生命力的骷髅,如果"魂"无"体"作承载,魂也就成虚无缥缈的幽灵。

商法的体像一棵大树一样,由它的根、杆、枝、叶以及众多毛细血管所组成。

商事根本法,主要是在宪法中对商事的规定。如美国《宪法》第1条第8款规定,"国会有权管理合众国与外国和州际贸易""制定全国统一的海商法、破产法"等。德国《宪法》第4条规定,"各种行业、包括保险在内的法规,制定海关贸易的立法、赋税的立法、规定度量衡和货币制度,海外贸易等,都由国家监督和立法"。我国《宪法》虽未对商业贸易作直接规定,但不乏对市场经济的规定和多元经济成分的规定以及各种经济活动原则的规定。这都是商法体系的根。

商事基本法,主要是指商法典或商法典性质的商事基本法。这是商法体系的主干。

各种商事单行法,如公司法、合伙企业法、私营企业法、商业银行法、保险法、票据法、证券法、信托法、破产法、海事法、对外贸易法、商事仲裁法等。这些是商法体系的枝干。

商事法规,在我国主要是国务院所颁布的有关商事性规范性文件。如期货交易管理条例等;还有省、直辖市、自治区立法机关所制定的有关商务方面的地方性法规。这些是商法体系的分支。

商事规章,主要是中央商务主管部门和其他中央政府部门所制定的有关商务方面的规范性文件和省、直辖市、自治区政府所制定的商务方面的规范文件。这些是商法体系的枝叶。

此外,还有公司企业及其他商业自治规则,如公司、行业协会的章程以及地方基层政府所制定的有关商事管理规定。这些虽不是具有严格法律效力的规范性文件,但随时吸收商务实践中好的经验到法律制度中。这些可看作是商法体系的毛细血管。

各种商事习惯法,这是商法体系中的种子,也是商法的原生态。

其他法律中商事方面的规定,如刑法中有关商事犯罪的规定,经济法中有关商税的规定,民法中有关权利能力的规定等。这些都是商法体系中的移花嫁木的成果。

国际商事条约、公约、惯例等。这些是商法体系中的杂交产品,也是国际商人间的相互盟约。

商事仲裁、诉讼、司法制度,这是商法体系中的护卫神。

在商事法"魂"和"体"的基础上建立起来的商法学体系,是商法的知识体系,更是高深莫测。两者相辅相呈,相得益彰,共同构成法林中新的景观。

五、东西方商人的价值观、法律观差异及其
融合推动商事法律制度日益趋同

过去人类学家们研究发现,"人类的经验所遵循的途径大体上是一致的;在类似的情况下,人类的需要也基本上是相同的";这主要是"由于人类所有种族的大脑无不相同,因而心理法则的作用也是一致的。就是不同大陆上的某种现存制度与某种共同根源之间都能找到共同联系,这就意味着这些大陆上的居民本身也出自同一个原始种族"①。这些只说明人类社会具有相同的一面。但现在基因学家们研究

---

① [美]摩尔根:《古代社会(上)》,杨东莼、马雍等译,商务印书馆1997年版,第8页。

发现,人类的基因只有97%相同,有2%~3%的基因相异,所以也带来不同的思维方式,同时在政治、经济、文化等领域具有不同的理念和制度,从而也形成不同的商业价值观和法律观。现就中西方对商和商法在理念及其制度上存在的差异做一些初探性的比较,以期有助于我国商事法制的建设。

(一)中西方国家在商的价值观上的差异

(1)权、钱观念上的差异

人们共知"中国的历史(包括现代史)始终是围绕着政治权利斗争而展开的,不理解帝王的权、术、势就无法洞察中国历史的精髓"。中国人总认为有了权,就有了钱,权始终是第一位的,钱始终处于从属地位。所以钱再多,如果没有官位,最多也只是一个"土老财",在社会上是没有地位的。所以不少人在经商致富后,便弃商从政。就是不弃商,也总是要千方百计弄上一个含有政治权利的头衔。古代的吕不韦,近代的胡雪岩、盛宣怀最为典型。就是当不了正式的官,也要出钱买个"功名",才能光宗耀祖、名扬四方。这主要是因为商人在人们的心目中以及在法律上总是没有独立的人格,要受制于权、受制于官,始终受制于人。

西方古代也是轻钱重权,但是中世纪后期重商主义兴起后,权钱关系、官商关系发生了较大的变化。尤其是进入近代社会之后,"西方近代史则是沿着金钱角逐而进化的,不明了金钱的机谋就不能把握历史的脉络"①。在西方近代社会一些国家中,往往是钱控制权,实际是商控制官,政府要按商人的意志办事,这样的事例很多。最有代表性的是罗斯柴尔德商人家族,其于1694年经英王威廉颁发皇家特许

①宋鸿兵:《货币战争》,中信出版社2008年版,第21页。

执照(Royal Charter),建立了世界上第一个股份制银行——英格兰银行。该行的核心价值理念就是使国王和王室成员的私人债务转化为国家的永久债务,用全民税收做抵押,由英格兰银行发行基于债务的国家货币。这样一来,国王就有钱打仗或享受了,政府也就有钱做自己爱做的事了。商人们的这个设计很巧妙,它把国家的货币发行权和永久国债锁在一起,要新增货币就必须新增国债,而还清国债就等于摧毁了国家货币,市场上就没有货币流通,所以政府也就永远还不清债务。这样实际是英格兰银行取得了货币发行权,它始终是政府的债权人,政府始终是它的债务人。从此以后,英国政府再也没有还清债务。到2005年年底,英国政府的欠债从1694年的120万英镑增加到了5259亿英镑,占英国GDP的42.8%。①

美国在成长的过程中也充斥着与国际金融商业势力的殊死斗争。国际金融超级特殊利益集团也总是想通过控制货币发行权来控制美国。美国南北战争以来的一百多年过程中,金融家们与政府在争夺货币发行权这一至高点上进行了残酷的搏斗。先后有7位美国总统为此被刺,多位国会议员也为此献身。尤其林肯的被刺(1865年4月14日星期五晚10点15分于福特剧院)更是这一斗争最集中的暴露。因为林肯执政后,他接受了别人的建议,根据宪法的规定,国会有发行货币的权力。因此他让国会通过一个法案,由财政部印发具有完全法律效力的新货币,从而使政府不需要向私人银行借钱并支付高额利息,并称这种货币为"绿币"(Green back)。它的优点是,与银行发行的货币相比它是一种无债货币。这种货币实行后,政府就不需要向银行借钱来维持,从而深深刺痛了国际国内的金融寡头。尤其在南

---

①宋鸿兵:《货币战争》,中信出版社2008年版,第8页。

北战争胜利后,他宣布废除南方政府的借债,这更惹怒了银行家们和南方政府的官员,以及内阁的一些成员。甚至代表英国银行家的《伦敦时报》公然说:"这个国家必须被摧毁,否则它将摧毁世界上每个君主制国家。"所以说林肯的被刺,正是国际国内银行家们扮演的一场不可告人的悲剧。美国第7届总统安德鲁·杰克逊,也因曾提出"银行想要杀了我,但我将杀死银行"的主张后,于1835年1月30日在国会山参加一位议员的葬礼时,遭一位英国刺手连发两枪但未击中而遇刺。就是美国现在的"美联储"也是私有的中央银行。它的幕后实际是由华尔街的7个金融商大腕所控制。可以说,在西方世界以钱控权,以商控政已成为政治、经济生活中的惯例。我国从历史到现在,以钱控权、以商控政的情况较为少见。

(2)先反后尊与先尊后反的差异

中西方在对商的认识上也经历了一个先反对后尊重与先尊重后反对的认知过程。如胡寄窗教授在阐述经济思想史时说,"在世界范围内,古代许多国家如印度、希伯来、希腊、罗马等一般都是轻视工商的,但和我国古代不同"①。如希腊的柏拉图(公元前427—前347年)和亚里士多德(公元前384—前322年)都是反"货殖"的。亚里士多德不仅仅反商业交换,而且反对高利贷。他认为高利贷最为可憎,在一切营利方法中是最不自然的。②

古希腊这种轻商反商思想,也传染给罗马人。不论贾图、西塞罗都一致认为只有农业是罗马人最好的职业。早期基督教著名思想家奥略里·奥古斯丁(公元353—430年)也认为农业是高于一切的行

---

① 胡寄窗:《中国经济思想史简编》,中国社会科学出版社1981年版,第6页。

② 亚里士多德:《政治学》,吴寿彭译,商务印书馆1965年版,第32页。

业。对于商业，他认为，大商业是绝对不能容忍的。

但值得注意的是，西方人对商的认知观由反到尊，比东方人和中国人觉醒得早得多。他们在中世纪后期，尤其宗教革命后，从 15 世纪到 18 世纪一直大力推行重商主义，从而使商人、商业、商法得到最大的尊重，并率先赢得了富裕、文明和世界。

而中国，对商的认识与西方国家正好相反，中国在古代是尊商而不是反商。正如胡寄窗教授所说，我国"在战国以前的文献中找不出任何轻视工商业的迹象。这一点凡是研究经济思想的人，不论是中外都应特别注意"[1]。甚至有学者认为，我国"在战国时期是重商主义时期"。如辅助齐桓公九合诸侯、一匡天下的管仲就是商人，辅助越国出谋划策战胜吴国的大军师范蠡在打败吴国后弃政从商成著名的大商人（陶朱公），后来助秦始皇的吕不韦也是大商人出身。还有其他许多著名商人事例，这些都说明商人在当时很受尊重。

中国轻商反商是"自战国后期起一直到 21 世纪上半期，轻工商尤其轻商观点支配了中国二千多年"[2]。中国真正轻商、反商的主要代表人物即始作俑者是商鞅（公元前 390—前 338 年）和韩非（公元前 280—前 233 年）。商鞅相秦后，把"重农抑商"作为正式的国策加以实施，从理论到政治实践坚决主张限制商业活动。商鞅认为"农则易勤，勤则富"，所以只有"壹务（专壹）予农，则国富"。他的继承者韩非，更把工商视为社会"五蠹"之一，成为历史上反商的极先锋。汉代以后，虽弃法尊儒，轻商与重商思想一直进行着反复斗争，但轻商思想从商鞅所谓变法时起，直到 20 世纪改革开放时的两千多年，轻商观念一

---

[1] 胡寄窗：《中国经济思想史简编》，中国社会科学出版社 1981 年版，第 6 页。
[2] 胡寄窗：《中国经济思想史简编》，中国社会科学出版社 1981 年版，第 6 页。

直起支配作用。所以中国经历的是由重商到长期轻商,直到20世纪80年代改革开放才转入新的重商的曲折过程。中国对商的理性认识虽然比西方国家晚了几百年,但亡羊补牢未为晚矣。只要不折腾,后来者居上也可以实现。

(3)在对商业发展战略路径上,西方国家往往是殖民、贸易、海运三位一体齐头并进,尤其对海商更为重视

如古希腊、古罗马主要是海上文明,人们称之为蓝色文化。以希腊来说,它的文明主要从克里特和迈锡尼文明开始,因两地方均处爱琴海,所以称爱琴海文明。从它的文明史踪来看,它的文明基因是海,是先从海上到陆上(希腊半岛),在陆上建立城邦。随着陆上人口增加,土地有限,又由陆上向海外移民进行海外城邦繁殖。到公元前6世纪时,已在海外建立起约130个小殖民城邦。在这种由海到陆,再由陆到海的过程中,促使了她的海运业发展。如当时已能建造供200人划桨的大船,可见其手工业很发达,从而促使了海上贸易的发展。在当时它已能到达西西里岛的叙拉古、意大利的塔林顿、高卢的赛马利斯、地中海北部黑海沿岸的拜占庭以及埃及、腓尼基和巴比伦等地进行商业贸易。尤其他们在海外每建立起一个殖民子邦时,总是要在当地建立一个商站,作为向外殖民的主要手段之一。这种做法有许多好处,促使了早期希腊殖民、贸易和海运事业的大发展。

罗马帝国的发展,同样对海上贸易的发展起了积极的推动作用。本来意大利人早期都住在水上,所以称为“特拉马拉”。由于希腊人在公元前8到公元前6世纪向意大利的殖民,对意大利的经济贸易和文化发展起了重要作用。后来罗马人在公元前3世纪70年代,经三次布匿战争,打败迦太基后,夺取了地中海的势力,后又打败马其顿、埃及,整个地中海都在他的控制之下。如威尼斯在公元12世纪就拥有海船2000多艘,东西方在地中海上的贸易都被它控制。后来兴起

的西班牙、葡萄牙、荷兰、法国、英国，无不大力发展海上贸易和海运。尤其英帝国号称"日不落"帝国，海商、海运更是其发家致富的法宝。这些人由于长期在海上贸易和生活，观念自然也受海水洗礼。由于海纳百川，都处于一个水平面上，所以在贸易活动中，等级观念、王权观念被削弱，从而使平等观念、民权思想得到较早的弘扬，真可谓是海纳百川所产生的海洋效应。

在中国，几千年来一直是只关注陆地的国家，自视为地球的中心。不怎么关注海洋，所以也不重视向海外发展。即便有一条陆上和海上的丝绸之路，也不重视大力开发。即使明末郑和七下西洋，也只是为他寻找到"圣地"去烧香拜佛而已，这样不可避免地长期形成作茧自缚的封闭观念。本来商业贸易从一开始就是一项国际性活动，中国人对此认识不够，这是中国商贸事业落后的重要原因之一。中国在19世纪末由于受西方和日本在海上的打击和屈辱，一些有志之士也曾想大力发展海军和海外贸易，但终因一系列毁灭性的天灾人祸影响，海商事业终未得到重视。直到20世纪90年代改革开放后，中国才向世界大开门户，同时也大力走出去，内外贸易才得到大力发展，这是我国3000多年来首次发生的变化。现在我国每年有几亿吨的货物要运出去，同时又有亿亿吨的货物要运进来，其中99%的货物要通过海上运输，所以大力发展海运迫在眉睫。同时从国际经验和严峻的国际现实来看，要保障海商事业的发展和安全，必须要有强大的海军为它保驾护航。2009年我国首次派海军护卫舰到亚丁湾抗击索马里海盗，确保我国的商船顺利来往就是鲜明的事例。总之，重视海上效应与单纯重视陆上效应，是中西方在发展商贸事业上又一重要特点。

中西方商人在思维习惯上的差异。这里以《思维的版图》一书中所谈之事为例。此书中作者在谈及东西方商人思维习惯差异时说，西方人见木，东方人见林。作者是美国的尼斯贝特，他曾做一次心理测验:他将鸡、牛、青草三幅图画分别给一群儿童,让他们将这三幅图分为两类。其结果很有意思:大部分中国儿童将牛和青草分为一类,鸡分为另一类;而美国儿童将鸡和牛分为一类,把青草分为另一类。为什么会形成这种差异?因为中国儿童的思维习惯,惯于按事物的关系划分事物的类别;而美国儿童的思维习惯是按事物的实体范畴分类。按"关系"牛要吃草,他们的关系最密切,因此应为一类;按"范畴",鸡和牛同为动物,应为一类。这样在处事和贸易中,东方人首重关系,其次才是与关系相连接的实物。所以在贸易中东方人首先是公关先行,往往先请客、吃饭、喝酒、送礼等免不了的应酬。这些就成了不可避免的公共成本,商业贿赂等不正之风也就丛生。而西方人是先实体,然后才构建实体之间的规则,所以在一些外贸公司中推销员是禁止向顾客送礼的。他们认为贸易要靠产品质量和服务取胜。这样的思维定式,使西方人生活在更为简单的社会里。他们关注的是客观事物永恒不变的法则,他们认为知道了事物的规则就可以控制事物的发展。古希腊人最早就喜欢范畴,并作为发现规则和运用规则的基础,所以多以规范人的客观行为为主。他们相信世界的稳定性,并从规定性方面去理解自然,理解社会。中国自古对范畴不甚重视,而是对关系感兴趣。如重视修身、齐家、治国、平天下的以家族为基础的关系。认为国家、社会就是君君臣臣、父父子子、夫妻、朋友的关系,尤其是忠、孝、仁、义等人际关系来维系。它追求的是为公、互爱、宽容、和谐为本的主观心理理念,所以它以规范人的道德观念为主。一句话,中国人是以心性人伦关系为主去看待世界,从而形成一种"意识文化"为主导,而西方人倾向于以自我为核心、以物质利益为基础、以为己互争为动力,从可以归入各种范畴的静止的物体来看世界,从而以物质文化为主导,重视商品本身实体的发展。

东西方人在消费观和储蓄观方面的差异。西方人的观念是有钱不花等于无钱，即使无钱借钱也要消费，甚至国家也多靠借钱过日子，所以普遍形成债务危机。他们是债多不愁，虱多不痒。尤其美国出现的次贷危机，就是超前消费造成的。美国的 GDP 中 70%用于消费，30%用于积累。尤其在 20 年代后期美国实行经济结构的转型，他的消费除房地产外，其他生活用品的消费主要靠进口发展中国家价廉物美的产品，而自己则大力发展尖端高科技产品和金融衍生品，并充分利用金融衍生品吸收发展中国家的资金为自己服务，即刺激消费。这与西方国家政治、经济、社会制度有关。因为在现代西方经济发达国家中，社会保障制度较好，公众的后顾之忧较少，所以消费观念强，对发展社会商业较为有利。

中国人有了钱，首先考虑的不是消费，而是储蓄。因为中国社会保障制度弱，广大农民还无退休养老制度，也无全面的医疗保障制度，加之子女的求学、婚嫁、买房等费用高，所以有了钱就要进行储蓄以防老、防病、供子女求学等需要。消费观念弱，对发展银行业有利，如现在公众在银行存款额已达 20 万亿元人民币（2008 年年底）。甚至政府的消费意识也较弱，现在 GDP 中只有 30%左右用于消费，70%左右用于积累。人均 GDP 才达 3000 美元，而美国已达 4.5 万美元，德国已达 4 万美元，日本已达 3 万美元。我国目前消费水平虽比改革开放前有了很大的提高，但总体来看，消费意识和消费能力还是较弱，这对发展商业极为不利。

在对富民与强国的观念上也有差异。凡是真正以民为本的国家，尤其现在真正追求民主制的国家，多数都坚持富民为先，只有民富，才能真正实现国强。即常言所说只有小河水满，大河才能水量充足。怎样才能做到民富，主要是给民众广开致富之路，政府不与民争利。政府轻赋薄徭之外，更要鼓励老百姓经商致富。西方国家或一些主要经济发达国家中的富翁阶层，主要是一些工商企业家或金融家，并非官僚阶层。在这种治国理念的支配下,政府和官员都不允许经商。即便存在国有企业也主要是为社会公共福利事业服务。甚至军工也多数是由民营企业进行研究和经营,然后由政府收购其产品。所以在这些国家,经营工商业、金融业、证券业和其他服务业成为致富的主业,甚至农业也基本上商品化和商业化。国家经济成分结构也是民大国小,GDP 有 60%~70% 主要用于居民消费,因而商业成为人们生活所必需。同时,由于民富,国家自然也水涨船高,因此富而且强。

相反,封建专制体制为了巩固专制统治,总是主张所谓国强民富,强国在首位。总认为大河有了水小河就不会干,所以不仅政治高度集中,凡有关一些重要经济部门,尤其是一些获利较大的行业都由政府垄断经营。如我国从汉代起,就实行盐、铁等重要行业由政府专营,以后一直沿袭并日益扩大。在这种制度下,民众经营的门路、致富的门路愈来愈窄,甚至被禁止。即使偶尔出现所谓的明君,给老百姓开放一点经商的绿灯,也往往因苛捐杂税所累,关卡林立所隘,使商贸事业窒息。这种体制下的国富实际只是官富民穷。民无恒产便无恒心,积极性受压抑,生产力自然也不会提高,社会财富也不会增多。尤其民贫势必多乱,这样的国家像坐在火山上,不可能真正的强大。历史和现实都充分证明,真正强盛的国家只能建立在民富的基础上,让民众广泛经商致富。

在职能上西方商人强调需求职能,认为商人的主要任务是为广大消费者提供价廉物美的各种消费需求,法律也应为消费者在市场上自由、公平消费提供保障,坚持以消费者为中心,顾客是上帝的经营理念。而传统儒商强调供给职能,总认为厂商是市场的主宰者,抱着"皇帝的女儿不愁嫁"的想法,在买卖关系上总是以卖者为中心,所以官商意识浓厚。在竞争意识上,总体来讲,中国商人竞争意识较薄弱,主要受传统孝道思想的影响,认为父母在,不能远游,不能出外经商；其次受故土乡情观念影响，总认为熟人多了好办事；再者是受小农经济和行邦势力的束缚，从而影响中国商人的冒险精神，尤其是国际竞争精神差。虽然中国历史上也曾出现过大批巨商大贾，但总的来说，竞争意识不如西方商人强。而西方人总的来说，由于受以利为本的观念驱动较深，所以进取心和竞争创业精神较强，尤其发展对外贸易、航海、殖民方面更成为欧洲商人的主旋律，商人骑士精神更是他们的特点。

行会制度的差异。"行"是工商业者自治性的联合组织。中国的行会制度起源于隋唐时期，到宋代得到进一步发展和完善，以后一直沿用于明清直到民国。如我国唐代在长安东西二市就有粮、肉、布绢、药、金银、木、铁的等 220 行，在洛阳有 120 行，并都有自己的作坊和店铺。但中国的行会制度与西方的行会制度有所不同。

首先，欧洲行会与中国行会产生的历史社会背景不同。欧洲中世纪城市中各行会兴起，行会中的成员即商人，主要由从农村庄园领主统治下逃到城市的市民所组成。这一新兴群体，当时既缺乏国家法律保护，也缺乏教会保护，更不可能得到领主的保护。城市中虽有一些保护逃亡者人身权利自由的规定（如在城市中居住 101 天无人追捕便可取得自由民身份），但如何保护他们经商营业的权利却尚属空白。在这种情况下，他们在自由自愿的基础上组织起来，自己制定行会规章，选举自己的会长，以此规范和管理行会的内外事务，维护自身的权利，以利于与领主、教主和王权斗争，从而保障来之不易的自由。所以它是一种自治性的联合组织。

而中国城市和农村不是两个独立的经济中心，城乡中的各种商人虽也受社会轻视，但他们基本上都是自由民，而且许多商人都是农工商的兼营者，许多人的家庭都在农村，城乡来往较为自由，尤其许多巨商大贾也有相当的社会地位。在这种情况之下，商人们组织起来与封建势力做斗争,不像西欧商人那样迫切。中国行会的兴起考诸其历史社会原因,主要是基于政府为便于对商人实施管理,其中主要是为了便于向商人摊派税赋而建立起来,尤其是"宋代的行会原是在政府的强制之下被迫组织起来的"①。

其次,欧洲行会都有自己独立的规章,规定会员的入会条件、师徒关系、营业规模、经营范围、承担的义务、会员间相互的帮扶关系以及严格的监督管理制度。行会的会长由会员选举产生,许多行会还有国王颁布的特许状,由此欧洲行会基本上是以民本位为基础的联合组织。

中国行会基本由政府统一规范,即使某些大的行会有自己的章程,也主要是为贯彻政府的管理意图,其自治性较差,行会的"行老",也多由一些巨商大贾把持,市场货源也多由"行老"垄断经营,并多与官商勾结。所以基本上是以官本位为基础的民间组织。

再次,欧洲行会由于成立的目的在于维护自身的利益,所以内部成员之间的地位较为平等,行会规章也多以维护会员平等经营、公平竞争为基础。

而中国行会内部成员之间的贫富差距较大,大户往往垄断市场,操纵价格,排外突出,而且内部等级森严。

最后,结局不同。欧洲行会由于建立在自由自治的基础上,正是自由竞争的结果,到中世纪后期许多行会都成了垄断行业,造成许多新的不公,甚至成为政府的对立面,加之随着新大陆的发现、新技术的发展、资本主义制度的兴起以及民族国家的兴起,行会成为社会前进中的绊脚石,所以行会随之解体。

---

① 向元均主编:《资商通鉴》,中国经济出版社 1997 年版,第 20 页。

然而中国行会本身势力弱，从来都是在政府的控制下从事经营活动，同时建立行会的目的与欧洲不同，所以行会的活动只要不违背封建"礼法"规范，政府也能让其自立自为，由此行会的命运也能与封建制度共存。

在德、财本末关系上的差异，按传统理论和观念素有儒商"以德为本"、西商"以财为本"之说，虽只有一字之差，但反映出不同的社会经济环境下商人不同的习性和价值追求，从而形成轻商、重商不同的商业文化和不同的法律制度。总的来讲，在中西方社会中存在着德才本末之差，都受自身传统文化的影响。西方社会总体注重个体利益和价值追求，东方国家一般崇尚家庭、集体、社会整体利益和价值，在中国无论从商从政或从事其他事业都强调以德为主导。如早在《尚书》的《尧典》《康诰》篇中就已指出，"天之明命"，即上天赋予人的基本使命，在于"克明峻德"，以后孔子在教学生时，开宗明义地就讲"大学之道，在明明德"，其内涵，在于治国、齐家、修身、正心、诚意、致知、格物。有了"大德，必得其位，必得其禄，必得其名，必得其寿"①，这就是求德的"最大"报酬——名利双收。并认为"中庸"之为德也，其至矣乎，就是把中庸思想作为最高的道德标准。后来虽然把德发展为以仁、以忠、以孝、以理、以善、以道为核心，但都认为德自天中来，受命于天。这样使德更具有天人合一的思想。

德，在中国不仅适用于政治国家，而且适用于庶民社会，中国的为政自古以来就信奉为政必先慎乎德。认为"为政以德，譬如北辰，居其所而众星拱之""道之以德，齐之以礼""有德此有人，有人此有土，

①黄朴民等译：《白话四书》，三秦出版社1990年版，第27页。

有土此有财,有财此有用",德者本也,财者末也。①只有大德才能得其位,这些都是政治道德哲理。

德在中国并不是君子、仕等人的专利,同时也广泛存在于庶民社会之中。中国老百姓由于普遍受儒家思想的熏陶,即便民间的佛教道教,也接受了许多儒家的道德思想。如中国老百姓普遍具有诚意、正心、修身、齐家及治国、平天下的抱负和追求,商人更是注重诚、勤、俭、节约,他们深深懂得诚招天下客,义纳八方财。勤能生财,俭能聚财,奢侈受贬,节约是美德。有人说,商人是最吝啬的人,其实商人是最节省的人。因为不节省、不勤俭,就与他所追求的利益目标相悖。所以商人常常是起早睡晚、节衣缩食。成为"入世苦行"这最典型人间哲理的信奉者和实践者。

西方商人以利为本,这是西方社会注重个体本位利益和价值观的传统文化气质所造就的,也是西方人讲求执着的原因。如果把德和财分为本和末,这样中国人则主张德本财末,而西方人则主张财本德末。这是各自民族政治、文化、经济、宗教、法律、科学和伦理道德及心理素质等诸多因素长期发展影响的结果。过去总认为西方商人的人生信条是"人不为己,天诛地灭",其实这种思想商人有,其他人也有。正如马克斯·韦伯所说,"获利的欲望,金钱的追求,存在于并且一直存在于所有人的身上,侍者、车夫、艺术家、妓女、贪官、士兵、贵族、十字军战士、赌徒、乞丐都不例外"②。资本主义更是用企业活动来追求利润并且是不断再生的利润。就是在韦伯以前的一些先哲们,如柏拉

---

①黄朴民等译:《白话四书》,三秦出版社 1990 年版,第 27 页。

②马克斯·韦伯:《新教伦理与资本主义精神(中译本)》,康乐、简惠美译,三联书店 1987 年版,第 10 页。

图、亚里士多德、黑格尔、亚当·斯密等人,也都认为每个人的活动都以自身利益为目的,并为商人合理的营利观寻求理论根据。同时认为财富就是善,财产权是最重要的人权,以勤劳和勇敢获得财富就是美德。他们从富国富民思想和功利主义与现实主义的观念出发,认为求利并不是坏事。马克思主义创始人指出,"利润是资本用来衡量生产费用的砝码,是资本所固有的。如果在生产经营中没有利润,不仅简单再生产会受到威胁,而且连作为价值增值过程本身的动因和动机,从而作为生产的(在一定的限度内)的动因和动机的资本主义生产精神也熄灭了"[1]。所以建立在勤劳、诚信、公平、公正、节省、效益基础上的合理利润,是合乎经济发展规律要求的。在西方社会和西方商人中求利既有理论支持,又受到社会伦理道德支持,还受到法律保护。可以说,以德为本,还是以利为本,是东西方商人在伦理价值上最基本的区别,其他的区别都是在此基础上派生出来的。

(4)在法治观上,中国历史上虽出现过法治与礼治之争,但中国从未出现过以法为本的政治制度。法家所主张的法治完全不是现代意义上以维护公平、正义和人权为主的法律制度。中国人长期认为法是明君治天下的武器,所以法就是刑,这样的法与权利很少联系。并且中国人处事以德为本,而德又以中庸思想为核心,事事以和为贵,所以也导致不用法律硬约束,由此中国长期实行礼治、人治,偏好用道德进行软约束。同时,中国人总认为"徒法不足以自立"[2],法总是要靠人去执行。所以,办事、经商往往强调凭良心办,对法长期采取虚无

---

①《马克思恩格斯全集(中译本)》(第49卷),人民出版社1974年版,第519页。

②《孟子·离娄上》。

主义的态度。因此,不但轻商,而且轻法,尤其轻商法。西方国家早在17世纪就制定了独立的陆上和海上商事基本法,而中国至今也无独立的商事基本法,这都源于中国人的习性。甚至现在仍有人认为依法治国成本太高,程序复杂,办事效率低,在心灵深处总是对人治依依不舍。

而西方商人,由于以利为本,而物质利益关系是人类最基本的社会关系,它必然要求以法作为规范人们行为的主要手段,进行硬约束。所以,强调经商必须遵守法律。守法,就可使法条变金条。在法的运行机制上,西方国家的法,主要与权利联在一起,就是统治者内部的等级关系,也认为是一种相互订立的身份契约关系。对法律普遍有一种宗教式的虔诚信仰感,依法办事、依法施政已成为社会的主要道德风尚,对商法更是十分重视。法国在1563年专门设立了独立的商事法院,1673年制定了独立的商事法《商事敕令》,1681年又制定了《海事敕令》,1807年又制定了独立的《商法典》。德国于1861年也制定了《商法典》。到19世纪末20世纪初,许多国家都制定了独立的商法典。美国甚至只有《统一商法典》,至今无统一民法典。发展商法尤其是国际商法,成为适应国际化要求的新潮流。

当然,西方商人也曾与中国商人一样遭受过共同的厄运,即被歧视和排斥,但是就是这种厄运也有所不同。中国商人的厄运主要是既受儒家礼仪教理的影响,更受法家思想的打击,同时受小农经济的束缚以及封建政权的迫害,近代受帝国主义和殖民主义的摧残,当代又受计划经济的制约,可以说是在压抑的环境下顽强地生存着。中国从未产生过商业本位的政治实体,也不可能产生这样的政治实体。

西方商人的厄运主要是受宗教即基督教和天主教思想的鄙视。如《圣经》中说"富人要进天堂要比骆驼穿过针孔还难"。所以形成"任何基督徒都不应该是商人,如果成为商人,那么就应该被逐出教会",

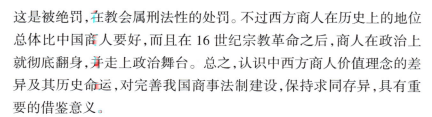

这是被绝罚，在教会属刑法性的处罚。不过西方商人在历史上的地位总体比中国商人要好，而且在16世纪宗教革命之后，商人在政治上就彻底翻身，并走上政治舞台。总之，认识中西方商人价值理念的差异及其历史命运，对完善我国商事法制建设，保持求同存异，具有重要的借鉴意义。

(二)中西方商人价值观和法治观日益趋同和相互融合

从以上分析可以看出，中国商人对商的思维观念总体上重义轻利、重德轻财、重内轻外、重文理轻技艺、重和谐轻竞争、重官场轻市场、重等级轻平等、重人治轻法制。总之，重名轻实、安贫乐道、知足尚俭，这是传统农业宗法自然经济社会思想的集中反映，与西方人的商业价值观念正好相反。

尽管中西方商人对商这一历史社会存在物的理解、知识和制度构建有所不同，甚至相互对立，但这并不奇怪。正像大自然赋予人类各种食物一样，不论它的皮和肉构造多么神奇和巧妙，形态相似或差异很大，其实它们的阴阳性质往往是互补互融，相互制衡，甚至像酸碱一样可中和对方的偏性，有时甚至构成新的物质。以养驴业为例，驴皮和驴肉是一种阴阳互剂的关系。对饮食业来说，它更重视驴肉阳的一面，可补气强身；对制药业来说，它更重视驴皮阴的一面，因驴皮经过熬制，可制成比肉更贵的鼎鼎有名补药——阿胶，能滋阴补血，其他一些阴阳相济的事，也是如此。如德和财、公平与效益、内贸与外贸、名和实往往都是同一事物对立的一面，但都相互依存，在一定的条件下相互转化，任何只重视一面轻视另一面，都会使事物失去平衡，不能健康发展。东西方人经过千百年不断交往，逐渐认识到相互的长处和短处，彼此相互借鉴和学习。虽然都有差异，并保持各自的特点，但总体日益融合甚至日益趋同，真可谓使双方都起到买椟还珠的效应。尤其在当代社会，由于交通信息的发展，人类活动愈来愈国际化、全球化,相互交流借鉴的机会日益增多,所以对商事的认知从理念到制度也日益融合。

从清末起,中国与西方国家日益建立起正常的通商关系。如葡萄牙人于 1516 年帕然罗号驶抵中国澳门,以后葡人不断来华,1557 年葡人集中租居澳门,到 1887 年中葡正式建立通商友好关系。接着西班牙人 1573 年到达中国广州,到 1847 年建立起正式贸易关系,1864 年正式订立通商条约。荷兰人 1604—1622 年有 16 艘船驶入中国澳门,转而又进入台湾,1863 年正式订立通商条约。英国,1596 年时伊丽莎白女王致信中国皇帝要求与中国通商,直到 1637 年英国商人抵达澳门。1678 年英国商船曾载 4000 英镑货物满载而归,1701 年在广州、厦门、宁波投资 8 万余两白银开设商铺,并在广州建立商行,到 1842 年中英正式订立通商条约,并以香港为基地。1658 年、1672 年俄国商人先后到中国经商,1689 年订立了第一个通商条约。1688 年,法国路易十四致信中国皇帝建立通商关系,1728 年法国私商到中国贸易,1802 年法国商船正式驶入广州,1844 年中法正式订立通商条约。1745 年瑞典"哥本哈根"号商船到达广州与中国贸易。美国于 1784 年主要通过英国、印度公司与中国贸易,1821 年因美国水手杀死中国一平民而贸易中断,到 1844 年正式订立通商条约。后来随着列强侵入,与 50 多个列强签订了通商条约,从而使商事制度相互借鉴。

中国与众多西方国家的通商交往,不仅带来西方新式货物,也带来西方经商营工的新理念,从而在晚清形成重商主义思潮。

在重商思想的影响下,曾国藩、郑观应等人提出了"商战"思想。认为商战与兵战相比,兵以夺其地,商以夺其财,教以夺其民,商战的特异功能在于以隐蔽的方式、公平的手段,夺人之财,弱人之国。并认为十万家商,胜万劲旅。国强必先致富,欲富必先大力发展商民。在这一思想指导下,逐渐形成尊商、重商、惠商之风。随之设商部、建商会,旨在"恤商情、振商务、保商权、展实业、图富强"。从而一批民族新兴工商业,如纺织、面粉、建筑、交通运输、冶炼、制造、银行、保险等行业开始形成。1872 年中国官督商办的招商局(轮船公司)成立。大商人胡雪岩 1883 年与洋商开展了生丝大战,并在上海、杭州等地设立钱庄、银号与外商展开商战。1872 年广东南海侨商陈启源创办的"继昌隆"丝厂是中国第一家机械纺丝厂。1898 年商人郑观应在上海开办了我国第一家机械织布局。1878 年船商朱其昂在天津开办了我国第一家机器磨面厂。1879 年华侨卫省轩在广东佛山开办了第一家火柴厂。1875—1878 年李鸿章在直隶磁州、开平办起了第一家煤矿。1876 年唐建枢成立保险招商局。1881 年李鸿章、盛宣怀创办电报总局。1897 年盛宣怀在上海开办了中国第一家银行——通商银行。1905 年清政府成立了大清银行。截至 1913 年中国共创办工商民族企业 585 家。此外,还有各国外商在中国兴办的各种洋行。这样,海商频来,贸易日繁,市场观念开始滋生,竞争意识日益增强,西方法律制度也传入中国。1904 年 1 月中国颁布《公司律》,首卷为《商人条例》,这是中国历史上第一部独立的商事成文法,1908 年又颁布了《大清商律》(草案),这样中西在商事理念和制度上开始融合。

当代社会东西方商事法律制度更是日益趋同或相类似,这主要借助于各种商事公约的推动。《1980 年联合国国际货物买卖合同公约》的制定,基本使各国的商事买卖法在此基础上得到统一。又如票据法,基本上在 1930 年和 1931 年国际联盟在日内瓦制定的《有关汇票与本票公约》和《有关支票公约》以及 1988 年联合国 43 次大会通过的《国际汇票与本票公约》的基础上得到统一。海商法更有许多国际公约,如 1910 年《统一船舶碰撞某些法律规定的国际公约》、1924 年《统一提单的某些规定的国际公约》、1978 年《联合国海上货物运输公约》等,在这些公约的基础上,海商法基本得到统一。其他像公司法、银行法、商业会计法,虽尚无统一公约,但基本制度都大体相似。

国际商业贸易和经济组织的建立,对推动国际商事法律制度的统一起了重要作用。如联合国经济及社会理事会的成立,联合国又分别设立了亚洲及太平洋、西亚、非洲、拉丁美洲及欧洲各经济委员会,联合国还按行业设立了许多组织,如联合国粮农组织、工业发展组织、统一贸易与发展委员会、联合国国际货币基金组织、世界银行,其中 GATT 和 WTO 的建立对推动世界贸易的发展和商贸法律制度的统一起了重要的促进作用。另外,还建立了许多地区性的经济共同体,如加勒比共同体、东非、西非共同体、欧洲共同体等。另外,还根据一些特殊产品建立专门的统一协调组织,如石油输出国组织、铜出口国委员会、铁矿砂出口国协会、可可生产者联盟、香蕉出口国联盟、国际茶叶委员会、国际金属交易所、棉花交易所、砂糖交易所、橡胶交易所,它们都制定有标准格式合同以及统一的交易规则,这些对促进国际贸易法的统一以及各相关特殊商事法律制度的统一都起了积极的推动作用。另外,国际商会对贸易术语的推广和使用以及信用证和托收承付的统一应用上也起了积极的促进作用。不过也要看到,东西方商事价值理念和法律制度的趋同性是相对的,而差异性仍是绝对的。

(原载于《商法原论》,知识产权出版社 2015 年出版)

古希腊古罗马商事法律制度刍议

一 古希腊对东方商事文明制度的借鉴与发展

前面已谈到在古巴比伦、古埃及、古希伯来、古阿拉伯人以及古印度等东方国家，他们在古代文明中对商业的态度与在商业法制建设的进程中不完全相同，但是他们与中国一样，基本上都没有轻商和反商的迹象。即使像印度在早期的吠陀时代受"种姓"制度影响和后来宗教的影响，商人的地位仍始终处于第三等级——吠舍，轻商思想在社会中不占主导地位。

现在看看西方国家在古代同一时期他们的商业发展和对商的态度以及商业法制情况。西方古代文明主要是古希腊文明和古罗马文明，在古文明史中属第二批古文明，一般发生在公元前1000年。而人类第一批古文明——如"北非尼罗河流域文明、西亚两河流域文明、南亚印度河流域文明、东亚黄河流域文明，都发生在公元前4000年至前3000年末，最迟也在公元前3000年至前2000年，这也是我国夏商两朝所处的时代。"①

研究古希腊的历史和商法，首先要破除对古希腊的迷信，去"欧洲中心论"思维。因古希腊文明与亚洲文明相比，不仅时间晚，而且其

---

① 白寿彝：《中国通史》（第3卷），上海人民出版社2000年版，第566页。

他的文明基因在亚洲。现在已有学者撰写专著,认为所谓古希腊文明是一部伪史。①美国科学史家乔治萨顿在所著《科学史》中早已公正指出,"希腊科学的基础,完全是东方的,人们无法无视希腊地区文化,埃及是他的文案,美索不达米亚是他的母亲"。西方人为何要伪造一部希腊史? 按何新教授考证,主要是为了使"白种人在几千年前已经在科学、民主方面具有高于其他民族文明的近代形态,而且战无不胜"。其直接原因是文艺复兴时期统治意大利、威尼斯等新兴城市共和国的梅蒂奇等银行家族为宗教和政治原因(如为城邦共和国的托古改制)寻找历史根据,并利用共济会雇佣学者大规模伪造古希腊主要是雅典共和国的历史、神话和艺术。②

二、古希腊商事法律制度初探

（一）古希腊商事法的兴衰及特点

古希腊文明源于克里特岛和迈锡尼的爱琴文明。克里特岛是爱琴海上 400 多个岛屿中最大的一个岛。在公元前 3000 年左右,他们从埃及人手中获得青铜的冶炼技术。随之,农业、手工业、商业、海运业逐渐繁荣。到公元前 1450 年,希腊半岛南端的迈锡尼渡海征服了克里特岛的克诺萨斯王朝,从此克里特岛归入迈锡尼。遗憾的是爱琴文化好景不长,到公元前 12 世纪末,迈锡尼诸国被游牧落后的希腊人南侵灭掉。从此希腊进入"荷马黑暗时代"（公元前 11 世纪至前 9 世纪），原有的文明被扫荡一光。希腊社会又回到原始社会的晚期。"希腊人并没有产生自己的文明,他们破坏了一个文明,在它的废墟

①何新:《希腊伪史考》,同心出版社 2013 年版,第 100 页。
②何新:《希腊伪史考》,同心出版社 2013 年版,第 100 页。

上重新集合成另一个文明。"①但这一文明是在靠武力征服已经较为发达的爱琴世界文明的基础上建立起来的，所以说古希腊人并没有产生自己的文明。

同时，希腊所创造的另一个文明或新的文明，即公元前8世纪以后，以雅典城邦制为中心所兴起的奴隶制民主政治及社会新的经济、文化、科学、哲学、宗教等思想文化，属于人类古代第二批文明。这种文明也主要是在爱琴文化的基础上和东方诸国及埃及文化的影响下发展起来的。这两个区域的文化之所以能传到希腊，几乎完全得力于腓尼基商人。腓尼基商人在地中海东部沿岸建立起许多城市，往来于亚、欧、非三洲之间。自公元前100年以后，历时约300年，凡爱琴世界、尼罗河流域、两河流域的各种文化，多经过腓尼基这个二传手的汇合，而后传播于希腊。一是各种工业品的制作方法：如玻璃、瓷器、织布、染布以及金属器物的制作方法；二是装饰艺术等的制作方法，如宫殿、庙宇的装饰等，都是通过腓尼基在与希腊的长期贸易过程中传入希腊；三是拼音字母的运用法，也是因与腓尼基人贸易，"为买卖记账等方便计，终于采用拼音字母符号，以表达他们自己的语言"。②此外，铁器的运用和冶炼方法也是由小亚细亚的赫梯传入希腊；商船、战船的改进，也得益于腓尼基人的帮助；尤其是银币，也是希腊人在与小亚细亚的占底亚王国经商中得到采用。就是亚里士多德也不是希腊人而是马其顿人，并且他和苏格拉底、柏拉图一样，都反对雅典的民族民主制度。

此外，在城市的形成方面，尼罗河流域、两河流域以及印度都是

①[英]赫·乔·韦尔斯：《世界史纲》，人民出版社1982年版，第307页。
②周谷城：《世界通史》（上），河北教育出版社2000年版，第120页。

围绕神庙、祭司为中心而发展起来的。而希腊早期无此类制度,它直接以氏族血缘关系形成城市。在阶级关系方面,希腊早期只有贵族和平民,而贵族和平民有时也组成一个共同体,成为城市的主体,这与东方的君主政体是不同的。在政治方面,雅典的城邦民主共和制度,实际是血缘社会民族民主的残余。它的城邦殖民是促使它内外商贸发展的一个重要原因和特点。在商事法律制度方面,除海商法方面有所创建外,其他方面基本上处于弱智状态。

(二)古希腊的轻商思维

古希腊到底属重商思想范畴,还是属轻商思想范畴,我国学界有不同的认识。有学者认为,"古希腊属重商思想,而且是农商并重"①。有的学者认为,"在世界范围内,古代许多国家如印度、希伯来、希腊、罗马都是轻视商业的"②。确定其是重商还是轻商,不仅要听其言,而且还要观其行。从法律层面上讲,既要从观念上考察,又要从制度上考察,还要从社会具体实践方面考察。同时,更重要的是所谓轻商、重商不是个人行为,而是指国家对待商业、商人、商法的态度。例如,商业是否能作为一个独立的产业,商人是否能作为一个独立的主体并能与其他主体被同等对待,商法是否在实质上和形式上能作为独立的或特殊的法律部门,等等。这些问题都应该是有史有据的。

古希腊的轻商主要体现在以下几个方面:

(1)从荷马史诗中的记载看:荷马的两部史诗《伊利亚特》和《奥德赛》,是流传下来记述希腊在公元前 6 世纪仅有的史料。①在史诗中的许多记述中,只有贵族及其英雄和显贵们经常自诩为"高贵的"

①何勤华、魏琼:《西方商法史》,北京大学出版社 2007 年版,第 112 页。
②胡寄窗:《中国经济思想史简编》,中国社会科学出版社 1981 年版,第 7 页。

"富裕的""善良的",是神的后裔,而其他的人,尤其是奴隶都是"卑下的"和"丑恶的",都是被神剥夺了光荣的人。其他的人自然包括商人和手工业者。②在史诗《奥德赛》中扮演主角的俄底修斯,是一个不但长于战术,而且又擅长经商的人,诗中不但没有一句褒奖的话,而且有许多语言表现出对他的轻视。③史诗中描绘当时显贵们的富有时,总是提到他们有肥沃的土地、有家畜和农具,从未提到有多少货币和商品,这说明当时商业十分不发达。④在史诗中所论述的当时是以"牛"作为货币。如记述一个女奴等于 4 头公牛,一个铜制的三角鼎等于 20 头公牛。这种以"牛"作为货币的情况,既说明当时交换还不发达,又说明对商业交换还不重视,因为它很不利于交换。

在古希腊社会中长期存在对手工业者和商人抱着鄙视的态度,所以本国公民都不得从事此类职业。从事手工业和商业的人主要是外邦人和奴隶。柏拉图甚至曾公开提出,公民从事零售贸易的要处以刑罚一至二年。他提出商业只能由外邦人去经营。由于有这种传统习俗及其规定的存在,所以酿成在古风时代希腊大多数城邦向海外殖民和经商。这样可以规避本国对经商的限制。同时,雅典城邦为发展商业,大量鼓励外邦人到雅典经商,甚至给予公民资格的优惠政策。据公元前 312 年的一次统计,"雅典公民有 21000 人,其中外邦人就有 10000 人。所以当时雅典的零售商、批发商以及各种手工业,尤其是粮食进口完全由外邦人承担"①。可是"外邦人"(Xenos)包含敌人的意思,他们没有公民权,也不能通过"归化"手续而取得公民权。外邦人与本邦人结婚也不能算是合法婚姻。在雅典,法律规定禁止外邦人

---

①See Robin Osborne Classical Landscape with Figure—The Ancient Greek'City and its countryside London 1978. p.103

置产,不能遗赠财产,不能照遗嘱继承财产,不能在诉讼上做证人。斯巴达更保守,来库古曾创立所谓"排外条例","不容许斯巴达人出境,以免习惯了异邦风俗和不相容的政治见解,同时还禁止外邦人无故入境"[①]。可见允许外邦人经商完全是出于一种歧视。

一些重要代表人物对商业的态度。色诺芬的观点:色诺芬(公元前 430—前 353 年)是古希腊著名音学家苏格拉底的门生,是古希腊出色的历史学家和作家。他著有《希腊历史》《经济论》和《雅典的收入》等重要著作。在经济方面他是古希腊著名的重农思想的代表人物。他在《经济论》一书中反复强调农业是希腊自由民最重要的职业。他说:"对于一个高尚的人来说,最好的职业和最好的学问就是人们从中取得生活必需品的农业。"[②]这显然是一种原始的自然经济思想,也是对其他产业包括商业的轻视和歧视。就他的财富观来说,他认为只有具有使用价值的东西才是财富。他举例说,"一支笛子对于会吹它的人是财富,而对于不会吹它的人,则无异于毫无用处的石头"。甚至还认为,"卖掉对自己没有使用价值的东西,得到了货币,但是对于不含使用价值的人来说,也不是财富"[③]。由此可见,他虽然不反对交换的存在,但是这种交换,是在无商人参与下的简单商品交换(W—Q—W),不是在商人参与下的发达商品交换(G—W—G′)。因为商人的交换不是为获得使用价值交换,而是为实现商品的价值而交换。所

---

①由嵘:《外国法制史》,北京大学出版社 2000 年版,第 41—42 页。

②[古希腊]色诺芬:《经济论·雅典的收入》,张伯健、陆大年译,商务印书馆 1961 年版,第 20 页。

③[古希腊]色诺芬:《经济论.雅典的收入》,商务印书馆 1961 年版,第 3 页。

以把"重商主义者"这项桂冠给他戴上,真是有损重商主义者的光辉。色诺芬在他的著作中所反映的基本观念显示他是奴隶制农业自然经济的拥护者,而不是重商的交换经济的倡导者。

柏拉图的观点:柏拉图(公元前 427—前 347 年),也是苏格拉底的门生。公元前 339 年苏格拉底被处死后,他在雅典专门从事讲学。他在政治上反对雅典民主政治,是贵族政治的维护者。他在《理想国》和《法律论》中,对他轻商和反商思想作了大表演。他的理想国家,正如马克思所指出的,"不是别的,而是埃及种姓制度在雅典的理想化。他的唯心主义哲学是他理想国的理论基础"①。柏拉图认为,"一个健全的国家,应根据正义原则——按人的天性由三个阶层组成。最高层是执政者哲学家;第二阶层是卫国的战士;第三阶层也就是最底阶层是自由民阶层——农民、手工业者、商人等一切从事经济活动的人。他认为这些人是没有真正思考能力的人,因而他们没有参与国政的能力,只能从事生产活动"②。可见他把商人看作天生的低等阶层的人,只能是被统治的人。虽然他肯定商业对统治者和社会都是不可少的,但他对商人是抱着鄙视的态度的,主张雅典人(公民)不应从事这种不体面的行业。而商业活动只能由外邦人和奴隶去从事。违者要判一年刑,再违者要判两年刑。同时还提出国家应制定法律,使商人只能得到适当的利润。柏拉图尤其反对高利贷,主张禁止放贷生息和抵押放债。他的这些主张实际上是置商人于死地。

---

①《资本论》(第 1 卷)张伯健、陆大年译,及《马克思恩格斯全集》(第 25 卷),人民出版社 1972 年 版,第 406 页。

②[古希腊]柏拉图:《理想国》(第 2 卷),郭斌和、张行明译,商务印书馆 1957 年版,第 62 页。

　　亚里士多德的观点:亚里士多德(公元前 384—前 322 年)是古希腊博学多才的思想家。他的著作很多,其经济思想主要发表在《政治论》《伦理学》及《经济论》等书中。他的核心思想理念,就是以自然或不自然作为划分社会一切事物正义与非正义的唯一判断标准。他认为世上万事万物都存在统治与服从的关系,这是自然的,如奴隶主与奴隶的分工,这是自然的。甚至认为男人统治女人,也是因生理自然关系形成的。对商业他也是以自然、不自然来区分。他在《政治论》中认为"家庭管理"和"货殖"是不同的。"家庭管理"本来是色诺芬作为奴隶主经济研究对象提出的一个概念,亚里士多德把它进一步理论化。亚里士多德认为"家庭管理"是为取得具有使用价值的物品,以供消费,这是自然的,因此也是符合正义要求的。

　　至于"货殖"(经商致富之术),亚里士多德认为不是为了自身消费,而是为了图利,因此是不自然的,也是不正义的。同时他指出,每一物品都有两种用途:一种是供直接使用,这是物品本身固有的属性;另一种用途是供交换,但它不是物品所固有的属性;另一种用途是供交换,但它不是物品所固有的,因为物品不是为交换才制造的。他认为交换的目的是获得使用价值,所以这种交换本质上不属于"货殖",而属于"家庭管理"之内。以货币为目的的交换(G—W—G′)在于无限地追求货币财富增值,这种交换就是"货殖",它是反自然的,不应属于"家庭管理"之内。所以亚氏极力反对商人交换。其实就是反商业资本的存在。他与柏拉图一样,更反对高利贷,认为"高利贷是货币追求货币,更可憎,在一切营利中是最不自然的"[①]。在这里他把单纯

---

① [古希腊]亚里士多德:《政治论学》,吴寿彭译,商务印书馆 1965 年版,第 32 页。

为直接消费的自然经济和为出卖营利的商品经济加以区分。所以他认为只有自然经济才符合"家庭管理"需要,实际是符合奴隶主消费的需要。为满足此种需要,他还主张经营小商业是可以的,大商业是绝对违反自然的。

亚里士多德对货币的认识虽然比色诺芬和柏拉图进了一步,但他也未认识到货币是价值表现的必然形态这一本质特征,所以他也没有价值概念。在他心目中,"货币只是为便利交换而产生的,它不是依自然而存在,而是依法律存在,并且我们有权利改变它,使它成为无用"①。这与他整个轻"货殖"、轻商业的思想一脉相承。

这些思想家虽然他们的学说各有特点,但他们有一个共同之处———致轻商甚至反商。为什么会如此?因为他们都处在同一奴隶制社会中。而奴隶社会最大的特点是阶级的残酷剥削和压迫,是公开的等级不平等。而商业——尤其是商品经济和货币经济关系,它本质上所追求的是公平、平等与正义,所以它是对等级制的无形炸弹。因此,商品货币关系越发展,社会越要遵循公平原则,这自然是奴隶主们所不喜欢的。所以在希腊轻商思想的泛滥也就不足为奇。

就希腊商事立法来说,希腊除海商法有所建树外,其他在陆商方面并未见到有什么创举。甚至连成文法典在当时也没有。即便是后来1857年在克里特岛所发现的《格尔蒂法典》,其内容也主要是婚姻家庭及继承、赠予方面的规定,有关商业方面的专门规定基本找不到踪影。就是有该法典也不属希腊人的法。后来在近代希腊虽实行民商分立,但其商法典也主要是移植法国商法典。从以上分析,可见古希腊属轻商范畴,一点不算是入于人罪。

---

①[古希腊]亚里士多德:《伦理学》,向达译,商务印书馆1933年版,第107页。

（三）古希腊城邦制度对商业和商法发展的利与弊

希腊城邦制度是一项宪法性制度。古希腊文明中一个重要特点是它的城邦制。这项制度对希腊的商业和商法的发展产生了重要的影响。城邦（polis）从政治层面上言，是在原始社会向国家过渡期间所形成的以氏族这一特定人群为中心的社会联合体。它高于部落和村落，严格说它又低于正式国家，或者说只是国家的一种特殊组织形式。这些城堡起初都是一些独立的"氏族社会"，以后发展成为初具规模国家，便成为独立的"政治社会"。希腊的多利亚人原本是游牧民族，他们在公元前 12 世纪开始南侵后，逐渐发展为定居生活，并以若干家族集居在一处，渐成中心，因此乃形成各自分立的小邦。当时并未建立统一的中央政权。后来到荷马时代（公元前 12—前 9 世纪），在希腊本土上建立起来的奴隶制城邦有 200 多个。

希腊人为什么要以城邦的组织形式立国？史家考证，认为早期希腊就本土而言，各族人之间为争夺当地人民的土地和财产相互掠夺十分厉害。而掠夺者在政治理念上的特点往往是奉行"宁为鸡头，不为凤尾"的"小国寡民"思想。所以把夺来的土地分给家族中的一些有功之臣，让他们各自单独自立门户。更加之掠夺者每到一处烧杀掠夺自然受到当地居民的反抗。为了防卫居民的反抗和报复以及海盗的劫掠，他们必须筑城集居。而原当地居民只好另选有利的空地，白手起家另建新家园。因同样理由，他们也只好筑城集居，以防外族再犯。所以希腊城邦的兴起其主要原因是野蛮掠夺的结果，并深深打上氏族的烙印。它与东方国家城市的兴起迥然不同。东方国家的城市主要是在工商业和运输业发展的基础上或者受宗教影响，如修神庙、开展祭司活动以及升为政治文化中心而逐渐发展起来。

希腊城邦从公元前 8 世纪至前 6 世纪随着私有制的发展，贫富分化日益激烈，一些新生的贵族地主日益控制着城邦的政权，他们的土地在农村,自己则入居城内,城内的工商业者也日益增多。为适应这些新变化,经公元前776年、前594年,尤其是前509年的改革,城邦由旧的"氏族社会"一跃而为新的"政治社会"。市民不再以家族来确认,而是以居住地和财产来决定。原来的氏族分子变成了邦国公民。但这一变化,只是以氏族为主,变成以民族国家为主,它的氏族色彩并未完全抹掉。因为原来的氏族分子,就不包括外邦人和奴隶,现在的公民实际也不含外邦人和奴隶。另外,希腊城邦一个重要特点是,除在初期一段时间保持了国王统治君主政体外,后来远在公元前7世纪以前,大多数城邦早已实行贵族共和政体。它们的执政官都是选举产生,而非世袭。以后的僭主政治和民主政体都一直坚持共和制,并设有议事会,并以公民大会作为城邦国的主要机构。其在形式上和程序上一直保持着氏族社会民主的遗风,只是阶级内容有所不同而已。

希腊城邦的兴起主要有三种途径:一是由氏族部落自然发展而成,这类城邦以雅典为典型;二是通过武力征服,然后建立起城邦国家机构,这类以斯巴达为代表;三是通过殖民活动建立城邦,主要是在希腊本土以外所建立的城邦,多达130个。

城邦制的重要弊端之一是不适应商业发展的要求,究其主要原因,一是受民族性的约束。因为早期的城邦主要是以氏族为单位集合而成。一个氏族毕竟人口少。所以城邦总是成为"小国寡民"的地沿格局。当初200多个城邦,其中小的城邦如厄齐那只有100平方公里。就是最大的城邦——斯巴达也只有8400平方公里,人口也只有20多万。雅典在全盛时期也只有2500平方公里,人口也只有40万。加之,当时的城邦为了加强防卫,和修建供奉诸神的庙宇,城邦通常都修建在高地附近,在这地狭人少道路不便的环境下其本身就限制了商业的发展。二是受公民制的制约。在古希腊如雅典,由于轻视商业,所以它规定本城邦中的公民不能经商。这样只有外邦人才能经商。而外邦人具有敌人的含义,地位很低,一般都无公民权,人格低等,权利无保障,处处受敌视、排挤和限制,所以也不利于发展商业。三是有的城邦纯属军事之邦。例如,斯巴达,它是南希腊伯罗奔尼撒半岛南部平原上一个最大的城邦国家。但斯巴达人在公元前8世纪征服此地后,将该国居民分为三等。第一等的——斯巴达人,因为他是征服者,土地权归他集体所有,由被征服者去耕种,斯巴达人坐享其成。他们毕生只从事军事活动,镇压被征服者的反抗和对外扩张。第二等级的人虽有人身自由,可从事农工商业,但无公民权。第三等级——希洛人全为奴隶,而且人口众多。所以在这种军事之邦的城邦国更不适宜商业的发展。四是希腊是西方最典型的奴隶制国家,奴隶人口众多,它的文明主要是建立在奴隶劳动的基础上。而奴隶劳动比较适合于农业和手工业,而不太直接适合商业。如奴隶劳动极盛时期:雅典奴隶人口达365000人,科林达460000人,爱吉纳达470000人,斯巴达达20万人。

由于以上原因,在山重水复疑无路的情况下,希腊人从公元前8世纪到前6世纪掀起大规模的海外殖民扩张运动。主要是一些势力强大的城邦——有40多个,在海外建立起殖民城邦130多个。在地域上遍及地中海以西、意大利南、地中海北、黑海沿岸、北非及小亚细亚以北。重要的如西西里岛的叙拉右、意大利的他林顿和叙巴里斯,高卢南部的马塞利斯,爱琴海北部的波堤底亚,小亚细亚的拜占底,黑海南岸的西诺普,北非的亚历山大城,同时加强与埃及、巴比伦和腓尼基的联系,并展开激烈的竞争。

推动希腊向外殖民的原因很多,除通常所说的人口增多,土地有限外,其中一个重要原因是国内城邦制限制了商品经济和商业的发展,从而限制了人们脱贫致富的门路。所以只好向海外寻求发家致富的新门路。这些殖民大军总的由三种势力所组成：一是商人势力。他们主要是在原母邦中被歧视、被排挤的大批手工业者和小商小贩及其他工艺技术者。二是众多无业的贫民势力。有的是遭敌人侵略城池被毁坏，物品被抢光，被迫流落出走的；有的是因内战被驱逐出境的；有的是由于瘟疫、地震不幸而离乡背井的；也有的是受夸大宣传被诱惑出境的。总之，这是一批外出求生的弱势群体。三是殖民的组织者及武装势力。他们多是贵族王室家族中想另立门户的人。这些人虽然个人情况不同，但都有一个共同愿望，都是冒着风险远走他乡异国，重新建立新的子邦，甚至孙邦。这一殖民活动在海外发展很快，如米利都这一母邦仅在18年内，就在小亚细亚北岸建立起70多个新的殖民点。这些殖民者，尽管他们来自不同的母邦，各自的身份也不相同，但都变成殖民者，成了同路人。但一到海外，对当地原有的土著人来说，他们都是侵略者，都是攻杀的对象。所以他们也只好学母邦一样建立新的城邦进行集居，成为新的殖民邦国。

希腊对外殖民主要有两种途径：一种是武力夺取。早期的对外殖民主要是采取这种方式。例如，迈锡尼征服小亚细亚的特洛伊，就是武力殖民的典型。后来希腊的亚该亚人在黑海地区征服雷姆诺斯、伊姆罗兹、累斯博斯等岛屿后，建立起"新亚该亚"，都是以武力殖民为主。雅典人在向小亚细亚的伊奥利亚诸城的移民也是以武装入侵为主。雅典向西面的叙拉右、他林顿以及马赛的殖民也都是通过武装入侵实现的。

另一种是通过在海外建立商站，然后以商站为依托，逐步发展殖民城市，进而发展殖民城邦。这虽是一条和平发展的道路，但其实也是一种"持剑经商"的新策略。尤其是第二次殖民广泛采取这种途径，如在小亚细亚南岸旁非利亚诸城中建立起商站。在法西利斯、阿斯盆都、塔尔苏斯这些当地居民占支配地位的地方，一般也都以建商站为主。像米利都在小亚细亚北部建立起的70多个殖民点，其实就是70多个小商站。尤其像在埃及、叙利亚等地，希腊殖民受到阻挠成为禁区的地方，往往采用建立商站的办法。通过建商站向外进行殖民扩张的好处是：首先通过商站发展殖民，可减少殖民者与当地居民相互间的人员伤亡和财产损失，更容易缓和不同民族的矛盾，减少阻力和积极增进相互融合；通过商站发展贸易，既可促进母邦的经济发展，又可刺激当地工商业及其他行业的发展，更有利于实现致富致强，以达到殖民的最终目的；发展商贸往来不单是实现商品的输出输入，更有利于把先进的文明传播到后进地区，带动后进地区走向文明；建立商站能促进民族间、地区间、城邦间长期友好贸易往来。对母邦来说，商站的建立会促进母邦的商业和经济的发展，而且还可通过商站进行再次殖民。以雅典为例，最为突出。雅典城邦当时由于向外殖民，各殖民城邦和商站，把各地的珍奇异物一批又一批地运回雅典市场，加之当时国内商品经济也得到发展，使雅典市场上货物应有尽有。一时间雅典成为希腊世界第一个商业城邦。同时由于向海外殖民和设立商站，不可能全是一个母邦的成员，往往是不同邦族从四面八方组合起来的，他们涉洋过海，同舟共济，这对狭隘的氏族理念也是一次大清洗，加之长期往来于海洋上，受着海的容纳性、平等性的熏陶，民主观念、平等观念和法治观念也容易培育起来。当然，大量的向海外殖民和建商站也会产生一定的负面效应。例如，本土人力和资源纷纷外流，尤其是税收外流，这样会使本土经济萎缩停滞。所以，后来梭伦从"分裂繁殖"，一心向外转向以发展本土经济贸易为主的路线，并据此施行各项改革。

希腊所推行的对外殖民，尤其是建殖民商站，对推进希腊的商业及整个经济的发展，以及商事法制建设都起了重要的推动作用。首先，各种殖民者每到一处，一旦定居下来，不仅要发展农业，而且还要发展手工业和商业以及文化教育事业。因为这些殖民者本身总是有吃穿用等最基本的消费需求，这些需求不可能全部依赖母邦从遥远的地方进行供给。即使能供给，其成本和风险也太高。同时，他们向外殖民的目的也是自立门户、分裂繁殖，如果再事事依靠母邦，岂不有违殖民的初衷。再者，就各商站和殖民地来说，它们的自然禀赋也各不相同，这在客观上也就决定了它们自身必然要与外界发生交换。此外，就技术方面来说，当希腊人在公元前 8—前 6 世纪大量向海外移民时，地中海区域已进入铁器时代，冶金技术比较发达。加之，通过移民进行民族大混合，从而广泛吸收小亚细亚地区古巴比伦、腓尼基和北非埃及的先进文化技术和丰富的贸易经验，这些都有助于手工业和商业的发展。加之希腊的航运业已很发达，已能制造使用水手 200 人划桨的三层大船，这对发展商业贸易是有利的。加之，城邦与城邦之间、城邦内部的斗争十分激烈，许多破产失地的农民都愿到海外另谋出路，从而奠定了向外发展的思想和人力基础。

再从外部环境来看，东面与小亚细亚赫梯接壤，两河流域文明早已传到这里。而且在第一批对外殖民时，已在黑海、地中海沿岸建立起一些殖民根据地，当时主要是以城市为主。在这些殖民地城市背后都有广阔的腹地，既可发展农业，又是手工业的原料来源地，同时也是商品的销售地。这对发展商业是十分有利的。

另外在许多新建城邦中，往往都大力种植葡萄、橄榄，从而使制造葡萄酒、橄榄油这些新产业很快发展起来。这样就可以使这些稀缺新产品和其他精美的工业制品与当地的其他土特产品进行交换，甚至远销其他各地。在这种情况下，久而久之，不仅外来人与当地人在经济上日益融合，而且在文化上也日益融合，这样也就很快形成新的殖民城邦。

（四）古希腊对外殖民对商法的推动

古希腊随着殖民扩张大大促进了内外经济和商业的繁荣以及政治体制的改革，这时为适应商业发展的新要求，商业法律制度也得到新的发展。但从总体看，当时希腊的商事立法与其商业贸易的客观形势发展是不相匹配的，立法的自觉性远远地落后于客观形势的要求。至今尚未发现希腊曾有像《汉谟拉比法典》那样的成文法典。在商贸活动领域主要适用的还是各城邦的习惯及其习惯法。各项买卖交易活动也主要是靠交易双方在自有自愿的原则下所达成的协议和契约进行规范。客观地看，古希腊人的法律智慧，远不如巴比伦人，更不如罗马人。按理论，梭伦早年以经商为业，而且还在国外经商。后来弃商从政，并当了执政官的要职，他也引领雅典由外向型的商贸活动转为内向型的商贸活动。尤其冒着很大政治风险实行大刀阔斧的改革。他的"解负令"，废除自古以来的债奴制，并提倡和鼓励每个雅典人学会一种手工业技术，还奖励外邦手工业者移民雅典并给予公民权，还对货币进行改革，规定统一使用通行于爱琴海的优鼻亚货币，还统一了度量衡，并对占有土地的最高额作了限制。这些政策都对发展商业极为有利。他理应领导雅典人制定出一部成文性的法典来巩固他的改革成果和继续发展雅典的经济和商贸事业，但遗憾的是他缺乏法律天才，丧失了良好的机遇，就是后来希腊人也未弥补其这一历史缺陷。不过有几点也是值得一提的。

一是"等权协定"（Isopoliteia）的制定。因为希腊是由众多的独立城邦所组成，其在海外的殖民城邦虽然依附于母邦，但在政治上也是独立的，因此城邦间经常进行的经济贸易往来在性质上都属国际交往。加之古希腊在处理邦际问题上一直还保留着复仇遗风，并认可这种行为的合法性，甚至一些邦国常纵容私人扣留人质和船舶的手段来解决商贸活动中的纠纷，因此，从法律上处理好城邦之间的关系至

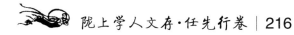

关重要。由此,在公元前 5 世纪开始,一些城邦之间便兴起签订"等权协定",以发展相互友好和互利互惠的关系。根据这种协定,规定:"一个城邦国的公民在另一个城邦国经营各项工商贸易活动及其他事业,享有与当地公民所享有在公法和私法上的同等权利。"①这实际相当于后来在国际贸易中所广泛实行的国民待遇原则。这对发展当时城邦之间的贸易是十分必要的。当时在希腊对"等权协定"的签订有两种做法:其一是由协定双方的城邦政府统一替本邦公民取德协定内规定的同等权利。这主要是对双方属于一些常来常往相互交换的活动领域。其二是属于一些非交互的,单边授予外邦人以公民权,以鼓励或奖励一些有技术特长或做出突出贡献的移入本邦的人。这类协定,对发展邦际贸易十分有利。

二是有关"商业条约"(Symbolon),这是在"等权协定"基础上的进一步发展。主要是不同城邦公民间有关商业、信贷业务及各种买卖契约纠纷在诉讼程序方面的规定。"商业条约"主要是在同盟城邦之间的缔结。希腊虽有 200 多个大小城邦,但总的结为以雅典和斯巴达为盟主的两大同盟。随着商业的繁荣和发展,商务纠纷日益增多,根据"商业条约"的规定,公元前 4 世纪在一些同盟城邦国开始设立专门的"商事法庭",审理有关商事纠纷。并设立陪审团制度,陪审员共十人都是选举产生。陪审员中有本邦公民和外邦公民,这更有利于审判的公平、公正。这样各同盟城邦国及其公民凡有关商事和其他经济纠纷都可到商事法庭诉讼,以便迅速解决。

另外,随着商贸事业的大发展,以及"等权协定"和"商业条约"的进一步实施,商事仲裁也日益兴起。例如,公元前 416 年,黑里亚人与

---

①由嵘:《外国法制史》,北京大学出版社 2001 年版,第 42 页。

客摩里亚人因解决所属诸岛设立商站而引发的纠纷，由亚各斯人仲裁并作出判词。这已是仲裁这一和谐快速的解纷制度得到实际运用的实证。

随着商业大发展，尤其是邦际商业的大发展，货币问题已日益突出。这主要是因为当时希腊还无统一的货币，各城邦的货币本位又不相同。这样使各城邦在贸易和其他经济往来中对货币的结算、兑换及其公率的计算常发生矛盾。雅典还在公元前 5 世纪中叶（约公元前450—前 447 年）由公民大会通过一项法令，强制它的同盟国使用雅典货币。如有使用别国货币及度量衡制的，要给予没收和罚款。并将此规定刻在石碑上，立于各同盟国的市场上。这显然属霸权性规定，与"等权协定"精神相违。因此在新的情况下，许多城邦签订了"货币协定"，以确定各城邦货币相互使用的问题。这对推动邦际商业的发展十分有利。以上为适应邦际间的经济贸易交往的需要所建立起来的等权协定、商业条约、货币协定以及商业法庭和仲裁机构，都具有很强的国际性，实际是对国际商法所做的贡献。

古希腊经对外城邦殖民的大发展，加之进行了一系列政治体制的改革——主要是梭伦(公元前 594 年)、庇西特拉图(前 560 年)和克里斯梯尼(公元前 509 年)的大改革，到公元前 5 世纪至前 4 世纪中叶是希腊奴隶制全盛时期。在希波战争后，由于保卫了国家的独立和自由，也是其最神圣最骄傲的时期。"雅典这时也成了希腊世界第一个工商业城邦。"①希腊文化这时也出现百家争鸣、百花齐放的盛况。与同时期印度文化和中国文化并列为当时世界闻名的三大中心。但至雅典同盟与斯巴达同盟争霸内战后，国势日衰。至公元前 337

---

① 《顾准文集》，贵州人民出版社 1995 年版，第 173 页。

年,希腊被马其顿征服,从此希腊城邦时代结束,希腊文明也只留存在一些神话和传说之中。

在此期间,中国正值春秋战国的大变革时期,世界也处在大变革之中。在西亚这时先后兴起亚述帝国和波斯帝国,在印度已形成"十六大国",商人——吠舍阶层已得到正式确立。在中国,在管仲的士、农、工、商四民分业定居论下,商人的法律地位也得到正式确立。在巴尔干半岛,马其顿帝国异军突起,建立起亚历山大城,成为地中海地区和东方各国贸易和文化交流中心。实际上在这一时期,地中海已成为亚、非、欧贸易活动的中心。一切历史都是现实史,从历史和现实可以看出,任何一个国家对其他国家或地区的武力掠夺都是短命的。只有自由平等的贸易是常青的。贸易始终是国与国之间友好的桥梁。

(五)我国古代商事法律制度与古希腊商事法律制度的几点比较

官商与私商在发展路径上的差异。前面已谈过,我国早期社会从殷商开始就实行"工商食官"制度。工,指百工,及各种手工业。商,官贾也。府藏皆有贾人,已知物价。食,官稟也,即当时的工商业都由官府统一经营管理,官府统一组织生产加工,对产品统一核价销售,工商业者由官府供养。这是标准的官商制度。直到西周仍继承"工商食官"制度。这就是由国家垄断了商业经营权。从而商业的地位也很高,人们也无轻视商业的态度和观念,民间商业在当时不起主导作用。

相反在古希腊,不仅城邦官府不准经商,而且城邦的公民也不准经商。经商只能由外邦人从事。外邦人经商当然只能属民间商业,即私商。俨然中国商业在古代是先由官商开始,到春秋时期民间商业才得到较大发展。而希腊商业在古代一开始就由民间商业即私商开始。它反映的是对商的轻视,并不是有意识的让利于民,鼓励平民致富。

"国""野"之分与"邦内""邦外"之分。中国从西周(公元前1059—前771年)到春秋初把民众分为"国人"和"野人"。周人夺权后所建立的"城"有内外两层城墙。内者曰城,外者曰郭。所以《孟子·公孙丑下》有谓"三里之城、七里之郭",环城七里的面积就是古代的"国"。居住在城郭之内的人称为"国人",主要是征服者周人。居住在城郭之外的人成为"野人",主要是被征服者商族人。他们隶属于国或邑。国人和野人在政治和经济方面的权利是不一样的。野人不仅无参政议政的权利,而且也无参军、受教以及经商的权利。这与古希腊正好相反,它的邦内人无权经商,只有邦外人才允许经商。正好是两条不同的风景线。我国的"国""野"之分直到春秋时随社会分工的发展才逐渐泯灭。古希腊的邦内、邦外之分直到城邦制解体后才被消除,比中国要晚得多。

(1)从对商人阶层的划分来说,我国自管仲相齐后实行社会改革开始就按职业不同将民众分为士、农、工、商四个等级,从而正式确立起商人阶层的政治法律地位。而古希腊从雅典提秀斯改革开始,就将雅典自由民分为贵族、农民和手工业者三个等级,其中就无商人阶层。而且规定外邦人无公民权。后来梭伦在公元前594年实行改革时,根据每年收麦的多少,将贵族和平民分为四个等级:500麦斗、300麦斗、200麦斗、200麦斗以下。并分别配置不同的政治权和服兵役的义务。这仅仅是在为有产者列富翁榜,丝毫体现不出商人阶层的特殊地位。就是后来雅典所谓平民领袖克里斯提尼立法也未有专门涉及商人阶层的立法。就斯巴达来说,由于它是一个军事之邦,整个斯巴达是一个军营,它的成文商事法律制度更少,更未有对商人阶层明确的规定。

(2)从我国法家的改革和希腊梭伦等人的改革来看。前面已谈过我国的商、周时代所奉行的政策理论基本上是以重商为主,直到战国末法家兴起——尤其是商鞅辅秦以来——才掀起轻商抑商思潮,并贻害中国千余年。相反在古希腊,一些政治改革家如梭伦、庇希特拉图、克里斯提尼,他们虽没有提出明确的重商主张,但也没有像色诺芬、柏拉图、亚里士多德等一些思想家对商业表示出敌视的态度。梭伦(公元前635—前560年)在当执政官前就曾在海外经商,而且是他使雅典的商事活动由海外为主转向以国内为主。他的改革,许多政策和措施都直接间接地有利于商业的发展,如梭伦颁布的"解负令",取消"六一汉",废除债奴制,禁止粮食出口,鼓励经济作物出口,颁布"高利贷限制法""土地经营法",这些无疑对发展商业有利。因为商人是由债编成的,无债便无商。但是商人负债过重,尤其是高利贷对发展商业又是不利的。所以恩格斯说:"……在梭伦所进行的革命中,应当是损害债权人的财产以保护债务人的财产。"①债务改革实际是大大保护了弱者的利益。同时梭伦改革,大大加强了对私有财产的保护,在职业方面他宣扬"没有一种行业会降低一个人的社会地位",并提倡每个雅典人都要学会一种手工业技术,并奖励外邦手工业者移居雅典,还有他建立起的400人会议和陪审法庭制度,这些都对发展商业构建有利的法律和社会环境。以后再经克里斯提尼立法和伯利克里立法,彻底使氏族制度瓦解,新的奴隶民主制得以确立,商品、货币关系得到大发展。这时人的身份也"不再依亲属集团而依共同居住地区为了共同目的来划分人民"②。这时,大量雅典公民不属于任何氏族,他们是外来移民,大多数属于工业者和商人。财富也不主要是土地,而是由货币、奴隶、商船、商品所构成的财富,并日益增加,工商业者日益成为新的阶层,新的自然法学思想也不断得到孕育,雅典港成了地中海上重要的商港,"雅典就成了希腊世界第一个工商业城邦"。

①《马克思恩格斯选集》(第4卷),人民出版社1966年版,第104页。
②《马克思恩格斯选集》(第四卷),人民出版社1996年版,第103页。

这也凸显出古希腊由轻商向重商发展的路径，并创造出后来新的世界文明，甚至后来者居上。

（六）古希腊在商法方面的建树主要是海商法

希腊人的法律智慧主要是在海商法方面，也是它在人类商法史上最突出的一个亮点。古希腊斯多葛派所创造的自然法理念思想对后世乃至世界都产生了重大影响。在商法领域主要是靠习惯法进行规范。除创建独立的"商事法庭"和仲裁法具有领先性之外，其他主要是海商法在世界范围内都处于领先地位。

希腊海商法的发达，除因其地理环境得天独厚外，还与它大量海外移民有密切联系。从希腊文明的史迹看，它的文明基因是海，是从海上（如克里特岛）向陆上（希腊半岛）发展，然后在陆上建立城邦繁衍生息，并建立起自治自给自主的制度后，随着人口的增多，陆上土地有限，从而进行商业殖民扩张，又由陆上向海外大规模地移民（从公元前7世纪开始到希波战争之后，先后在海外建立130多个殖民性的新城邦）。在这种长期的海外城邦繁殖中，他们经常面对的是海和海外，从而打破了氏族血宗和原始公社制度。也可说原希腊各族人像河水一样汇入大海。水到海里之后，都成了蓝色的海水，都处于一个水平面上，等级观念、王权观念都被削弱。甚至国王都说："朕只是陆上之主，海法乃海上之王。"由此使平等观念、民权思想得到较早的弘扬。加之在长期的对外贸易和对外殖民中广泛吸收借鉴其他民族先进文化思想，其文明进步是海纳百川所产生的海洋效应。希腊海商法之所以得到较早的发展有其重要原因：一是受腓尼基的熏陶和影响。腓尼基是世界海运业发展最早的国家。前面谈过东方文明有许多都是通过腓尼基在通商过程中传入希腊。其中海运事业也是如此。二是更主要的是受罗得岛的影响和支撑。罗得岛位于地中海东部爱琴海水域，是地中海东西南北海运必经之地，地理位置优越。到公元前

4—前3世纪,随着东西方贸易的发展,加之希腊的对外殖民扩张,罗得岛已成为当时地中海的海运中心。罗得岛一向有"海的主人"之称,加之设施齐全、服务良好,在此停靠和进行贸易风险小,对海运事业的管理和运营积累了丰富的经验,有关海运纠纷也常在这里调解和审理,从而形成许多海上货物运输贸易的习惯规则和仲裁、审判的案件。后来经汇编整理,于公元前3世纪或前2世纪制定成《罗得法》。遗憾的是该法原文失传,只有部分内容记载在《查士丁尼学说汇编》中。不过它所确立的弃货损失分摊规则,即规定船舶处于海上危险境地时,船长有权将船上货物抛出甲板,并且当船舶被救时,由此造成的损失,由所有曾处于危险之中的人员,即船主和所有船货货主共同分担。这一规则直到现在仍是各国《海商法》中"共同海损"分担请求权的重要渊源。这是人类海商法中体现正义、公平的一条光辉法则,也是一条永恒的法则。同时,还有如船舶被海盗劫持,规定凡船舶向海盗纳金赎救者,应由利害关系者共同分担其赎金。这些规定都具有普世性。《罗得法》实际是一部"罗得海商法",是当时各国在地中海领域内经商贸易所共同运用的法律。所以一开始它就是一部具有很强的国际性的法律。后来由于东罗马帝国在君士坦丁堡建立拜占庭帝国,加之公元7世纪阿拉伯人侵入地中海盆地,经过这些变化,地中海再不是希腊人唯一的海。根据这些新变化,公元6世纪至8世纪在罗得岛又编制了较为广泛的《罗得海法》,但《罗得弃货法》规则仍是其中的重要内容。另外,海上借贷,即以载货证券为抵押的借贷也订入其中。此后于公元13世纪巴塞罗那根据地中海沿岸的海事习惯规则所编纂的《康索拉度海法》、13世纪初于法国罗歇伊附近奥列隆所编制的《奥列隆法典》,以后流行于北海和波罗的海的《维斯比海法》都是在《罗得法》和《罗得海法》的基础上逐步发展和完善起来的。从海商法的发展路径看,首先从地中海东岸的腓尼基到地中海的罗得岛,再到地中海西岸的意大利、西班牙,再经直布罗陀到大西洋沿岸,再往北到北海、波罗的海。从形式上主要是由习惯法、判例法到成文法。从性质上是先由国际法到国内法,再由国内法到各国海事法条约、公约与国内法并成的演变过程。希腊人在其中起着重要的桥梁作用。

三、罗马人的民法天才与商法的弱智

(一)奇怪的历史现象和罗马帝国的发家史

罗马法是罗马奴隶制国家在王政时代(约公元前753—前510年)、共和时代(公元前510—前27年)和帝国时代(前27—476年和476—1453年)所形成的法律制度。罗马帝国于公元395年分裂为东西两部分,西罗马帝国于公元476年被灭亡,东罗马帝国即拜占庭帝国于公元1453年灭亡。它的法律主要以《十二铜表法》和《查士丁尼民法大全》为代表。罗马法在本质上属奴隶制法,属农耕社会简单商品生产条件下的法,属受基督教宗教思想支配下的法。但正是这一法成为罗马人留给后人的主要遗产,也正是这一法成为后来人言必称罗马的主要王牌。

人类文明本来肇端于东方。最早的文明路线图应该是埃及、印度、巴比伦、中国……然后才是希腊、罗马。然而到后来人们谈文明往往不是言必称埃及、中国,反而成了言必称希腊、罗马;到了18、19世纪又成了言必称西方;到了20世纪又成了言必称英美。人们所绘制出来的这幅历史文明轨迹图所呈现出来的认知心态除了受后来兴起的"欧洲中心论"的思维定式影响外,还有在科学技术和社会制度方面所展示出来的后来者居上这一基本格局的嬗变。这一文明进程路线图,告诉人们文明不是哪个国家或民族永远先进或永远落后,往往是后进超先进,后来者居上。所以强无骄,弱无馁,有志者,事竟成,才

是明智之举。同时文明与落后，都是在一定的时空条件下而言，都是相对的。就古罗马帝国来说，它的古文明最突出的是它超凡的法律天赋。例如，《十二铜表法》（公元前451—前450年）、《查士丁尼民法大全》（公元529—565年），它留给后世大量的法律及论著可资效仿和研究。另外，值得一提的就是在建筑领域，如修建的万神庙、克洛西姆大竞技场、图拉其纪念柱、哈德良别墅、水槽、沐场、罗马广场等，这些建筑物都是由千千万万奴隶的尸骨累积而成。除此之外，罗马人留给后世的并没有什么可居之奇货。而且它的文明从时间上来说比东方国家以及希腊都晚得多。同时，它的文明主要是在汲取借鉴希腊文明的基础上发展起来的，而希腊文明又受到腓尼基、埃及、巴比伦及其他东方国家的影响，所以罗马文明是在受东西文明综合影响下发展起来的，如罗马自然法思想，是由西塞罗从希腊传入的。它的重农思想也是由西塞罗将希腊色诺芬的《经济论》传入罗马的。它的铜器、铁器最早的利用也是经商人在贸易中从东方传过去的。罗马数字也是仿阿拉伯数字创制的。尤其是罗马的货币制度最早是以牦牛、绵羊或铜块作为等价物，直到公元前3世纪才从东方学会使用铸币。希腊人在公元前8—前6世纪就大肆向意大利殖民，如希腊科林斯人在西西里岛建立叙拉古城，斯巴达人在南意大利建立他林顿城，阿卡亚人在南部建立克洛敦城。还有腓尼基人在与意大利隔海相望的地中海西南端建立迦太基国，这些对意大利的政治、经济、文化的进步都产生重大的影响。罗马人在哲学和自然科学方面，都主要步希腊的后尘，而希腊人又是步波斯、埃及的后尘，所以他们并未有什么超前的建树。

罗马人在向希腊和其他国家学得先进文明知识之后，当羽翼丰满时，便原形毕露，大打出手，肆意向外扩张侵略，树立起学生打先生的样板。首先于公元前282年开始，在几年内将希腊人在意大利南部和地中海西部建立的诸殖民城邦全部征服，并将希腊人全部赶走。紧接着为征服地中海西端强大劲敌——迦太基王国，从公元前264年开始，先后经过三次布匿战争，长达100年之久，最后征服了迦太基，夺取了西地中海和北非的领导权及丰富的物质财富，将迦太基城彻底毁灭。据说，原60万人口的大城，沦陷后只余下5万人。幸存者多卖为奴隶，从此迦太基沦为罗马帝国的一个行省。与此同时，再经第二次布匿战争后，罗马代替迦太基控制了东南沿海地区，到公元前138年，西班牙除西北部一片地区外，其余大部分地区都并入罗马版图。

罗马在向北非迦太基进攻时，同时也向东部地中海地区发动进攻。经三次马其顿战争（公元前218—前168年）终于征服马其顿和参与马其顿同盟的希腊各城邦。仅伊庇鲁斯一地就有几十座城市遭受洗劫，15万名居民被卖为奴隶，并使马其顿沦为罗马的一个行政省。希腊也沦为罗马的一个阿卡亚行省。公元前64年，罗马又征服叙利亚，使之也沦为罗马的一个行省。公元前30年，罗马人又征服埃及托勒密王国，使之成为罗马的一个行省。公元70年春，罗马人侵入犹太人的政治中心耶路撒冷，烧毁神庙，禁止犹太教，并在耶路撒冷建立罗马神庙，遭犹太人的强烈反抗。罗马军队费时3年，毁灭了50座城市和近千个村庄，屠杀8万多名犹太居民，使犹太人国破家亡，致使千百年来长期背井离乡，流落他乡异国。到公元106年又进攻西亚，征服了拜占庭及两河流域，建立起阿拉伯行省。从此罗马帝国地跨欧、亚、非三洲。罗马帝国每征服一地，对居民现有财产都进行赤裸裸的掠夺，对土地、矿山、港口等不动资产则宣布国有，从而使罗马国的土地大增，并进而大搞"农业殖民"以及转让出租。掠夺人口更是他们发财致富的重要途径。在罗马军队中就跟随着奴隶贩子，强迫被征服者为奴，转手一卖，黄金到手。要求战败国进行巨额赔款，更是他们充实国库的常用手法。第二次布匿战争后迦太基赔款 10000 塔兰特，征服叙利亚后要求其赔款 15000 塔兰特。另外，对各行省都实行包税制，由此包税人便加重征收。这种敲骨吸髓的双重剥削，为骑士阶层所垄断。这就是罗马人的发家史。人们在言必称罗马时，这些不光彩的强盗史也不能忘记。

（二）罗马帝国的商业及其法律制度

早期意大利人的商人与西亚地区、北非及希腊相比兴起都较晚。在王政时期，经济活动主要以农业为主，土地主要归贵族地主所有，奴隶阶级已经出现，农业、牧业和手工业已有了分工。在罗马城兴起之时，据说手工业行会已有 8 种之多。有吹鼓手、金匠、铜匠、木匠、染匠、陶匠、皮匠等。最初的商业交易活动主要是在各族之间进行。已有定期的集市，集市的地点多在神庙四周，集市的日期常在祭祀的节日，如拉丁人每年 8 月 13 日要在罗马聚会，趁此机会经商。在伊特鲁里，有著名的瓦尔童纳庙，每年有定期的集会。尤其在地白河流域中部平原上，有著名的发任尼森林，森林里有古庙，各地香客甚多，更是一重要的集市场所。不过这时的交易活动，还是以物易物为主。就是使用等价物也还是牡牛、绵羊或铜块。交换的主体主要是生产者与生产者或生产者与消费者之间的交换，总体上还属于简单商品交换。交换所适用的规则主要是传统习惯规则。

到共和时期，农业、手工业、商业有了进一步的发展，在罗马广场已兴起 8 天一集定期集市交易制度和其他一些特定节日的交易。参加交易的商品主要是以农产品和一般手工业品为主，贵重高档的奢侈品还是很少。用作交换等价物的铜块一直使用到公元前 4 世纪。到公元前 3 世纪初才仿希腊制造圆形铜币（阿司），银币（狄纳雷和塞斯退斯）使用得更晚些。经营工商业活动的主要是平民和外邦人，这与早期希腊相同。在空间范围上，这时的贸易活动主要是在意大利境内,到地中海上进行外贸活动还不多。

到共和后期和帝国时期,随着罗马帝国成为地中海世界的强国,这时的商业和高利贷活动达到奴隶制社会的高峰。"罗马帝国实为当时欧洲商业的中心。"对外通商范围之广远达不列颠(作为罗马的一个行省,统治400年)、大西洋沿岸及波罗的海沿岸,北非以迦太基和亚历山大城为据点,西亚以叙利亚、拜占庭到两河流域以及阿拉伯等地,远东方面从陆路到中国,从海道到印度。我国与罗马的贸易,早在公元前120—公元88年,通过安息就有贸易往来。据《后汉书·西域传》所载,公元前97年,中国曾由班超派遣甘英经安息出使大秦(罗马),行至安息西域波斯湾上时,想乘当地的船到罗马,但被船户劝阻。说海水广漫,风险很大,不能往返。其实是安息人想垄断中国与罗马的贸易,不想中国与罗马直接发生贸易关系,故意推辞。公元87年,安息曾遣使到中国献狮子、符拔等物。罗马人同中国的贸易,主要从中国获得丝织品、铁、皮货、茶等。中国从罗马主要获得各种玻璃制品、石绒、彩绣、药材、颜料、金属、宝石等物,这些贸易都是通过安息商人进行的。

随着罗马帝国向外扩张,国内商业活动已不能满足客观需求,于是大批商人向外发展。不仅罗马商人,坎巴尼亚商人以及迦太基、亚历山大城、叙利亚、马其顿和其他希腊城邦商人都乘此机会发财致富。甚至往日视工商业为贱业的贵族们,也通过他们的"被保护人",即被释放的奴隶卷入经商致富洪流。

罗马帝国形成后,他们的享受欲极度膨胀,通过战争野蛮掠夺和商业交换软硬两手,把古代世界中许多宝物珍品都搜刮去供罗马奴隶主和新老贵族们及其他城乡富翁们挥霍享受。例如,斯基提亚的森林给他们提供了贵重的皮毛,波罗的海沿岸给他们提供了琥珀,北方蛮族人把这些无用的商品以高价卖给他们感到不胜惊异,巴比伦的地毯和东方其他一些制品源源不断地运往罗马。中国的丝绸运到罗马的价格,丝绸的重量与黄金的重量相等。南亚的香料也源源不断地运往罗马等地。这些贵重商品多数是通过阿拉伯商人和印度商人进行贩运的。从红海到印度诸港口间经常有商船往来。据说商船规模最多时有 120 艘船的舰队从红海的上埃及的迈奥肖尔莫斯港口出发到达印度南岸和锡兰岛,在这里购买东方市场上的一些珍奇异物。舰队返回埃及红海时再用驼队运到尼罗河顺流而下直达亚历山大城,再快速分运帝国各地。商船所运除印度和其他东方国家的奢侈品外,还贩运埃及的纸、麻布、鲜艳的刺绣、精致的玻璃以及大量的谷物和其他商品。此外,还从北欧购买锡,从西班牙贩卖银以供国内冶炼青铜和铸造银币需要。这时,罗马人出口的货物主要是葡萄酒、油和皮毛等。

罗马商贸活动中,贩卖奴隶是其特有的行业。奴隶的来源主要是战争中的俘虏和被征服地的强制为奴的人员,其次是债奴。罗马帝国在向外侵略时,在军队中就跟随着专门贩卖奴隶的商人。罗马军队在俘获战俘后,便将俘虏卖给这些奴隶贩卖商。当时在地中海罗得岛有一个最大的买卖奴隶的市场,有的是直接押解到意大利市场出卖。罗马人从迦太基、高卢、马其顿、希腊、以色列获得的大批战争被俘人员,皆沦为奴隶。例如,征服以色列后就将 8 万多名居民变为奴隶。这些人只要能做普通工作的,就可卖到如今的 300 美元。又如,有专门技术的工人,或精于书法抄写的人,其价格更高。尤其能善歌会舞的少年女子,每人可卖到如今的 1000 美元。除战俘外,当时还有一批海盗专门在地中海和爱琴海上捕人为奴。

奴隶的使用范围很广。家奴,专为富人家庭做家务及烹饪等;农业奴隶,专为大地主务农;工奴,专为各种手工业做活;还有专为工商业及大农场主从事有关管理业务的奴隶。此外,还有乐师、医师、教师这些工作都是奴隶干的；尤其是竞技场上进行竞赛的奴隶其命运更是悲惨。罗马的奴隶经济主要靠奴隶劳动，它有广泛的市场需求，所以维持了1000年之久。可以说罗马文明是世界奴隶用血和泪谱写出来的辛酸史。在此期间也为专门从事以贩卖奴隶为业的商人提供了一个营业空间。

随着工商业的发展，商品交换的发展，对资本和货币的需求大大增加。罗马人过去对货币的奇异功能——货币带给人们新的自由、运气和机会——认识很迟钝。直到公元前3世纪至前2世纪时，才从希腊化的经济生活中认识到货币能为贸易和企业提供流动的媒介，并能深深地改变经济状况。富人有了钱便不再束缚在土地、房屋、仓库和牛羊群上，他们能以前所未有的自由去改变他们占有物的性质和地点。人们购买土地和房屋，并不是为了使用，而是为了再出卖从中获利。甚至人们靠借钱来买卖货物，这样投机生意便很快发展起来。货币将罗马人从稳固的自然经济沉睡中唤醒起来，人人都去抓钱，多数人是靠借钱欠债"投机"取巧的办法去发财致富。特别是骑士团变成金钱权势团，成为主要的高利贷者，年利息竟然高达50%。金钱不仅是生财获利的重要物品，同时也是收买官僚甚至收买敌人的重要法宝。所以在当时罗马人中流行着一句谚语："金钱没有臭味。"整个罗马帝国沉溺在追逐金钱的狂热之中。在这种广泛需求的基础上，罗马政府于公元前3世纪中叶仿照希腊进行了货币改革，正式施行铸币制度，规定以银币（狄纳留）为主币，铜币（阿司）为辅币，并规定了主辅币兑换比例。尤其在公元前2世纪中叶征服西班牙后，银矿丰富，便增加银币的制造，并奠定银本位的基础。当时虽也有金币但限制流通。由于货币在社会经济生活中的作用愈来愈重要，因此专门经营以货币为标的的金融商人也相应产生。他们主要从事货币的存款、贷款、汇兑、转账、兑换、货币成色的鉴定等业务。不过这一行业开初多被骑士集团所垄断。

各种经济活动的发展,也带来代理商的发展。这种代理活动在当时有许多是由奴隶来充当的。例如,有钱出资的人,类似当今银行家的人,常设有清理室或办事处之类的机构,这些机构的管理活动一般由奴隶负责主持。又如,替政府包收各种税款的机构,经常养有奴隶,各项收税活动也由奴隶主持。凡从事进口贸易的商人,也经常养有很多奴隶,替其处理零售和批发业务。至于各种矿山、各种工场,主人更完全委托奴隶主持。凡从事建筑房屋的机构,也都养有奴隶,替人承包房屋建筑。凡替人办理各种赛会或其他娱乐游戏的组织,也都养有很多奴隶,从事各种比赛和表演活动。由于商品经济的发展,各种代理活动在罗马广泛兴起。

随着帝国版图的扩大,不仅商业得到发展,农业亦得到大力发展。意大利自然地理环境优越,本来就适宜于农业种植,加之在统一过程中,又广泛实行"农业殖民"政策,即每征服一地便将土地收为公田,然后将土地分给能佩武器、可以作战的农民,并授予他们公民权,这样他们既是士兵,又从事农业生产,对发展农业十分有利。此外,由于罗马帝国奴隶多,在农业中广泛办起利于奴隶劳动的大农庄,专门从事油、酒等原料的生产和皮毛生产。这类生产在国内外都有很广泛的市场,利润也较丰厚。

罗马商业的发展,还得力于道路的修建。罗马人在统一意大利半岛的时候,就以罗马为中心向四周修建了较好的公路。例如,公元前312年修筑的从罗马直通意大利极南端的"阿庇乌斯"①大道最具代

---

①这条路是当年的户籍官阿庇乌斯·克罗狄乌斯领袖修建的,因此以他的名字命名。

表性。修建公路原本是为军事服务的,但意大利统一后,这些公路都成了商业贸易的要道,商人们都为此搭了便车。后来随之西部地中海与东部地中海被征服,海上通商要道也随之畅通,地中海也曾一度成了"罗马人的海"。

随着农商各业的发展,帝国对外势力的扩张,社会阶级也发生了变化,其中新兴的市民阶级开始产生是一个新亮点。在当时的所谓市民阶级主要是罗马社会中居住在城市中的有产阶级。而且主要是罗马的资本家富翁们。他们有的是初致富的商人,有的是服公务的一般官吏,其中更多的是各行各业的手工业者和各种零售商、服务商以及批发商、代理商等。此外,也包括从奴隶中解放出来取得公民权的自由民,甚至有创办独立事业的这类人也不少。在市民阶层中,一些无业流浪人员也不少,通称无产者。总的讲在市民阶级中主要是以工商界人员为主体。当然在他们之中,因经商致富或从政致富后,将余款购买土地,挤入地主阶级的人也很多。总的讲,市民阶级在当时成了商人阶层的代名词。

骑士阶层是罗马商人阶层中重要的组成部分,具有浓厚的官商性质。他们在罗马的百人团会议中,有专门的骑士百人团(不过只由18个骑士组成)。骑士在罗马原本是由有地位的养得起一匹马和在骑兵队里服役的人组成的,但是后来罗马的骑士身份和英国的骑士身份一样,成为一般的荣誉,已没有军事上、精神上或道德上的意义了。这些骑士团成员随着罗马帝国的扩张、商业的发展,经商致富变成了一个重要的任务,在一个时期里他们是社会上真正活跃的商人阶层。最后他们连一点骑士精神都没有了,正如今天英国赐封爵士的"荣誉名册"的骑士们一样。从公元前200年起规定了元老们不得经商,这些骑士们于是就成了大商人、交易者,并作为税吏承包税收。①除此之外,军队和政府所需的军需品和重要办公商品基本上都是由骑士们垄断经营,从中获取厚利。

外邦商人。罗马与希腊一样,允许外邦人在罗马经商。这主要是基于两种原因:一是罗马人自古就存在轻商思想,认为商业是贱业,尤其是贵族阶级都不经商,元老们更不允许经商。而外邦人多是无公民权的人,只允许外邦人经商,足见其对商业的歧视。二是罗马虽然商业贸易较发达,但它是一个以进口为主的国家,它的出口贸易并不发达,其走出去的人并不多,相反是走进来到罗马经商贸易的人相对较多,如迦太基人、高卢人、西班牙人、希腊人、腓尼基人、亚历山大城人,这些都是善于经商的民族,加之罗马帝国在对外掠夺中取得了很多财富,一时暴富起来,又大肆贪图享受,这样有较好的消费市场,所以外邦人纷纷到罗马投资经商是自然的事。为适应外邦人经商和需要,罗马人专门制定了"万民法"以规范外邦人与外邦人、外邦人与罗马人的贸易交往关系。罗马人制定"万民法"充分说明外邦人在罗马经商的不是少数。

城市的发展。随着工商业、贸易及交通运输业及金融业的发展,罗马帝国的城市也得到相应的发展。罗马城早期只不过是个小小的集镇,面积只不过十几平方公里,可是到共和国初期已成为一个商业中心,人口已达 30 万人。在意大利境内的奥斯提亚、加普亚、那不勒斯、拉文那等城市都已很繁华。在意大利境外的如不列颠的伦丁尼姆(伦敦)、高卢的卢格敦(里昂)以及多瑙河上的文多波(维也纳)、新吉

①[英]赫·乔·韦尔斯:《世界史纲》,梁思成等译,人民出版社 1982 年版,第405 页。

敦(贝尔格莱德)等城市也已兴起。地中海沿岸的迦太基城、科林斯城,尤其是亚历山大城,更成为欧、亚、非的贸易中心。还有在西亚的耶路撒冷、拜占庭等。这些城市虽处于罗马帝国的殖民统治之下,但一般都享有自治权,不仅是商业繁荣的标志,商业交易的集中之地,更是培育和造就新兴市民阶级的摇篮,也是培育商法的沃土。

(三)罗马人在商法上的弱智

罗马人在争得世界商业中心的地位后,理应抓住大好历史机遇,因势利导大力发展商品经济,大力发展科学文化,大力发展内外贸易,努力改善民生,不断增进全体人民的福祉,提高全民族的文化素质,致力建立起自由、民主、公平的理性社会。相反当权者显得十分不明智,他们始终迷恋于权力斗争,竟然在 90 年内杀死了 80 个国王。他们始终把占有土地、占有奴隶视为唯一的财富占有形式,其法律的核心价值理念也始终停留在以维护家庭个体私权利为最根本的出发点上。这种法制观在当时个人权利无保护、权利不平等的奴隶制社会条件下,有其一定的合理性、进步性,罗马人在这方面也确实展示了他们的法律天才。但从法治建设战略高度来评析,只知对权力和财产进行消极的静态保护,而不积极从动态出发,鼓励竞争,加速财产流转,促进资本增值,实际是浪费社会资源,阻碍社会进步,尤其阻碍商品经济的发展。罗马人的传统是追求奢侈享乐,但他们根本不思考丝绸是如何编织成的,香料是如何种植的,琥珀和珍珠是如何采集的。罗马人完全被胜利冲昏了头脑,他们陶醉于对人们的政治奴役、经济奴役以及宗教奴役。他们完全靠非理性的奴隶制的偏见来束缚人们的心灵和社会。他们只知道用武力去扩大帝国的版图,而不知道用智慧去改造世界更有意义。罗马统治者更不懂得单纯靠购买别人的才智过日子,实际是践踏自己的才智。他们不仅认为商业是贱业,而且认为医疗、教育、艺术也是下贱的,都是奴隶们所干的职业。他们只知道无止境地消耗财富，却不知道利用经济学原理及商业手段增加新的财富。他们迷醉于宴会、勒索、掠夺、享受、自己发财和观赏丧失人性的格斗表演，丝毫没有自觉地意识到去弄清埃及、中国、印度、波斯以及匈奴人、斯堪的纳维亚人的一切事情，更没有心思去弄清西方海洋的秘密。试想一想罗马帝国成为当时世界上唯一的超级大国，几乎占有沿地中海各国所有的财富，其除了有点民法天赋和建筑天赋，留给后世一堆法律和古老的建筑物外，其他并没有什么可以称道之处。如果要再增加一项那就是奴隶制罗马人算是冠军。其实它的《十二铜表法》的出台，完全是平民与贵族斗争的结果。就是如此，统治者也是把它作为一种新的合法的统治工具加以利用。就是备受后世所推崇的罗马《民法大全》，想以此作为挽救罗马帝国灭亡的救命稻草，实践证明也是开错了药方，投错了药。原来它残酷地迫害基督教，后来又利用基督教来瓦解人民群众对现实社会的反抗，结果把整个社会引入神权黑暗统治。它想采用东西分治——建立西罗马和东罗马来缓和统治者内部的争权夺利，结果是饮鸩止渴，加速灭亡。它采取"以蛮治蛮"的方略收买和防止北方蛮族入侵和内部穷人造反，结果蛮人涌进时，群众根本无人抵抗，反而"引狼入室"。可以说言必称罗马是一种盲从和误解，或者说自觉与不自觉地受了"欧洲中心论"的迷惑。

罗马人对商法是否有贡献？不能说一点没有，但比起民法来说微之又微，而且主要体现在间接方面。甚至在古罗马的文献中"商法"这个概念也很难查到。在古罗马商法中主要靠商事习惯和商事习惯法，就是一些成文法也往往是对习惯规则的补充或正式认可。这在古代社会中是一种普遍的法律现象，罗马人也如此。例如，在买卖交易中关于契约的成立，只要有5个证人和一个司秤人在场，买卖关系就算有效，双方的诺言都不得违反。这些都算是约定俗成的习惯规则。除此之外，也包括成文法及裁判官法（裁判官所发布的有关审判命令）。

严格说古罗马的法律——《十二铜表法》和后来的《查士丁尼法典》仍然属诸法合一性质的法。并不完全是民法，其中也包括不少有关商事、刑法和行政法及诉讼法的内容。

在人法方面，古罗马法律中没有专门的商人的概念。我国在春秋时期就把社会普通成员按职业不同分为士、农、工、商，从而使商人身份有了明定。印度在公元前 6 世纪就把商人确定为吠舍阶层。巴比伦更在公元前 18 世纪就用法律形式确定商人为沙玛鲁和塔木卡。而罗马人只是把社会成员分为贵族和平民，有公民权的人和无公民权的奴隶。并没有把商人阶层特定化，更没有从法律上将商事主体和民事主体加以区分，笼而统之地视为一般自然人。同时，当时法律上的人也仅指自然人个体而言，尚未有组织体的法人的概念，更未有商法人的概念。

在物权法方面，古罗马法上所指的物，也仅指自然人个人的财产，就个人财产而言也主要是指土地、奴隶、牲畜、房屋及其他生产生活用品，而且主要重在物的使用价值，而不重物的交换价值，更不重物的资本性。在物法中也不存在法人财产以及营业资产、或然财产等商业性财产概念。而且财产概念主要是重所有，而不重受益。

在债法方面，"债"（obligalio）一词尚不见于罗马古代法中，《十二铜表法》只知有"借贷"（nexum）。直到市民法在万民法的影响下，承认合意契约，既适用于公民间，也适用于外国人之间。《查士丁尼法典》认为，"债是法律关系，基于这种关系，我们受到约条而必须依照我们国家的法典确认"[①]。可以说对"债"是抱着防止发生，最好不要发生的

---

①由嵘：《外国法制史》，北京大学出版社 2000 年版，第 53 页。

一种畏惧心态。所以法律要严格加以约束。须知,商人就是用债编织成的,不怕负债。即使无钱,他也要借钱做生意。尤其是银行商人,他离开债就不能生存。所以罗马的债法、物法都不利于商业信用和银行信用的发展,更不适应市场经济的要求。

在商行为法方面,总的看罗马法对商事行为与民事行为也是不分的。例如,商人买卖与一般消费者的买卖,商业融资租赁与普通租赁,商事代理与民事代理,商事担保与一般民事担保,商事组织与民事组织,商事注册为民事登记,商业信用与一般诚信,商事责任与一般民事责任,商业诉讼与一般民事诉讼等都混为一谈。更突出的是罗马法对行为的视角着重强调它的法定性,而轻视甚至否定行为的事实性。因而对事实行为不受重视。尤其是对公司性的投资行为、企业簿记行为、票据行为、保险行为、海商行为、市场竞争中各种博弈行为,几乎全无踪影。这种只重一般,而忽视和否定特殊的片面思维方式,其危害是严重脱离社会现实。本来有许多行为从实质意义讲其行为性质都属商事活动,如商人与商人之间的买卖关系,商人与银行之间的借贷关系,各种保险关系,融资租赁关系,行纪关系,各种商事代理关系,期货交易关系等。但形式上往往给这些行为戴上民事的帽子,这样使法的形式与实质内容严重名不符实。这实际是使法律变味和错位,也是对法律理解和理念的扭曲。在这种思维模式下所形成的罗马民法最大的特点就是民法全盘商法化。可以说,它的许多实质内容——尤其是有关契约合同的内容——离开商业活动就无安身立命的基础。过去一些人总是只讲商事活动离不开民法,这是片面的,其实罗马民法离开社会商业活动的实践,同样会成为无本之木,无源之水。

在罗马法的渊源中,本来早期分为市民法和万民法,市民法(jus civile)只适用于享有市民权的罗马市民,也因此而得名,它实属民法,可见它适用的范围有限；万民法(jus gentium)，是适用于罗马市民以外的外来人和被征服地区的人，外来人和被征服地区的人与罗马市民之间法律关系，它实属商法。万民法与市民法相比在适用主体、空间及内容上都更广泛、更复杂，所以它另由外事裁判官专门审理，这体现在立法和司法上的分立。在罗马帝国法律中为什么会有这种区分？与希腊一样，同样是受轻商歧商思想支配的结果，认为经商营工是贱业，所以罗马市民不齿于干此类职业，只能让外来人和被征服地的人去干。这种基于歧视思想上的法，也说明罗马人在法律上坚持内外有别的原则和民商分立的原则。但同时也说明万民法不是单纯的国内法，而是调整有关民族间涉外商事法律关系的法，这种将万民法与市民法相分的做法也体现出它的合理性。所以查士丁尼《法学总论》认为，万民法是出于自然理性而为全人类制定的法，因此受到所有民族的同样尊重。①这说明万民法是适应人类自然理性的要求而制定的特有之法，所以有它的独特之处。例如，万民法中确立获得所有权的方式有四种：占有、添附、加工、让渡。而现代国际法中有关国家土地五种取得方式，其中"先占权""添附权"都来自万民法。②同时，在万民法的实施发展过程中还确立起遵守国际贸易惯例、贸易自由、平等协商等一系列原则。这样万民法实际成为后来国际商法重要的历史渊源。

罗马人最初将市民法和万民法加以区分，这本来就预示着民法与商法的分立、国内法与国际法的分立以及公法与纯私法的分立，这

---

① ［古罗马］查士丁尼：《法学总论》，张企泰译，商务印书馆 1989 年版，第 7 页。

② 由嵘：《外国法制史》，北京大学出版社 2000 年版，第 56 页。

应该是罗马人历史性的创举,本应对此加以坚持和发展。遗憾的是,后来随着基督教教会势力的兴起,他们鼓吹随着罗马版图的扩大、经济的发展,万民法的地位显然要大大超过市民法,于是他们怂恿当时的国王卡拉卡拉做出错误选择,于公元216年将万民法与市民法合并,从而把民、商分立制度扼杀在摇篮里,给后世人留下一个错误的法律路标,贻误他人,也使罗马人后来在民、商关系上时而分,时而合,左右摇摆,法制缺乏稳定性。

四、罗马人的轻商思维

罗马人在帝国时期成为当时欧洲商业中心,但这不能说明它在思想上和制度上就是重商的。轻商与重商同商业实际发展水平并不完全成正比。前面已经说过轻商与重商的分界有几个主要标准。一是,是否将商业作为一个独立的产业对待;二是,是否将商人作为一个独立的阶层对待;三是,是否将商法作为一个独立的部门法对待。此外,还应该有宽松自由的市场环境。这几个条件在罗马帝国均不存在。

(1)在对待商业的基本观念方面,罗马人与希腊人基本上同出一辙,都坚持农业是本、为贵,商业是末、为贱。从一些代表性人物的观念来看:

贾图(公元前235—前149年),他是罗马重农主义的代表。著有《论农业》,他认为农业是罗马最重要的职业,奴隶主必须精心管好农庄,以增加收入。他的办法主要是强化奴隶的劳动量,减少对奴隶的开支,甚至主张对生病的奴隶应该卖掉。他虽然也主张发展商业,但他是从发展农业出发,以便把剩余农产品卖出去。同时他主张要少买多卖,防止金银货币外流。这种买卖观显然不是从发展商业出发的。

玛尔库斯·西罗塞(公元前106—前43年),他是罗马重要的政治家和法学家。是他将希腊的自然法理论和色诺芬的《经济论》译入罗马。他也认为农业是罗马人最好的职业。他反对一切平民经营小商业,只能由奴隶主和贵族经营大商业。认为小商业是卑贱的,奴隶主们不应从事这种卑贱的职业。为了发展农业,他主张农业经营,应由隶农进行专门管理。

奥古斯丁(公元 353—450 年),他主张所有的人都要进行生产劳动,并认为农民、手工业者的劳动是纯洁的、正直的行为,是值得尊敬的。他还认为商人是不劳动者,是受人鄙视的,尤其是以盈利为目的的大商人是绝对不能容忍的。他说商人的职业是买贱卖贵,这种行为显然是败行,因此,一切正直的人都应当起来反它。①

(2)基督教的观点。恩格斯说,早期基督教是奴隶和解放了的农奴、穷人和无权利的人、被罗马人征服或被他们驱逐的人的宗教。基督教的经济思想,主要是"安贫",这是耶稣创教时所确立的三大教旨之一。安贫的指导思想其对立面就是反富——反富自然包括反商。基督教宣扬穷是上帝安排的,富是亵渎神灵的,富人是进不了天堂的。富人进天堂比骆驼穿针孔还要困难。所以主张信教就不能经商,经商就不能信教。从而把教和商对立起来。由于基督教在罗马帝国普遍兴起,并成为国教,从而成为轻商的主要思想根源和组织力量。

(3)法律的禁止。根据公元前 218 年颁布的《克劳狄法》的规定,元老不得经商。当时的元老都属贵族阶级,元老不准经商,实际是整个贵族阶级都不得经商。这一规定在当时来说并不是为了实行官商分离,官不能与民争利这一政治原则出发,而主要是因为商业是卑贱的职业,有损贵族们的尊严。这样由于贵族们都鄙视商业,而且又从

---

①卢发章、李宗正主编:《经济学说史》,人民出版社 1965 年版,第 34 页。

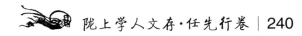

法律上加以明确认可,所以造成整个社会轻商的风气。

五、罗马人为什么患上重民轻商的跛子病

罗马人对民法确实体现出高超的法律天赋。它集中体现在立法、理论研究和教学等领域,在当时来说都走在世界前列,乃至对后来整个欧洲和世界都产生了深远影响。这种影响主要以《十二铜表法》和后来的《查士丁尼民法大全》为主要标志。其中主要是确立起在各项民事活动中主体地位平等、契约自由、私有财产神圣不可侵犯和恪守诚信等基本原则,并在此基础上构建起人法、物法、契约及诉讼法民事法律体系。这些虽是奴隶制的法律,但对后来封建社会和资本主义社会的民事法制建设都起了样板作用。正如恩格斯曾指出的,"罗马法是纯粹私有制占统治的社会的生活条件和冲突的十分经典的法律表现,以致一切后来的法律都不能对它做任何实质性的修改"[1]。但他又说,"罗马法是简单商品生产即资本主义前的商品生产的完善的法,但是它也包含着资本主义时期大多数法权关系"[2]。从这里可以看出马克思、恩格斯对罗马人的法律天才也是给予肯定的。但是也应注意这种肯定是有条件的:一是只是说明它是在纯粹私有制占统治地位条件下,二是在简单商品条件下,三是只是对它在民法方面的贡献所做的肯定。绝不是在一切时空领域无条件的肯定。不管怎样,罗马人的民法成就已是历史事实是不可否认的。遗憾的是,罗马人在商法方面从古代开始就一直显得高度弱智,与它的民法智慧相比,正好形成高低不平畸形的跛子病态。罗马人之所以有着这种不良病态,有其

①《马克思恩格斯全集》(第 21 卷),人民出版社 1972 年版,第 154 页。
②《马克思恩格斯全集》(第 36 卷),人民出版社 1972 年版,第 168 页。

深刻的经济、政治、宗教和社会根源。

（1）商品经济不发达是最根本的成因

罗马帝国虽然在当时成为世界的商业中心，但这并不说明它的商品经济已经很发达。罗马人在入侵意大利时，原来的土著人尚处于石器时代的末期，就罗马人本身来说也还处在游牧落后阶段，所以是以落后征服落后。而不像希腊人是以落后征服先进，从而为其奠定了文明基础。加之罗马人入侵意大利后，长期进行内外征战，无暇集中精力发展经济，所以其经济不论农业和手工业都还处于以自给自足为主的自然经济状态。整个社会的分工、交换以及生产力发展水平都还不发达。整个社会的生产组织方式主要还是以家庭为单位，生产的目的也主要是满足自身消费。虽然这时也有交换存在，但总体上还是物物交换（W—W）和简单商品交换（W—G—W）为主，即这种交换主要是在不同生产者与生产者或生产者与消费者之间直接进行的，交换的目的也主要是满足自身生产和生活的需求。这种交换一般是在无商人参与下进行的，或多数是在熟人间进行的。虽然有时也有商人参与下的商人交换，但还不起主导作用。调整这种交换的规则，也还主要是建立在以道德约束为基础的各种习惯规则之上。成文的规则虽也有，但还很简单。当时的交易规模也主要是以各地的集市为主。

就商业本身来说，也还未形成独立的产业，它还是农业和手工业的附属物。也就是说，农忙时还是以务农为主，只有在农闲时或有剩余农产品时才去出售。手工业也往往是前店后场，或在农闲时进行。专门从事以销售为目的商品生产组织，或专门从事以为卖而买和为再卖而买的商业组织也尚未普遍形成。另外，商业要成为一个独立产业，还必须具备许多外部条件，尤其与金融借贷业的发展密不可分。而古罗马人的金融信贷业又发展很晚，即使在帝国时期逐渐兴起，但整个货币经济还处于萌芽阶段。而且信贷活动多为骑士阶层所垄断，并主要为军事服务。就是交通道路的发展,也主要是为内外军事征战服务。甚至向外殖民,罗马帝国也采取"农业殖民"政策。尤其到罗马帝国的后期,由于奴隶制这一根本制度已显得无利可图,从而动摇了罗马帝国的经济、政治基础,致使农业大衰退,手工业大衰退,货币贬值(主要是成色减等,金币成色减少 17%,银币成色减少 15%),凡有利可图的商事活动,政府都严加管制,都要用高价向政府购买特许经营权才有权经营,从而使商业发展受到人为的严格限制。再加上政治混乱腐败,国家分裂,东西方贸易受到阻碍,尤其日耳曼人入侵,战争连年不断,致使整个经济秩序受到破坏,商业贸易萧条,城市衰退,使社会经济又退到自然经济状态,这一切致使整个商品经济愈来愈不发达。在这种纯粹农耕社会环境下的法律自然只能是以家庭个体为基础的婚姻、继承、个体消费买卖、借贷以及财产关系和人身关系为主的民事法律制度。商法的发展和独立存在,必须要以发达的商品经济为基础,在古罗马显然还缺乏这一土壤,这是罗马民(法)强商(法)弱最主要的经济成因。

(2)商人阶层尚未形成

商法从实质意义上说属商人法。商法的形成、发展和独立必须伴随商人阶层的形成、发展和独立。没有独立的商人阶层的存在,商法无特定的调整主体群,商法自然也无存在的必要。试看古罗马社会,由于生产力欠发达,社会分工缓慢,商品经济不发达,带来交换不发达,加之在观念上、政策上及法律上轻商、排商、限商,致使商人阶层在罗马长期未形成为社会的独立的职业集团。前面已说过,古巴比伦在公元前 18 世纪时,法律就对商人阶层——塔木卡和沙玛鲁加以确认。我国在春秋时期从管仲提出士、农、工、商四民分业定居时起,商人的独立地位就开始确立。印度自公元前 6 世纪种姓制兴起,商人阶层就被确定在"吠舍"等级中。可罗马人从王朝开始,到西罗马帝国灭亡,在1000多年的文献中,找不到有对商人阶层正式的法律认可。罗马商人阶层除骑士官商阶层外,民间私营商人主要以外来人和被释放的奴隶为主,而且这些人又无公民权。加之有些行业如粮食不许私人经营;有些行业要向政府出钱购买特许经营权后才能取得经营资格,就是有了经营资格,对商业又实行高税收、高利息、高摊派,所以也实难生存;并且就是从农业、手工业和其他职业中分离出来的一些具有独立身份的商人,罗马人在观念上和制度上也把他们淡化为普通市民,他们的活动一律按市民法去处理。总之,古罗马商人阶层未正式形成和得到充分发展,是致使其重民轻商风气盛行的又一重要成因。

(3)基督教(后为天主教)教义的影响,是罗马帝国在思想意识领域形成轻商反商的重要原因

罗马人对基督教就像对日耳曼人一样,起初是其敌人,后来成为客人,再后来成为主人。起初也是把基督教视为敌人,就是耶稣也是罗马人害死的。但由于早期的基督教是穷人的宗教,受到广大贫穷人民衷心的信仰,想借基督教摆脱贫穷的命运,所以它想消灭也消灭不了。相反,后来在罗马帝国信仰基督教的人越来越多。不仅穷人信,而且富人也信,更为甚者国王也带头信教,把基督教奉为国教,最终实现了政教合一,从此基督教获得至高无上的地位。这样一来,基督教的教义可以说征服了下至贫民上至国王所有罗马人的心。不过各自信教目的不同,贫民主要为了心灵的慰藉,富人是为了保财和免兵役,国王是为了巩固统治。

不过这样一来,不仅使基督教的社会成分发生了变化,而且其思想和组织也发生了变化。在思想上原来的教义思想主要是爱人、安贫、自谦,即平等博爱、同舟共济、敌视富人、反对罗马。后来这些精神都淡化了,变成了爱人不仅要爱自己人,而且也要爱敌人,不仅要安

于现实此岸的苦难生活,更要追求来世彼岸的天国生活。基督徒更要精诚团结,要有坚韧不拔的奋斗精神和洁身自好的高尚品德。这样基督教俨然成了一种超国家的新兴的社会力量。这样基督教的教义,也就由现实的教义变成了希冀来世的教义。基督教的组织,也由原来的公厅——"巴西利卡"(basilicas),即众人集聚之处,变成了教会。最初第一个教会,建立在耶路撒冷,是耶稣死后不久建立的。以后在叙利亚的安地牙、埃及的亚历山大、希腊的科林、罗马帝国的首都以及后来的君士坦丁堡等地都建立起教会,这些都是信徒们自发性的组织。由于基督主义在各地兴起,教会也在各地建立起来,于是国家也从法律上给予正式认可。公元 311 年,加勒流帝首先颁布敕令,准许基督教建立教会,信奉基督主义。两年后,君士坦丁帝颁布了有名的"米兰敕令"。扩大了加勒流帝敕令原有的内容,正式宣布对基督教的认可,允许建立教会。君士坦丁帝亲受洗礼成为基督徒,并颁布许多优惠基督教的敕令, 从而使基督教在罗马帝国日益得到发展。到公元 4 世纪末,焦多修帝正式定基督教为国教,由此原有旧教渐趋消灭,基督教成了社会各阶级信仰的中心。随着教会的兴起,其领导权也由穷人之手转到富人、贵族、教皇甚至国王之手,从而把"王国给了国王,把天国给了上帝"。一句话,基督教由敌人变成了虔诚膜拜、可亲可敬的上帝。

基督教在罗马帝国的兴起,对后来的罗马法,尤其是对民商法的制定产生了重大影响。

首先,教会成立后,教会享有许多特权。例如,在政治方面,大主教在其所管辖的境内,有立法、铸钱、征税并制定度量衡等权力。此外对契约的履行、婚约的实践、遗嘱执行等民事活动,都由教会进行监管。又如在司法方面,起初凡属僧侣纠纷都归教会审制,后来由于教会势力扩大,普通市民纠纷,教会法院也可审理。再如在教育方面,在中世纪欧洲办教育几乎为教会所垄断。即使一些世俗大学,往往也以研究神学而著名。同时大学里的人员都享有僧侣阶级的特权。尤其是在中世纪初期,教育事业几乎与政府无关。此外,在承担社会责任方面,凡扶贫济困,收容老弱病残、鳏寡孤独等慈善事业,以及商旅住宿招待,都属教会的事。当然宣扬宗教、举行仪式、讲解教义、净化教徒心灵、促进品德善良、保存圣典更是教会义不容辞的责任。可以说,教会不仅垄断了许多权利,而且享有立法、司法、征税等公法上的权力。

其次,随着基督主义的兴起和教会的发展,新兴的僧侣阶级形成,并常与政府对抗。因为每一教会都有它所特定管辖的区域。在基层教会区由牧师作为主持人进行管理,所以又叫牧师区。辖区内的居民,都隶属于教会管理。在一般乡镇都有一基层教会。在许多牧师区之上,设有主教区,由主教进行管理。在若干主教区之上,设大主教区,由大主教管理。后来在罗马教区的主持人,因地位很高,被推为教皇,统管所有基督世界。这样在一个国家中便存在两种统治,一是教会的统治,一是国家的统治。教会有自己的土地、财产,并能征税。教会领导人员由自己选举,并任命各种管理人员,不由皇帝任命。这样国家政权与教会虽有矛盾,并不断斗争,但最终还是教会完全脱离国家行政隶属关系自成体系。这样僧侣阶级除无军队外,其余在立法、司法、征税、兴办教育等方面都有很大的权力。而且僧侣阶级还享有不纳税、不服兵役的特权,俨然成了一个超国家组织。

僧侣阶级由世俗僧侣和正规僧侣组成。世俗僧侣由各大主教(archbishop)、主教(bishop)和牧师(priest)组成,他们主要从事教会行政和事务管理活动。正规僧侣阶级,主要由众多的修男(mon-ks)、修女(nuns)和托钵僧(begging)组成。他们多集中居住在修道院,过着庵堂特殊的宁静的修道生活。他们虽生活在现实社会,但完全是为能到达"天国"苦度来生。凡进入修道院,都要先当一般学徒,经过考验然后才能正式升为修士。要成为修士必须要经正式仪式发三种誓愿:一是绝对安贫,永过清苦生活;二是绝对不婚,永过独身生活;三是绝对尊道,不违反教义。

从这三大誓愿来看,实际就是捆在僧侣身上的三道紧箍。这些誓愿的核心思想是反世俗、反商、反富。从第一誓愿看,绝对安贫,即所有营利性的世俗活动,都不能参与,就是日常所有生活用品以及衣帽等物,都属庵堂所有,不归自己所有。可以说他们与土地、房屋、货币、资本、商品等完全无缘,他们更不能从事一切商贸活动。商贸活动在他们心灵中已成为敌人。从第二誓愿看,终身不婚,这将大大减少人口增长,极不利于社会生产发展。人口过少也不利于消费。这对社会发展商品经济都极为不利,自然也不利于发展商贸事业。从第三誓愿看,一切僧侣及其世俗信徒都要绝对服从基督教义。其教义的核心思想是出世苦行、神灵观、安贫观、救主观、爱人观(神所爱的一小部分"优秀人民")、正谊观、天国观。这些观念都与入世致富的世俗观念背道而驰,都与发展商品经济、市场经济和商贸事业相抵触。例如,早期基督教义严格奉行经商就不能信教,信教就不能经商,把教与商严格对立起来。正如皮雷纳所说,"任何基督徒都不应该是商人,如果他希望成为商人,那么他应该被驱逐出教会"。总之,从基督教义的安贫观念出发,上帝只喜欢穷人,而不喜欢富人。富人要进"天国",比骆驼穿过针孔还要难。所以,早期的基督教义是地地道道的禁欲主义制度。所以在基督教占统治地位的社会里,从思想到各项制度对商业和商人都采取扼杀的态度。

再从基督教义、僧侣阶级与商法的直接因应关系来说,各教会和修道院除讲经修道过祈祷生活和种田谋生,过着世外桃源生活外,都兴办各类学校——直至大学——为自己培养人才,传播基督主义。尤其是教会中许多教士、庵堂中许多修士,都专门从事神、学、法学、医学、农学、哲学、文学、数学、天文等方面的研究，而且他们都收藏了丰富的图书资料可供研究，有许多人在各自的研究领域都有很高的造诣。如波伦亚(Bologna)大学的法学最著名，其实为罗马法律传播于欧洲的一个总枢纽，所谓教会法(canon law of the church)也是由这里发展出来的。凡大学几乎都受教会保护，大学里的人员都享有僧侣阶级的特权，不纳税、不当兵、不受普通法庭的审判。①

在公元五六世纪当基督主义在罗马以及整个欧洲取得统治地位后，教会的统治制度在管理法律教育方面也起着重要的作用。整个欧洲的法学教育都由宗教权威而不是世俗权威管理。在 10 世纪以前，欧洲的整个教育差不多完全执掌在修道院手中，以后大教堂学校逐渐取得优势地位。学校由修道院院长直接管理。后来在 11 世纪末波伦亚大学(以法学为主)成立后，1219 年教皇颁布命令，规定未经波伦亚教区副主教考试并颁发许可证，任何人不能聘任为教师。在中国古代有"学在官府"之说，在罗马帝国，在欧洲实际"学在教会"。可以说在罗马帝国已形成以教会为核心的法学家专业集团，他们不仅控制着法学理论研究、法学教育，而且也控制着立法。皇帝的法律敕令实际都由他们起草。在此，看看查士丁尼《罗马法大全》中最具代表性的《学说汇纂》和《法学阶梯》，前者主要是罗马法学家对在数以千计的法律命题上所发表的意见进行的系统的汇集。其中主要是有关财产、婚姻、继承、契约、侵权行为、诉讼救济等方面的内容，也包括有关宪法、刑法及其他管理罗马公民的行政法方面的论述，但不包括万民法(jus gentium)。《法学阶梯》也是由法学家盖尤斯等人共同编写的罗马私法教程。即便是《查士丁尼法典》和《新律》，实际也是由法学家写

---

① 周谷城:《世界通史》,河北教育出版社 2000 年版,第 498 页。

成的和编写成的。要知道当时的法学家都是一些著名的教士、修士僧侣阶层,都是虔诚的基督教徒,这些人能写出大力发展商业和商法的文章吗? 正如皮雷纳所言:"10 和 11 世纪的史书,完全不注意社会和经济现象,因为史书专属神父和修士编纂,自然根据教会的重要性如何来权衡事件的重要性。世俗社会引不起他们注意,除非关系到宗教社会。他们不可能忽视对教会有影响的战争和政治斗争的记述。但他们怎么会留心写下他们既缺乏了解,也缺乏同情的城市商业生活的起源呢?"①这话说得非常中肯。让一些僧侣宗教徒著书立说来说明商业的重要性,以及用立法来保护商人的合法权益,岂不是要他们叛教,毁掉他们的生命和灵魂吗? 这是万万不可能的。即使叫他们违背教义去写,去立法,由于他们从不参与商事活动,既不熟悉商事活动的规律,也缺乏对商人阶层的感情,肯定文章也写不好,法也立不好。伯尔曼说得也很好:"古罗马、古希腊、古印度,法律都是宗教的、民事的和纯粹道德的法令的混合, 他们根本不考虑这些法令在性质特征上的差异。"②法律与宗教不分与道德不分,与各种不同性质的法律不分,尤其是民、商不分,是罗马法和其他古代法的一个重要特征。商法是靠商人们反复实践经验的创造和商道观念在法律上的升华所谱写出的世俗利益法律制度。它不可能在一个神权统治下的基督世界里诞生,总之罗马法在本质上是宗教法,这是罗马帝国重民轻商观念重要的思想成因。

---

①[比利时]亨利·皮雷纳:《中世纪的城市》,陈国樑译,商务印书馆 2006 年版,第 90 页。

②[美]哈罗德·丁·伯尔曼:《法律与革命》,何卫方、高鸿钧等译,中国大百科全书出版社 1996 年版,第 196 页。

六、风雨飘摇中权欲、财欲、色欲横行的查士丁尼

　　查士丁尼（公元 527—565 年）与所有皇帝一样都是权欲、财欲、色欲狂人。但不同的是他摘取了一顶罗马法编纂的伟人的玫冠。他以皇帝的名义下令编纂罗马法，因而以他的名字命名了《查士丁尼法典》。该法典借助他的名声而显赫，他也借助该法典而名声沸扬。过去人们对查士丁尼和罗马帝国一样，总是肯定的多，否定的少，缺乏一分为二的认识。总是怀着尊皇尊神崇拜偶像的心态。其实每个皇帝都是人，都有他人性丑陋的一面。根据东罗马普罗柯比所著《秘史》记载，查士丁尼并不是一个民主法治的倡导者，相反是一个专制暴政的捍卫者和法治精神的践踏者。①

　　普罗柯比（Procopius，约公元 500—565 年），是查士丁尼的同代人，不过比查士丁尼小 18 岁。少年时，他按照拜占庭当局的规定，全面接受法律学习。先在著名的贝利图斯法律学校中攻读法律，经过 5 年的学习，再进入君士坦丁堡大学深造。后来成了著名的律师。由于他天资敏捷，多才多艺，通晓西亚各种语言，又善写作，所以少年时就已有名气。公元 527 年他就被任命为军师总帅——贝利撒留的秘书兼法律顾问。以后长期跟随贝利撒留征战北非汪达尔王国，讨伐意大利哥特王国以及对波斯的进攻。据说后来担任了伊斯坦丁堡市的市长，并获得元老的荣誉。他著有几本杰出的书籍，即《战史》《建筑》和《秘史》。《战史》主要是写查士丁尼为恢复罗马疆地而发动的波斯战争、汪达尔战争和哥特战争；《算筑》是歌颂查士丁尼在帝国各地的建

---

　　①该段中有关对查士丁尼的论述，均来自普罗柯比的《秘史》中的记载，不再一一引注。

筑活动;《秘史》则主要是揭露和抨击皇帝查士丁尼和皇后塞奥多拉的专制统治及贝利撒留和妻子的丑行。普罗柯比是当时拜占庭帝国最杰出的历史学家。他早期是查士丁尼的偶像崇拜者,后来受正义和良知的感化,成为查士丁尼专制制度的叛逆者和反对者以及对现实社会的不满者。

查士丁尼是不明不白地继承了他舅舅查士丁皇帝的皇位的。他继位后,治国方略主要是想实现"一个帝国、一个宗教、一部法律"的梦想。

一个帝国。这就是要恢复其原来那个伟大的"罗马世界帝国"的光荣,要把被蛮族占领的西罗马和西地中海世界和北非被汪达尔人占领的利比亚以及波斯人所控制的两河流域——这些都是罗马帝国的旧土——重新夺回来。所以在他统治下,不断发动汪达尔战争、哥特战争和波斯战争。这些不义战争使罗马人和蛮族人的鲜血几乎将整个地球都染红了。给这些地方的人民造成严重的灾难——财富被毁,人口减少,土地荒芜,城市工商业衰退。前朝皇帝阿纳斯塔修斯留下的 32 万磅黄金的库存被全部耗尽和挥霍一空。尤其常年征战,造成人口大流动,结果在地中海地区爆发第一次黑死病,瘟疫长达 4 个月之久,在高峰期,每天死亡人数达 5000 人。人们把这场瘟疫称为"查士丁尼瘟疫"。查士丁尼本人也险些丧命于瘟疫。同时为战争横征暴敛,给人民生命财产及社会经济带来毁灭性的破坏。他所要建立的拜占庭帝国也是子虚乌有,他要征服的不仅没有被重新征服,反而征伐都以失败告终,帝国梦成了一场空。

一个宗教。因查士丁尼统治的东罗马帝国是一个多神教地区,有信仰犹太教的犹太人和撒玛利亚人,有笃信东方古典的摩尼教徒,还有信其他教的。而查士丁尼为实现帝国的思想统治,统一臣民的思想和精神,坚决主张以基督教正统的察尔西顿教为唯一的宗教,将其他的教都视为"异教"，都采取排斥、打击和禁止的政策。他先后三次进行全国范围的大清洗。公元529年，查士丁尼关闭了历史悠久的雅典学院，使这个传播希腊文化的中心从此销声匿迹。他认为这里是"异教"的窝点和堡垒。在这里的学者普遍遭到迫害，他还下令剥夺帝国学校中非基督教徒教师的任教资格。此外，他毫不留情地取缔民间一切异教庆典活动。甚至许多贵族和元老都因此受指控以及被没收财产，有的人甚至被处死。公元545—546年再度进行清洗，许多元老、学者、律师、医生都受到监禁。到公元562年，再度进行清查，在这次镇压中，"异教徒被逮捕和示众，甚至他们的书籍和供奉的神像都被烧毁"。尤其是犹太教惨遭迫害，犹太教堂几乎全部被毁。他下令犹太人必须用七十士子希腊文本《圣经》代替犹太教一直使用的希伯来文本《圣经》，连基督教中的聂斯托利派也遭到残酷的镇压。他反异教除了为追求意识形态的统一外，还有一个不可告人的目的，就是借此掠夺其他教会的财产。因为当时所谓异端教会都非常富有。他们的金银珠宝和收藏的宝石及其他珍奇异物多得不计其数。他们还拥有大量地产、整个村庄和乡镇、教会寺院、庵堂、学校，财产遍布世界各地。过去没有皇帝干涉过教会事务，查士丁尼反异教后，没收了所谓异教的许多财产，从而使他大发劫掠财。宗教信仰问题完全是每个公民信仰自由选择问题，属于宪法性权利问题。至于教师是否有资格任教以及《圣经》采用何种语言文字，这些完全属民事权利问题。作为标榜法律神圣、民法至上的查士丁尼，其心目中根本就没有民主法治的影子。

一部法律。查士丁尼掌皇权后不久，为强化君主专制统治，推行了一系列改革措施。其中最重要的是规范社会各阶层民众的行为。他首先下令编纂《罗马法大全》，经过一批法学家数年的努力（从公元528—533年），先后编成《查士丁尼法典》《法学总汇》《法学阶梯》和

《新法》。这从形式上来说对推动罗马法制建设,尤其是民法的发展有相当的进步意义。但从他进行立法的出发点来说,是为了加强奴隶制君主专制的黑暗统治。正如他自己所说:"皇帝的威严光荣不但依靠武器,而且需要法律来巩固。"①可见他立法的目的根本不是适应社会经济发展的新需要,更不是发展民主、自由、平等法治精神,而是当时以乌尔比安为首的一批法学家,由于历史的局限性和宗教观念的束缚,他们总认为法学是神事和人事的知识。认为法是代表"神"的意旨,所以罗马法中有关祭祀神灵和祖先的规则甚多。所谓"人事",是指人与人的私人交往关系,属"私事"和"私法",完全排除了公法关系。就是"私法"也仅指"民事",而不包括"商事",从而使法带来极大的片面性。所标榜的"正义"也是源于习惯权力,由神明裁判,进而到祭司代法,最后由市民法官取代诉讼程序。而且宗教与法律、道德与法律均混为一谈,从而曲解了法律和法学的概念。②普罗柯比还在《秘史》中揭露查士丁尼违反罗马人的法律,他在接受一狡诈勒索集团的贿赂后,毫无顾忌地颁发了一项新法律,将诉讼时效由 30 年改为 100 年。同时他为了打击犹太教,下令禁止犹太人在基督复活节举行庆祝活动,禁止向上帝献祭。后来发现犹太人在这一天吃了羊肉,便命令地方官员进行罚款。另外,原罗马有条古老的法律,规定任何城市的元老去世后,如没有留下男性后裔,其地产的 1/4 归该城市的元老院,其余归合法继承人。查士丁尼即位后,规定合法继承人只能得到财产的 1/4,其余全归帝国国库和当地元老院。由此,他才可从中得到。

①[罗马]查士丁尼:《法学总论》,张企泰译,商务印书馆 1989 年版,第 1 页。

②由嵘:《外国法制史》,北京大学出版社 2001 年版,第 48 页。

查士丁尼所立的《新法》，普罗柯比说他是在"贱卖正义"①。他所立的许多新法，都是对一些不符合他需要的传统习惯所做的修改，以便冠上查士丁尼的名字流传千古。他不懂法，但颁布法令时，却不愿让秘书起草，而要亲自书写，有错也不愿让别人修改，甚至有几次忘记发指令，使官员们不好执行。皇帝颁布的法令按惯例是由司法官员来颁布，但他常常是亲自宣布。总是对别人怀着不信任的心态。审理案件时，在审判前就做出判决，只听诉讼当事人的一方之词，就宣布终审判决。任何败诉的案件，只要能给皇帝更多的钱，一项新法律就会立即通过以取代旧法。元老院的法律和皇帝的法律经常发生公开的冲突，而总是元老院的被废，元老院只是作为陪衬而存在。当时被称作秘书官的官员们也不再认真履行其职责，只是用胡编乱造的根据和误导读者的陈述欺骗查士丁尼，一心只想着如何勒索更多的钱。即使负责皇帝安全的御林军，也常常利用权力，收受贿赂，影响判决。陪同在查士丁尼身边的一个教唆犯高手利奥，更善于阿谀奉承，唆使傻瓜皇帝利用立法和司法审判来捞取金钱。查士丁尼一旦学会如何成为一位"合法"的盗贼，就再也收不回已经伸出的手了，而是在这条道路上越走越远，愈来愈富，愈来愈邪恶昭彰。

尤其为后世所不齿的是他为了娶一位臭名昭著的妓女塞奥多拉为妻，竟然擅自废除旧法，另立新法使其合法化。罗马古代法律就规定，禁止任何有元老头衔的男人娶妓女为妻。查士丁尼为了与塞奥多拉结婚，迫使皇帝（他的舅舅）颁布新法令废除旧法规，并允许他娶塞奥多拉为妻。此后不久，老皇帝查士丁死去。查士丁尼和塞奥多拉都

---

① [东罗马]普罗柯比：《秘史》，吴舒屏、吕丽蓉译，上海三联书店2007年版，第70页。

登上了帝国宝座。从此两人在政治舞台上互演政治双簧。例如,对基督教,一个支持蓝党,一个支持绿党,以假象迷惑双方,然后各个击破;在诉讼中也常常是各支持一方,以便双方都能受贿;在官员中,也是表面上各有亲信,一旦搜刮够了钱财,这些亲信往往被直接杀掉,然后他们各自又假惺惺地表示同情,以迷惑群众。查士丁尼不仅娶了一个美妓,而且还讨了 500 个宫女,这就是他的婚姻法。

在这种暴力统治下,任何事情都无正义可言。正义的天平始终随着黄金转,谁提供的黄金多,天平就倒向谁的一边。买卖立法决定和法庭判决的肮脏行为在广场上公开地或在官员们私下广泛交易,皇帝受贿、娶妓女,从不脸红,权力、金钱、美色的贪欲完全吞噬了他的良心,法律的正义就是这样被他贱卖和践踏。查士丁尼为实现他的三个"统一",用尽了残酷的战争屠杀,野蛮的宗教镇压,虚伪的法律欺骗,最终一个统一也没有实现。他所盼来的只是桃花流水春去也,秋风残叶狐兔哀。本来他就是丧家之犬,西罗马帝国早就灭亡,东罗马帝国也不是他的家园,后来蜗居异国他乡,不论怎样挣扎也注定失败。罗马帝国从此衰落,地中海终于成了埋葬罗马帝国的海!

(原载于《商法原论》,知识产权出版社 2015 年出版)

论商法的公法性和国际性

相比之下，我国电子商务的立法相对滞后，至今尚无专门的"电子商务法"，很不适应新的发展形势的需要，应尽力加快这方面的立法。

一、商法的公法性得到进一步的发展

商法在本性上或主导上属于私法，即它主要是调整商人与商人、商人与消费者之间交易关系特有的法。但商法是一个二元或多元性的法律，它除具有私法属性外，还具有公法属性。主要体现在商事活动与国家的关系上。其内容主要包括宪法中有关商事的规定，行政法中有关商事的规定，经济法中有关商事的规定（主要是税收及财政法中有关商事的规定）以及诸多商事监督管理性规定，还有刑法、诉讼法、商事仲裁法等法中有关商事的规定，这些都属商事公法。

在市场经济条件下，商人以什么价格买，什么价格卖，向谁买、向谁卖，以什么方式买什么方式卖，都是商人和企业自己的事。政府和其他第三人最好是少干预或不干预为好，让市场这只"看不见的手"对社会资源进行基础性配置。但从理论和实践情况看，为了确保交易的安全，确保交易的公平竞争，确保投资的有效性和融资的审慎性，确保分配的公平性，以及确保经济运行的平稳和快速发展，国家作为一个经济共同体和政治共同体，对整个经济和商贸事业的良治——有效干预，尤其是宏观领域的干预和依法干预又是必要的和不可避免的。

在当代,无论是发达国家还是发展中国家,其经济的发展都出现了以政府为主导的新变局。西方经济学家认为多数发展中国家,尤其是亚洲国家的经济发展模式是典型的建立在政府主导的基础之上的,主要依靠政府公共投资进行基础设施建设以及教育文化等领域的投资,还包括对国有企业的投资和对大型商业集团直接间接的援助,也包括对一些不发达地区的各种补偿性投资和转移支付等措施,以促进经济的快速发展。在我国尤其靠政府对经济的规划进行强有力的控制和指引。

从发达国家来看,许多国家在凯恩斯理论支配下,同样出现了政府权力大力扩张,加强了对经济贸易的干预的情况。特别是在经济衰退及经济陷入危机时,政府也加大投资以及加大对经济和商贸事业的干预。

在这种背景下,政府也就制造出许多新的政策、法律、法规对市场的准入、退出、生产、经营、消费、管理等制度进行有效的调控。如随着健康消费和绿色消费的发展,许多产品的质量管理要经 ISO 9000和 ISO 14000 认证,药品经营要进行 GMP 认证,肉、禽、蛋、奶企业产品要进行 HACCP 认证。为了实现公平竞争,普遍建立起反补贴、反倾销、反垄断等法律制度。为了保护商事主体的商誉权,严格了有关商号、商标、商业秘密、商业服务标志、商品产地名称以及商业登记等管理制度。在银行、保险、证券等特殊行业,建立起了专门的监督管理机构和制度。还有一些特殊经营行业,还建立起了特许经营许可制度。为了保证投资的安全,建立起了严格的论证审批制。为了保障经营合法有效的运转,建立起了许多适应市场经济新流通新需要的工商管制制度。为了实施贸易保证,各国对进出口贸易强化了对外贸易管理制度。主要是在货物品种上的限制,数量上实行配额,价格上的最低限价,结算支付货币的限制,商品质量检验、检疫的要求,进出口税的征收,甚至还有对出口国家和地区的管制。另外还有许多许可证贸易。此外,在价格、运输、保险、海关、商品检验、港口航线、边境贸易、商务纠纷的处理等方面都建立起了严密的管理制度。所以在市场经济条件下,虽然市场对资源的配置起了基础作用,但在宏观和微观方面的干预和管理并未因此削弱或废除,由此商法中的公法性更进一步增强。尤其当经济出现不景气或危机时,这种情况往往得到进一步发展,这是当代商法的一个新特点。这也反映出商法的社会本位性日益凸显。因此不能幻想一谈市场经济就否认一切良治良策的合理干预,也不要一讲私法就否认公法。但干预必须是依法干预,这样才能弘扬法治,反对人治。尤其不能搞不符合市场经济规律的人为的限制,更不能以干预为借口强化权力垄断。合理合法的宏观干预也只是为了让市场更好地发挥它配置资源的基础作用,商法公法性的增强,也只是立足并服务于商事私法而已,商法的私法性仍是最本质的一面。

二、商法的国际性和统一性日益增强

商法——就各国的商法典和各种单行商事法——来说,都属于国内法。但商法这种国内法就其内容来说,日益国际化并且日益趋同。从而使商法的法律冲突日益减少。这是人类经济活动日益全球化给法律所带来的自然结果,这样可以大大方便国与国之间经济贸易的往来。商事活动本来就是一种无国界的活动。早期的商法——尤其是海商法——多数是由一些国际习惯规则所形成。罗马帝国的"万民法",更是一种典型的国际商法。就是中世纪的商人法,它的国际性也较为突出。但是到了近代随着民族国家的兴起,国家主权观念日益受到重视,所以立法多强调以本国、本民族的特殊利益为主,这样商法的国内法特征日益凸显。这种情况对发展国际贸易是不利的。所以"二战"后,进入全球化以来,一些有识之士和一些国际经济、贸易组织致力于统一国际商法,并取得了显著的成效。推动商法向国际统一化方向发展的主要是联合国及其相关组织、世界贸易组织、国际商会及一些地区性组织。它们主要是通过制定条约、公约、协定、宣言、宪章统一指令等方式,以促进商事行为规则的统一。

联合国在统一国际经济、贸易制度方面起了积极的组织领导作用,做出了卓越的贡献。联合国成立以来,既尊重各国的主权,不干涉各国的内政,又致力于世界统一制度的建立。它为推动世界经济的发展,制定了许多法律文件。从 1974 年到 1980 年,先后三次召开经济问题特别会议,通过了《各国经济权利和义务宪章》(1975 年)。后又通过《发展权利宣言》。1963 年,第十八届联合国大会专门公开讨论贸易和发展问题,并形成发展中国家《77 国联合宣言》。尤其为加强对世界贸易的领导和立法,1965 年专门成立了"联合国国际贸易法委员会"。它制定了许多重要的法律文件,如《联合国国际货物买卖合同公约》(1980 年)、《联合国海上货物运输公约》(1978 年)、《联合国国际货物多式联运公约》(1980 年)、《联合国国际贸易法委员会商事仲裁示范法》(1985 年)、《联合国国际贸易法委员会电子商务示范法》等。尤其是贸法委对商业范围的确定十分重要。还有联合国的所属机构制定了一系列有关国际贸易方面的协定、规则、条款等。

WTO 在推进国际贸易的发展和统一立法方面地位更为重要。因为随着经济全球化的发展,国际贸易在各国经济中的重要性飞速提高。其宗旨是提高世界人民的生活水平,保证充分就业,保证实际收入持续增长,扩大世界资源充分利用,发展商品生产和交换,最终实现世界性自由贸易。其主要是以协定、协议、规定、原则、机制、纪律等形式确立一整套有关国际贸易方面的基本法律制度。其自成立以来,为稳定国际贸易秩序，促进世界经济与贸易的发展作了许多贡献。尤其是在削减关税、反对关税与非关税壁垒、反对贸易歧视、推动公平竞争、发展服务贸易、发展直接投资、改善市场准入条件、扶持发展中国家经济与贸易的发展、推动贸易谈判、解决国家贸易纠纷等方面发挥了重要的作用。尤其在统一国际贸易法律制度方面做出了特殊贡献。因为 WTO 所确定的各项协定、协议、规定、原则，不允许各成员国对某项规定或原则享有保留权。它的法律规定，各成员国必须全盘接受，并要求各成员国的贸易政策和立法必须与所有协定的内容保持一致。这样就大大加强了所有成员国的商业贸易领域里的法律统一性。

国际统一私法协会，在统一商事法律制度方面也做出了重要的贡献。该协会是一个国际性的政府间的独立组织，它主要致力于私法和立法技术的统一。其自成立以来，完成 70 多项研究和立法工作。如在当代商事领域的主要有《关于国际货物销售合同成立的统一法公约》(1964 年)、《关于国际货物销售的统一性公约》(1964 年)、《旅游合同国际公约》(1970 年)、《国际票据格式统一法公约》(1973 年)、《国际货物销售代理公约》(1983 年)、《融资租赁公约》(1988 年)、《国际保付代理公约》(1988 年)、《国际商事合同通则》(1994 年) 等重要的公约。另外，《国际陆路货物运输合同公约》和《联合国国际货物买卖合同公约》都是由它起草的。

国际商会在统一国际贸易法方面也发挥着重要的作用。它主要是对几种国际贸易中的惯例做统一解释和修订。如托收统一原则、跟单信用证统一惯例、国际贸易术语解释通则，这些虽不是国际公约或法律，但只要当事人事先约定，就有约束力。而且有很强的统一性，不容许其他组织和当事人随意修改。尤其是现在规定国际贸易术语不仅适用国际贸易，而且适用于国内贸易。

还有许多国际专业组织,如:国际货币基金组织、世界银行、世界知识产权组织、国际海事组织、国际小麦理事会、橄榄油理事会、茶叶理事会、国际糖组织等,它们所制定的相关专业的统一规定,对规范相关专业贸易具有约束力。如2010年7月20日,GHOS(国际监管负责人小组)会议对银行杠杆率规定为3%、银行存款准备金率规定为8%,并从2011年1月1日起进行监督,到2018年把杠杆率作为第一监管支柱。

还有地区性组织,如欧洲经济共同体、阿拉伯国家联盟、非洲及国际委员会、拉丁美洲和加勒比经济委员会、亚太经合组织等,它们所发布的指令、合作条约、决议、宣言、总原则等,对它们在该地区成员国具有统一的约束力。

此外,有许多商事制度,在国际上也日趋统一,如公司制度中公司的组织形式、竞业禁止、商事合同中的要约与承诺、买卖双方的权利义务,票据制度中承兑人无先诉抗辩权,海事责任中的定额赔偿,投资合作中轮流担任负责人以及相互对等制度,在商事行为中实行无过错原则、严格责任原则,在商业会计法律中一律实行"借""贷"记账法等基本趋同。

国际商法主要是调整国与国之间商贸关系的法。其中主要有通商条约、商贸协定和协议及国际商贸惯例等。也包括国际法中的一些规则,如领事规则中一些商务性规定。还有一些法,既在国内适用,又通常能在国际适用,如船舶法、票据法等,这些都属商事国际法。在商法中国际商法的增强,主要是随着全球化的发展,一个开放型的市场经济体系在世界范围内得到普遍的建立,市场的疆界成功地推向全球多数都是WTO的成员的国家和地区,这是商法国际性生存的肥沃的土壤。

三、当代贸易战及其法律对策

随着经济全球化的发展，贸易在国际经济和国内经济中的重要地位日益凸显，随之贸易摩擦和冲突逐渐增多。本来一切战争，不论军事战争还是贸易战争，归根结底都是为利益而战。贸易战争虽也有内战，但主要表现为国际为争夺市场、争夺原料、争夺经济贸易的管辖权而战。有些军事战争，如英法百年大战、英荷海上大战、中英鸦片大战，都具有浓厚的贸易战和政治背景。贸易本来是一种公平友好、互通有无、双赢的事业，但由于利益的驱使，人类理性的缺陷，尤其是侵略、争霸、扩张的存在，摩擦和冲突总是在所难免。

贸易战最常见的战略是实行贸易保护主义。贸易保护主义几乎与国际贸易同生存共发展。在中世纪重商主义下有，在近代自由主义经济下有，就是在当代市场经济下仍然存在。只是各自所追求的目的和手段有所不同而已。早期重商主义所推动的保护主义所追求的目的主要在于实现贸易顺差，并认为黄金是主要的财富，所以严禁黄金出口，并对外贸实行严格的国家管制。在自由贸易理论下所推动的保护主义，其目的主要是为了保护落后国家的幼稚工业，防范自由进口对本国经济的危害。①在当代市场经济条件下，发达国家所推动的贸易保护主义主要是为了维护自己的霸权地位和扩张，发展中国家的贸易保护主义主要是为了维护自身民族工业或农业的发展。

贸易战最常用的战术有：

1. 提高关税是常见的做法

如过去一些国家为了保护本国民族经济的发展，对有些商品的

---

① 吕博等：《贸易战争》，中国经济出版社 2009 年版，第 189 页。

进口关税高达 100%，或 50%~60%，就是平均关税也在 20% 以上。如印度 2009 年为了限制豆油进口，对豆油征收 20% 的关税。俄罗斯、巴西、阿根廷也纷纷调高部分产品的进口税。尤其是美国在与我国的贸易摩擦中常采取惩罚性关税(高关税)限制我国的商品进口。日本过去也有这种做法。如日本在 2001 年曾对我国的大葱、鲜香菇和灯芯草三大农产品实行"紧急限制措施"，规定在限额以内的产品征收 3%~6% 的关税，超过部分则征收 106%~266% 的关税。中国针对日本的贸易保护行为，采取相应措施，开始对日产汽车、手机和空调实施 100% 的惩罚性关税。后经两国政府和民间组织多次磋商才获解决。利用关税作保护，除提高关税外，同时为鼓励本国商品出口，往往也采取减税、免税、退税的做法，这些都是变相的贸易保护的做法。

2. 直接限制某种商品的进口或出口也是惯常的做法

如英国于 1815 年在滑铁卢战败法国后，为了确立其在世界上的贸易霸权，同年颁布了《谷物法》，限制粮食进口，以保护本国农业的发展。英国人从近代起一直把"航海、贸易、殖民"作为其重要国策加以实施。其为了建立海上霸权，从 17 世纪起，制定了一系列《航海法》，规定所有从亚洲、非洲或美洲进口到英国的商品，都必须由英国的船员驾驶英国的船只进行运输，并规定外国船只未经特许不得与英国殖民者进行贸易。日本现在也不允许有些农产品进口，以保护本国的农业。在金融危机爆发后，印度尼西亚至少对 500 种产品实行进口管制。2009 年 6 月 8 日，加拿大城市联盟通过了"不买美国货"的决议。法国也设立专门基金，防止本国企业破产。美国投资近 8000 亿美元的刺激经济的计划，也鼓励美国人"买本国货"。美国自中美建交以来，由于在贸易中一直处于逆差地位，因此心理上常不平衡，不断实施贸易保护，如对我国纺织品多次实行限量进口，抡起"特保"大棒。后又对钢铁产品，以中国政府实施不当补贴为由，掀起反倾销、反补贴调查，限制其进口。后来又对中国生产的玩具以铅含量超标为由，强制宣布召回。甚至当时任民主党参议员的奥巴马也建议，要求禁止进口所有来自中国生产的玩具。这一风波不仅使珠三角地区许多玩具厂倒闭，工人失业，而且造成佛山利达玩具有限公司副董事长张树鸿上吊自杀。

3. 货币战是当代商战的重要内容

货币在发达的商品经济社会里，是人类经济机体的血液，在债务货币盛行的当今，不论是跨国公司还是小企业，所有的企业都需要融资。货币对企业来说就像空气和水一样。金融企业对全社会各行各业来说都几乎成了控制兴衰的主宰神。尤其在国际市场中，没有金融的控制权，就没有产品的定价权，也就没有经济发展的主动权。这次以美国次贷危机所引发的世界性的金融危机，更显露出金融的重要性，货币战更显得激烈。

货币战从 18 世纪末罗斯柴尔德建立世界上第一个国际银行开始就在英、法、德、意各国之间展开。如他们利用英法大战之机，大肆收买英国为战争筹款发行的债券，一举成为英国最大的债权人，从而控制了英国日后公债的发行。而且每年要支付 8% 的利息，本息都要以金币结算。实际他控制着公债的价格，左右着整个货币的发行量，这时他骄傲得志地说：大英帝国的经济命脉紧紧握在他的手中。

又如 1865 年 4 月 14 日星期五晚上，林肯总统怀着南北战争胜利喜悦的心情来到了华盛顿的福特剧院看表演，结果遭刺杀。后来一些历史学家长期对这一秘密事件进行解密，认为主要原因是林肯坚决主张将货币发行权从私人银行手中收归政府，引起私人银行家们（包括英国私人银行）的严重不满，他们便雇凶手将林肯杀死的。又如美国第七任总统安德鲁·杰斐逊，1835 年 1 月 30 日参加一位国会议员的葬礼，又遭一位来自英国的失业油漆匠刺杀未果（两把手枪的子弹都是生锈的)。其原因也是他在遇刺前几天公开宣布:"银行想要杀死我,但我将杀死银行。"因为当时美国的第二银行其股本80%由罗斯柴尔德等私人所拥有。杰克逊认为"银行机构所拥有的对人民意志的支配必须打破,否则这种支配将打破我们的国家"①。所以他去世后,在他的墓志铭上只有一句话:"我杀死了银行。"后来1965年美国总统肯尼迪遭刺,史学家们认为,同样是由于金融矛盾所引发的。

　　以后各国又在争夺世界主要储备货币、主要结算货币的霸主地位,以及货币汇率的高低等方面展开了一场又一场激烈的斗争。在19世纪时期,英镑是国际贸易交易、对外投资、证券买卖等国际贸易领域主要的结算货币,也是主要的储备货币。当时英镑实行金本位制,随时可以用英镑与黄金兑换。英国曾利用英镑的优势地位,对其他国家尤其是殖民地进行残酷的剥削。当时拿破仑组织召开了一次国际金融会议,想取代英镑的地位,但未能如愿以偿。后来美国于1878年也召开了一次国际金融会议,想确立起金银双本位制来取代英镑,结果遭到欧洲国家的强烈反对。

　　"二战"后,由于美国的工业产值占世界工业产值的80%,拥有世界2/3的黄金储备,加之又有原子弹,所以在布雷顿森林会议上毫无悬念地正式确立起以美元为中心的国际货币体系。即"美元与黄金挂钩,其他货币与美元挂钩"。并把国际货币基金组织和世界银行两大金融机构都设在华盛顿,以便受美国控制。但到20世纪70年代,随着美国的贸易逆差逐年增大,财政赤字逐年增加,美元大幅贬值,黄金大量被伦敦抢购,美国国库的黄金再也不够兑现美元。1968年3月,"七国黄金总库"被迫宣布解散。1971年8月15日,尼克松也只好

①Thomas Jefferson, Leaerto James Monroe, January 1815.

宣布"暂时终止美元与黄金或其他储备资产之兑换",到 1973 年 3 月,美国政府进一步宣布:美元与黄金完全脱钩。这对发达国家和石油输出国的经济产生严重的冲击。

至 1999 年,欧洲中央银行开始发行欧元,从此欧元对美元的霸权发出直接挑战。由于美元持续贬值,许多国家选择欧元作为结算和储备货币。美国对此看在眼里,恨在心上。2000 年 11 月,伊拉克宣布以欧元计价出口石油。萨达姆的这一做法,严重刺痛了美国人的心,所以几个月后,美国便向伊拉克宣战。2005 年,俄罗斯也取消了在对外贸易中与美元挂钩的汇率制度。2006 年,伊朗也改用欧元计价石油对外销售,美国对此恨之入骨,多次对伊朗发出战争叫嚣。因这一转变触及美国的核心经济利益,所以美国为了维护自己的货币结算地位,积极推进"亚洲美元"策略。

另外,在货币的汇率上也常是一个斗争的焦点。如近年美国常逼压人民币升值。认为现行人民币与美元的比价低(2010 年 6 月调整 6.81—6.85 美元),认为人民币贬值,造成美国贸易大量逆差、经济萧条、大量失业。这完全是谎言。其实人民币升值对美国并没有帮助。如果人民币真的升值,美国从中国进口的货物和服务其价格更高,或从其他国家进口,美国的外贸逆差更大。一些国际炒家为了赚钱,也在赌人民币升值,兴风助波。再说,一国货币的升值与贬值,要根据本国的实际情况,确保货币的稳定和外汇的安全是首要的。汇率的高低是表面的,财富流入流出是根本的。美国人逼压人民币升值,虽然其不能直接给中国下命令,但其却有自己的做法。2009 年 3 月 18 日,美联储决定购买美国国债,开动印钞机加印 1 万亿美元钞票救市。这一做法除了稀释欠账,促使国际市场上的有色金属、粮食、原油等以美元为主的大宗商品价格上涨造成巨大的通货膨胀外,就是美元立即应声大跌。这给持有美国巨额国债和以美元作为主要外汇储备的中国来说,遭受了极大的损失。这时美国的诺贝尔经济学奖得主保罗·克鲁格曼反而幸灾乐祸地说,"谁叫你不在早些时候就把人民币升值,谁叫你积累那么多的外汇储备并以美元进行储备,美国没有责任拯救储备了太多外汇的国家"。这也可以说是美国在人民币的升值与贬值斗争中最后的摊牌。这些史实充分说明,加强金融领域的法制建设十分重要。

四、预防商战,减少贸易摩擦的新对策

随着经济全球化的新发展,各国之间相互的依赖性更加紧密,贸易交往更加频繁,甚至形成你中有我、我中有你不可分割的格局。尤其在美国次贷金融危机之后,正在改写世界贸易的格局。为适应这种新的变化,怎样与时俱进建立新的贸易秩序,制定出一些新的商事法律制度,减少形形色色的贸易摩擦和冲突,更有利于各国的发展和生活水平的提高,是一切有识之士尤其是一些政要和立法机关义不容辞的重要的社会责任。

现在有的学者提出"持剑经商"已不符合当代社会要求,"十字军东征"式的、"鸦片战争"式的贸易不会重演。强迫别国开商埠、割租界、赔款的强盗行为已无市场。即使现在在有些公海领域还需要舰队对商船进行护航,那也主要是为了对付海盗。虽然国家的武力对发展国际贸易有一定的影响,但毕竟不能用武力去开辟国际国内市场,更不能直接用武力去对付国内外的商人。毕竟现在已进入21世纪的新千年,人类的文明已有了很大的进步。

在当代来说,重要的是:

1. 要进一步建立起自由贸易的制度,确保商品、资本、技术、劳力和相互服务在世界范围内自由流动

反对形形色色的贸易保护主义,让世界资源在世界范围内得到

合理有效的利用。在强调自由贸易时,还要防止一些国家以自由贸易为借口,对弱国施加压力搞不公平的贸易。如果在同一舞台使用完全统一的游戏规则,这样也会显失公平。所以WTO从制度上法律上做出了安排:发展中国家尤其是最不发达国家与发达国家进行贸易时,在协议中作了例外规定,采取差别对待,这是对自由贸易的补救,也是明智之举。所以自由贸易并不一概排除某些保护措施的正当性和必要性。这就要求在立法技术上不仅是规定一般,同时要注意规定特殊与例外。

2. 构建起公平贸易体系

自由贸易从一开始追求的就是让各国的资源能在世界范围内得到合理有效的利用;而贸易保护主义所关注的主要是民族利益的合理保护。也有学者认为,前者关注的是世界生产率的提高,后者是民族生产力的发展。[1]其实两者斗争的核心问题是利益的合理分配。在利益竞争中处于优势地位的国家强调自由贸易,其目的往往是多获利益;处于弱势地位的国家采取贸易保护,其目的是防止民族利益受损,实际所追求的是公平受益,并不是从根本上否定自由贸易这一基本思想和制度。所以当今一些工会组织、环保组织以及宗教慈善组织,都呼吁建立公平贸易的新制度和新机制。现在已成立起了"国际公平贸易组织",简称FINE。是由国际公平贸易标签组织、国际公平贸易协会、欧洲世界商店连线和欧洲公平贸易协会四个非政府组织建立的机构。宗旨是追求贸易公平和永续发展。

公平贸易兴起后,对世界贸易产生重大影响。第一次将公平贸易理念用于实践始于1946年,发起者在发展中国家建立公平贸易供应

---

①吕博等:《贸易战争》,中国经济出版社2009版,第195页。

链,明确以捐助目的销售来自发展中国家的手工艺品。到20世纪60年代,公平贸易运动在欧洲逐渐成形,被视为是反抗新帝国主义的一种政治力量。1965年,英国的乐施会(Oxfam)成立,通过邮购和自由店销售进口手工艺品的"帮扶"活动。同年,第一个"另类贸易组织"(ATD)诞生。1969年,第一个"世界商店"在荷兰开张,由志愿者经营,不断扩大到数十个。到1988年,公平贸易标签正式被使用。1989年,国际公平贸易协会正式成立。1997年,公平贸易组织开始确定公平贸易标签和协调公平贸易运动。2002年,公平贸易标签在世界各地通用(只有美加两国使用自己的标签)。至2004年,公平贸易认证从产品扩大到对企业的认证。公平贸易中的价格,不仅考虑生产成本,同时也考虑到劳动条件的改善,男女平等同酬,社会正义的维护和环境保护等需要。可见公平贸易运动是一种人道主义行为,尤其关注对发展中国家和社会底层群体的支持。所以它是一种商业良知运动,对缓解商战具有积极影响。

公平贸易运动兴起后,受到联合国、WTO及欧洲的高度重视和支持。如公平贸易运动提出的"贸易而非援助"(Trade not Aid)的口号,在1968年召开的联合国贸发大会上,得到国际认可。2008年8月8日,多哈谈判失败后,联合国粮农组织就公开提出多哈谈判从一开始就是不公平的,过分强调"自由贸易",而不是"公平贸易"。WTO在一系列协议中,专门针对不公平贸易规定了许多救济措施,如反倾销、反补贴以及各种保障措施和特殊保护措施等。欧洲议会2006年7月6日也通过了支持公平贸易的决议文。法国、意大利、比利时等国议会甚至开始讨论公平贸易的专门立法问题。

3. 筑起防御金融战的防护墙

2006年年底,中国对金融启动开放。从此一场不见硝烟的货币战争开始了。国际银行家们大举进入中国,其战略目标主要是:梦想控制中国货币发行权,进而控制和瓦解中国的经济。常言"知己知彼,百战不殆"。以整体看,目前中国的金融业,在经营理念、人才资源、经营模式、国际经验、技术设施、金融法制建设等方面,与具有几百年经验的国际金融玩家们相比,都不在同一等级。但我们必须有信心和勇气打赢这场新战争。他们有他们的战略目的,我们也有我们的战略目标。大路朝天,各走一边,你打你的,我打我的,走中国人自己的路。要相信在过去军事战争中,我们能战胜敌人,在当代的商战中我们也一定能获胜。在当代货币战中要着重解决的问题有:

要建立新的世界储备货币。目前以美元作为主要的储备货币是不合理的。因为美元毕竟只是美国的货币。它的含金量、它的汇率以及它的发行量、它的升值和贬值,一切都受美国的政治经济的变动而变动。美国人也没有义务向世人保证美元永不贬值,也没权利强制其他国家必须选择美元作为储备货币或结算货币。所以美元只是一种属人货币,不具超然性,对世人来说是一种不负法律约束力的货币。过去世界货币体系的基本格局是:美元与黄金挂钩,各国货币与美元挂钩。这一体系的基础是美元与黄金挂钩。这也是美元的信用基础。现在美元完全与黄金脱钩,各国货币与美元挂钩,显然已不存在使货币稳定和信用的基础。货币既然是人类社会经济肌体的血液,血源首先应健康,现在美元的血源已染上了"艾滋"病毒,再与它挂钩,这无疑是将"艾滋"病毒向世界传播,所以现在应建立起超国家的世界储备货币。作为世界储备货币,应与任何一个主权国家的货币脱钩,由一个具有政府性质的国际性组织进行专门制定,如"特别提款权"(SDR)那样。这样与各国主权回避,可以避免不受某一国操纵,从而可减少不必要的货币摩擦和冲突。同时建立世界储备货币可由多种兑换因素组成,这样有利于保持货币的稳定性。

一国的货币最好应建立起多元良性货币金融体系。就是有了世界储备货币,也不应把"鸡蛋放在一个篮子里"。尤其我国当前全靠强劲出口换取大量外汇,而又把大量外汇超量购买美国国债是很不明智之举。

从国际经验看,应采取措施把债务货币从货币流通中驱赶出去。在货币理论中虽有"劣币驱赶良币"的说法和做法,但必须是在政府强有力的干预下才有可能。但在正常的市场经济条件下,一般是良币驱赶劣币,因为在市场交易中,人们总是不愿接受劣币。

加强货币金融法制建设十分必要。目前货币金融法律不仅本身不完备,而且监督也不严。货币虽也是一种商品,但它是一种特殊商品,是每个行业、每个机构、每个人都需要的商品。它的发行权是所有垄断中最高的垄断权。我国货币的发行至今缺乏严格的法律制约,所以我国货币严重存在超量发行,正如吴敬琏教授所言:"过去 20 年我国广义货币供给目标增长速度通常在 17%~18%,一直高于 GDP10% 左右增长速度。现在我国广义货币对 GDP 的比值已达到 180%,现在广义货币已超过 100 万亿元,这是世界上罕见的,历史上也没有出现过。加之长期过度储备,从而造成物价迅速通胀。"[1]对双方商行为所发生的债务的利息多数国家都采取法定利率制,我国至今无此类规定。银行不良贷款,在国外,纳税人从不买单,而我国银行的不良贷款全部由政府一次又一次买单,这些做法再也不能继续下去了。如果再继续这样做,按"国民待遇"原则,政府对本国企业的好处,外国在中国的金融企业同样可以享受,这岂不成了饮鸩止渴吗?尤其是金融业开放后,怎样对外国货币金融企业进行有效监管,中国金融业怎样走出去,这些都是新学问。总之,一定要打有准备之战,从战争中去学习

---

①见中广网刊登吴敬琏于 2011 年 3 月 18 日在中国发展高层论坛上的发言。

战争。人们常说,美国现在正准备着和进行着三场战争:一是针对中国的贸易战;二是针对欧盟的金融战(其实金融战也针对中国);三是针对伊朗的军事战。对军事战我们较熟悉,也较重视,而对贸易战、金融战,我们还缺乏概念性的认识,更不熟悉,法律上的预防措施也较薄弱,这些都需要根据新变化,做出新部署,商法对防御商战更是一个新课题。

(原载于《商法原论》,知识产权出版社 2015 年出版)

商业革命和宗教改革对商法发展的推动

研究新的商法体系的形成,不单是要注意经济技术因素,还要重视各种社会变革。其中主要有:

一、商业革命

(一)16世纪在欧洲商事领域发生的商业革命有其深刻的历史社会背景

因为在15—16世纪,欧洲一些国家,如葡萄牙、西班牙、荷兰、英国等国的航海事业已很发达,商品货币关系已得到迅速的发展,他们的致富欲和对金钱的狂热追求迫使他们积极地想与东方国家发展贸易和向外寻求市场。但是当时的土耳其人垄断了东西方贸易的商路和远东的贸易,因此西欧人寻找通往东方的新航线和其他新市场是他们理想的选择。加之当时造船术和航海术的进步及地理知识的积累也日益丰富,为远洋航行提供了技术条件。于是在15—17世纪开展了全球性的航海活动。如1486年葡萄牙人巴托罗缪·迪亚士首先发现好望角,1492年克利斯托夫·哥伦布首先抵达美洲,1498年瓦斯科·达伽马开辟了绕好望角到印度的航线,1519—1522年斐尔南多·麦哲伦及其船队首次完成环地球航行一周。1642—1643年荷兰人阿贝尔·塔斯曼航行至澳大利亚和新西兰。这些地理大发现使欧洲商人的贸易活动中心从地中海沿岸扩大到大西洋、太平洋及世界各地。这样使欧洲资本的流通范围和海外贸易急剧扩大;进出口商品结构、数量和贸易流转速度迅速增加；商业性质和经营方式都发生了革命性的变革。如在贸易商品结构上，过去主要是专门为封建贵族和达官富人服务的贵重奢侈用品，而现在进口的商品转向广大居民一般消费品。如胡椒、丁香、肉桂、豆蔻等东方香料用品和其他各地的烟草、茶叶、可可、咖啡等产品大量涌入欧洲市场，这样普通日常商品逐渐取代了原来高级奢侈品的地位。商业的性质也由专为封建贵族服务转为为一般平民服务。为适应新的需要，在组织形式上也由过去的家族营业团体(qewerbliche erlbgemc inschaft)和康孟达(commenda)式行会组织转为贸易公司。如英国(1600年)、荷兰(1602年)分别成立了东印度公司。这些公司不仅资本雄厚，而且实行资本经营，与中世纪的封建商人公会有本质的不同，不再具有浓厚的行会性和平均主义特性，而是具有广泛的社会性和资本性。这些变革就是中世纪的商业革命。

(二)欧洲中世纪与商业革命相联系的其他社会变化

1. 商业战争

16—17世纪，西欧一些国家为争夺殖民地和商业霸权地位，先后爆发了多次的商业战争。其中主要有1580年西班牙占领葡萄牙首都之战，从而控制欧美之间的大西洋水域；1588年英国舰队打败西班牙的"无敌舰队"，大大削弱西班牙的海上贸易垄断权；后来荷兰又从葡萄牙手中夺走了东印度地区和波罗的海的全部贸易权，成为世界商业霸主。到17世纪的后半期，英荷之间于1652年、1665年、1672年爆发了三次商业战争，英国三战三捷。到18世纪中期英法之间从1756年爆发了七年战争，英国从法国手中夺走了加拿大、塞内加尔和印度的领地。从此英国成为殖民帝国和"海上霸王"。各战胜国通过公开掠夺、贩卖奴隶、不等价交换，使殖民地的财富不断流入欧洲，成为欧洲资本主义原始积累的重要来源，为欧洲的商业发展奠定了基础。

2. 价格革命

16 世纪在西欧还爆发了价格革命。这主要是随着地理大发现，西欧各国大肆凉夺和不等价交换，致使大量廉价金银流入欧洲，改变了货币与一般商品的汇价，导致物价急剧上涨，从而使新兴资产阶级从中获得巨额暴利，致使进一步推动了资本主义商业关系的发展。

3. 城市与商人中世纪商业和商法的发展，与城市的发展也有很大的关系

如 1200 年，西欧大约有 4000 万人口，其中城市人口约占 10%其中有的城市人口已在 10 万人以上。这些人主要是各种商人、各种工匠、宗教团体、其他社会组织及政府机关。当时的城乡商人已达 100 万人之多。这些商人除有犹太人、叙利亚人和希腊的外来商人外，大量的是本地的各种专业商人。甚至一些庄园领主和庄园成员及上层贵族都从农业转入商业。这些就形成独立的商人阶级。商人阶级的出现是新商法的一个必要前提。尤其随着城市的形成，所形成的中世纪独具特色的"城市法"，是中世纪商法重要的法渊。

在欧洲爆发的商业革命、商业战争、价格革命以及城市的兴起和商人阶级的形成汇合成一股重大的历史巨流，大大推动了商业贸易的发展。这时新的商事制度，如公司、国际贸易、商业信用、银行信用、票据、证券、保险、海商、破产、商事法院等制度已广泛存在。这些制度使原有的罗马成文法、日耳曼习惯法、教会法、英国的普通法都不能满足已经发生深刻变化了的新的需要。于是一种新的法学按照秩序、利益和正义的新要求和新概念、新制度把各种商业关系制度化和系统化，并提出一系列新的法律设计和新的框架，而且尽可能使它在法律上得到表现。如果没有一系列新的商事法律制度，如公司制、有限责任制、流通汇票制；如果没有对过时陈旧的商事习惯加以改造，没

有商事法院和商事立法,别说要变革其他社会经济制度,恐怕就是商事活动本身也不可能。这时社会所发生的变革,不仅是商业所发生的革命变革,而且还带动了整个社会的变迁。商法在这种变迁中也形成自身已独有的特性和独立的领域。所以说,商业革命造就了商法,商法也有助于造就商业革命①。

4. 商业和商法发展所需要的文化环境

西方商业和商法在中世纪和近代能获得较快的发展与他们的文化思维有密切的因果关系。从中西方文化的比较来说,中国文化的特征主要是:自为、以血缘家族为本位、重农轻商、好静、贵和、安贫、轻法、重官场关系。所以有人把中国文化概括为官场文化。它的行为模式是"内圣外王",重在"克己"。这种文化很不适宜商业和商法的发展。西方文化总的特征是:竞争型、主动、重商、重法、重智、重市场关系。所以有人说西方文化是市场文化。这种文化心灵和行为模式是"内私外公",是"爱己"。尤其致富欲强,永无满足感。如由于物质上的不满足,便大力发展机器生产;理智上的不满足,便大力发展科学文化事业;军事上的不满足,便拼命制造各种先进的杀人武器;政治上的不满足,便推行各种民主政体……应该说,这种文化氛围给商业和商法的生存和发展造就了较适宜的土壤、气候、阳光和社会伦理环境。但是在中世纪这种特定的历史环境中,由于西方社会是一个宗教盛行的社会,尤其是罗马天主教不仅统治着人们的思想,而且还统治着社会和政治。而当时的宗教文化是不适合商业发展的,所以在中世纪在欧洲又爆发具有浓厚文化性质的文艺复兴运动和宗教革命。

---

①Harold J. Berman, Law and revolution, Harvard University Press, 1983, p.336.

二、宗教改革

(一)16世纪的宗教改革

15世纪末,商业在欧洲已获得很大的发展,资本主义的生活方式也大有发展。但传统的宗教信条和伦理观念与商业精神,如致富欲、营利观、聚财意识等有严重的冲突。而新的商业营销制度的确立,不仅要求要有新的流通体制,法律制度,还必须要有全新的意识,使致富发财在道德伦理上获得认可。但当时西方的宗教观(主要是罗马天主教)与商业精神严重冲突,因此,爆发了宗教改革。不过他们所进行的宗教改革,不是要废除宗教,而是要建立起符合新兴资产阶级的阶级利益的新的教义观,使宗教由过去为封建关系服务变成为资本关系服务。在封建社会,教会在西欧和中欧是整个封建社会的中心组织,是披在封建关系和神灵意识身上"神圣的合法的外衣"。不把这件外衣撕破,商业和商法就不能获得很好发展。传统宗教把教义和经商严格对立起来,所追求的是对来世的向往(即上帝的奖罚)和禁欲主义。所以主张出世观。即脱离现实世俗生活,入世苦行,以便得到来世上帝的奖赏。它所主张的禁欲主义,其核心是要人们放弃致富的欲望。认为致富是罪恶,上帝是不收富人的,并规定经商就不能入教,入教就不能经商,把教和商绝对对立起来。尤其不允许贷款生息和投机交易。这些思想当然与发展商业和资本关系是不利的。所以欧洲在13—15世纪中叶兴起了文艺复兴运动,提倡世俗主义,人们要从宗教藩篱的束缚下解脱出来,恢复希腊、罗马文化,排除禁欲主义,尊重个人的价值和权利,提倡个性解放,回到现实生活。这种启蒙运动实际为宗教改革奠定了思想基础。

宗教改革,就是要把神灵宗教变为可以由人们任意解释的宗教,由出世观转为入世观,即由天堂彼岸转为人间现实世界,把世俗职业视为天职(Calling),从事商业、贸易、工业等营利事业是合理的职业劳动,营利致富不仅不是罪恶,而且是美德,是上帝的命令。把富人誉称为是上帝的"宠儿","神为其生意祝福",主张教与商相协调,入教.可以经商,经商可以入教。同时,他们认为营利应遵守诚实、勤勉、合理的原则。使用个人的财产应以不违反他人和社会的公共福利为限。这也就是基督新教伦理。马克斯·韦伯(Max Weber,1864—1920)认为它是新兴商业和资本主义发展的思想精神动力①。

宗教改革的代表人物,有捷克的杨·胡斯(1371—1415),除了"圣经"以外,他反对教会权威;他把人的理性和经验提到了首要地位,他主张个人有自由思考的权利,不受神和教义控制。另外是杨·阿莫斯·考门斯基(1592—1670),他是一个坚定的人文主义者,他著有"大教授法",即"泛智学",主张用自然科学和数学去武装人们的头脑,从而破除宗教的非理性思维。其次是德国的马丁·路德(Martin Luther,1483—1546)和加尔文(Johu Calvin,1509—1546),路德主张摆脱天主教会的专横,建立一个依赖于市民政权的"廉价教会",并主张没收教会的财产。不过路德对基督教教义的解释并未特别对产业贸易有利,倒是加尔文及清教徒的改革运动,对近代商业精神的发展产生了较大的影响。

(二)宗教改革对于商法理念的影响

通过宗教改革,不仅促进了人们观念的转变(如发财致富不仅不是罪恶,而且是美德),而且工商实业家的社会地位也得到提高,同时由于新教义提倡节俭,更有利资本的原始积累,从而促使整个社会进

---

①[德]马克斯·韦伯:《论经济与社会中的法律》(中译本),中国大百科全书出版社1998年版,第126页。

步和生产力的发展。尤其值得注意的是经宗教改革后,宗教与商业与道德与法律进一步获得妥协,从教义来说,禁欲主义的修道生活仍然被认为是抛弃"这个世界"最接近天国生活的理想价值追求。但同时教会不仅不谴责而且鼓励追求金钱和财富。并认为从事商业的世俗活动能把一些人从贪婪的罪恶中拯救出来。并认为商人应组织行会,让这种行会维持交易中的道德标准,以实现其宗教的功能。这样宗教所追求的天国生活和商人所追求的世俗生活达成妥协,并认为建立在高尚信念基础上的合法贸易有别于建立在贪婪基础上的非法贸易;建立在满足合法需求基础上的贸易有别于建立在纯粹自私自利欺诈基础上的贸易;合法的收取利息有别于高利贷;公平价格有别于不公平价格①。如果从事交易活动是按教会法制定的原则去做,那就是一条通往拯救世俗的途径。从教会法的观点看,由商人们发展起来的用以调整他们自己的相互关系的法律,即商人法应该反映教会法,而不是与教会法相矛盾。这样使教会法(道德法)、城市法(自治法)、习惯法、商法(国家法)相互协调,在商事活动中共同发挥作用。

三、统一民族国家的形成

随着商业革命和宗教革命的完成,原有的分权式的封建领主专制与王权政治实体与现实经济贸易的发展极不适应,商业贸易的对外扩张、交通的发展,对外急需要有安全保障,对内也需要排除诸侯邦国分割的障碍,促使统一市场的形成,也需要有强有力的政权来对抗教会的权威,同时也需要有强大的军队以便与外国竞争。这一切又促进了欧洲近代统一民族国家的建立。如 1480 年英国中央集权政

---

①Harold J. Berman. Law and Revolution. Harvard University Press, 1983, p. 338.

府——铎都尔(Judor)政权的建立,法国于 1480 年路易十一世王权政府的建立,接着西班牙、葡萄牙各自建立统一的国家。荷兰于 1579 年联合北部 7 州成立统一的共和国。德国在 1871 年才形成统一的国家。这种统一的民族国家的形成,对制定统一的国内商事法是极为有利的。如法国在 1673 年制定了统一的《商事敕令》,1681 年制定了统一的《海事敕令》,德国在 1897 年制定了统一的商法典。

总之,商法由分散走向独立,由习惯法走向成文法,由世俗法、道德法走向国家法,是经商业革命、宗教革命、人口的增长、城市的发展、交通的发展、文化的进步、统一民族国家的形成以及法学理论自身的进步等诸多因素同磁共振的结果,结论是多因论,而不是单因论。

(原载于《比较商法导论》,北京大学出版社 2000 年出版)

当代商法的发展趋势

自人类社会进入现代社会以来，商事法为适应商业交易实践的要求，在继承已有优秀商事法制度的基础上，当代商事法展示出新的发展趋势①，主要表现在以下几个方面：

一、当代商法发展的特点

（一）统分结合的发展趋势

如前所述，自 18 世纪末和 19 世纪以来，在法国、德国的带领下，在世界范围内出现了商法法典化的热潮。但随着社会经济、科学技术的迅速发展，人们生活水平的提高，国内外贸易的发展，商事法为适应这些新的发展要求，也不断地进行变革。其中，最重要的变革之一，是在法典化的基础上出现了分别制定各种商事特别法的趋势。如不论是大陆法或英美法国家，差不多都分别制定了公司法、商业登记法、票据法、破产法、合同法、担保法等众多的商事特别法。从而使商法出现了分专划细的新局面，有许多国家的商法典只具有象征性的商事通则。商法体系的这种变化更充分体现了商法作为一个独立的法律部门所需要的发展趋势。一个完整的部门法体系除基本法外，还

---

①参见［苏］P. JI. 纳雷什金娜主编：《资本主义国家民商法》，中国政法大学出版社 1989 年版，第 10—14 页。

应当有一些特别法以资补充。

(二)两大法系商法相互渗透的趋势

这主要表现在两个方面:一是在法律形式上英美法国家从 20 世纪以来逐渐采用成文法的形式。现在英美法国家中的一些主要的商事特别法,如合同法、公司法、保险法、票据法、破产法都基本成文化。最突出的是英国制定了《货物买卖法》,美国制定了《统一商法典》等重要的商事成文法。此外,美国法学会针对商法制度运行中的法律问题,进行了《法律重述》,使商法的判例逐渐成为对法律具有指导意义的商法理论。而大陆法国家也逐渐采用"判例法"。在大陆法国家里,长期以来遵循的是成文法原则,即法律必须成文化。法律条文是法院审理案件的依据,法官只能依法律条文"对号入座"。自 19 世纪末叶起,为满足社会深刻变化的需要,从而也开始使用"判例法"。这些判例法有两种,一种是通过最高法院的判决确定了一些法律原则,对下级法院具有约束力;另一种是法官在判案中对法典的某些条文所做的扩散性的解释而形成的法律原则。不过这种"判例法"与英美国家的判例法有所不同。因为大陆法国家的"判例法"是通过法官对成文法的解释而形成的,它不过是成文法的"派生物"。而英美国家的判例法是以先例为基础,在无先例的情况下,可通过审判活动创造出先例,这可以说纯属法官造法。二是在内容上相互渗透,如在合同生效的时间上,大陆法国家实行的是到达生效原则,而英美法国家实行的是投邮生效原则。现在由于《联合国国际货物买卖合同公约》规定,实行到达生效原则,这样,一些承认该公约的英美法国家也遵守到达生效原则①。尤其在公司法领域相互渗透的事例很多,如关于对公司资

①冯大同主编:《国际商法》,对外贸易教育出版社 1991 年版,第 78 页。

本的确定,过去大陆法国家长期实行"法定资本制",到 1937 年德国在制定股份法时,率先放弃了这一制度,而借鉴吸收了英美公司法的"授权资本制"。其他许多大陆法国家也都纷纷效仿。另外,英美法国家也借鉴吸收了大陆法国家的一些经验。如英美法国家公司法规定,公司行为不能超越公司章程所经营的公司目的,这叫越权原则。而大陆法国家的公司法多数无严格的越权限制。英国王座法院于 1875 年在一个判例中确立了废除越权原则的先例,后来美国在 1943 年公布的《模范商业公司法》中,澳大利亚于 1895 年对公司法的修订以及加拿大在 1975 年的《联邦商事公司法》中都废除了越权原则。这样较有利于国际贸易和国际投资。

(三)商法的社会化趋势

资本主义从自由竞争上升到垄断时期,诸多经济关系亦更为复杂,反映在理论上则出现了社会利益优位的思想,如民法中即出现了对私权神圣、契约自由等原则的限制,而商法在这种理论趋势下也必然要向法律社会化方向发展,即商法在重视保护商人的个体利益时要以不损害社会利益为前提。如各国纷纷建立了商业登记制度以及各国有关反不正当竞争法中对于各种商行为的限制等等,均体现了现代商法更是一种社会化的法律体系。

(四)商法的技术化趋势

生产力的发展与科技的发展永远是密不可分的。现代商法所调整的商事关系已不仅限于古代以及中世纪时期的简单的商品买卖关系,而是更为复杂、更为专业化。如票据制度中的背书转让制度、票据的格式要求以及电子资金划拨的发展;再如公司股票上市制度中的复杂的程序,内容详尽的各种文件都体现了现代商事关系已经蕴含了更多的技术性、专业性的内容。因此,各国对于商法也在不断地进行调整、修改以使其更适应这种发展趋势。

（五）国际化和统一化的趋势

商事活动从古至今就具有国际性的特点。这是因为各国在自然禀赋和科学技术上存在差异，不得不互通有无。尤其到了现代社会，由于交通和通信工具的日益发展，更进一步促进了世界经济一体化进程。在这种情况下，单凭一国一地的惯例和法律很难满足这种复杂需要。即使求助于一般法律冲突规则和一般法律原则，也并非在一切情况下能得到令人满意的解决。尤其是解决国际商事纠纷，进行商事仲裁，更需要超脱单独某一国的国内法。所以一些有识之士如法国的伯尔绍德·戈德曼教授和米歇尔·维拉利教授，提出要制定出一整套新的国际商事法规则，他们把这种法称为跨国法或现代商人法。并认为它是不属于国内法和国际公法的第三种法律秩序。现在对这一理论在法国、英国、德国、奥地利、瑞士和美国都展开了研究，并提出了一些有影响的理论。如英国法学家 F.A.曼的"万国商法理论"，法国法学家米歇尔·维拉利、美国法学家杰塞浦和德国律师兰根等人的"跨国商法理论"，英国法学家施米托夫、法国法学家卡恩等人的"自治合同理论"，德国法学家斯坦因道夫的"国际私法实体化法理论"以及美国法学家施莱辛格和德国法学家耳蒂希的"一般法律原则理论"等①。尤其是像英国法学家、社会活动家 C.M 施米托夫，毕生致力于建立统一的国际贸易法的研究和活动。他说："我们正在开始重新发现商法的国际性。国际法—国内法—国际法这个发展圈子已经自行完成。各国商法的总趋势是摆脱国内法的限制，朝着普遍性和国际性概念的国际贸易法的方向发展。"②他的这一论断得到许多国家法学家

①参见《中国社会科学》1993 年第 5 期。

②［英］Clive M. Schmitthoff's, Select Essays on International Trade Law, Kluwer Academic Publishers, 1988, p.27.

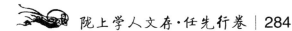

的赞同。如法国的童克教授指出:"商法的国际性可以带来根本的变革,对此我们应有所准备。"南斯拉夫的哥尔德斯坦教授也写道:"尽管各国的政治、经济和法律制度不同,新的商人法却在国际贸易领域迅速地发展着。现在是承认独立的国内法制度的商业自治法的存在的时候了。"彼得洛夫斯基也写道:"商法对于开展所有资本主义与社会主义国家之间的合作,具有重要的意义。"捷克的拜斯特里斯库教授也认为:"尽管各国在政治和经济制度上的目标不同,但在所有的法律制度中,货物买卖合同就其实质和法律规定来说,具有相似之处。"①可以说,重新发现商法的国际性特征与价值,代表了东西方法学家的共识。尽管现在自由市场经济国家和社会主义市场经济国家在商业交易中所追求的目的和目标还存在根本区别,但是正如人们所期望的,如果东西方国家之间的竞争,特别是在争夺"不结盟"国家的灵魂方面的斗争,采取贸易的形式而不是武装冲突或冷战的方式,那么商事统一法就应担负起制定所有参加者都必须遵守的 "比赛规则"的任务,即所谓实现国家间和平共处的必要条件。

二、商事法的统一发展阶段②

商事法的统一化,可分为三个大的阶段:

(一)统一化的初始阶段

这可以追溯到中世纪时期,在地中海沿岸、大西洋沿岸和北海沿

---

①[英]Clive M. Schmitthoff's, Select Essays on International Trade Law, Kluwer Academic Publishers, 1988, p.28.

②参见[英]施米托夫著:《国际贸易法文选》,中国大百科全书出版社 1993 年版,第二编(127—276 页)。

岸各国之间以及亚非欧国家之间所形成的统一的贸易惯例，当时被称为"商人法"。这些都是各国商人之间在长期的商业交易中所形成的习惯做法和惯例。其中尤以当时的海上习惯法，如康索拉度法、阿勒伦法、威斯匹法等影响最为广泛。这些法为以后制定统一的海事规则起了奠基作用。

（二）统一化的形成阶段

这主要是 19 世纪以来到二战结束。在中世纪以后，到 19 世纪在欧洲随着民族国家兴起，在国家主权思想的支配下，各国都纷纷制定本国的国内商法，致使商法的统一化受到严重阻碍。但随着国际商事贸易活动日益发展，各国国内法越发展，法律冲突越严重，发展国际贸易的障碍也就日益严重。这就更需要加强国际、国内商事法律制度的统一进程。这样原来形成的一些统一的国际商事惯例和商事习惯法不仅没有被消灭，相反在新的形势下得到进一步的发展。如 1860 年欧美商界人士在美国格拉斯湾共同制订了理算海损的统一规则。这个规则后经两次修改，1974 年被更名为《约克—安特卫普规则》。1882 年《保护工业产权巴黎公约》、1924 年《统一提单的若干法律规定的国际公约》（海牙规则）、1932 年由国际联盟理事会在日内瓦制定的《统一汇票、本票法公约》、1931 年制定的《统一支票法公约》、1933 年国际商会公布的《商业跟单信用证统一规定》、1936 年国际商会又制定的 *incotermes*（1936 年），对国际贸易合同中常见的几种价格术语作了统一的规定和解释，1933 年还制定了《统一国际航空运输某些规则公约》。

这一时期商事法统一化的特点主要是：（1）调整范围比以前广泛。以前的商事统一法主要是一些海事方面的惯例，而此时扩展到了贸易条件、支付方式、知识产权、航空运输等领域。（2）过去的商事统一化主要是由商人团体来推动此项工作，而此时除商人团体外，法学

界、经济界以及政府都介入此项工作。(3)使商事统一法日益系统、规范。

(三)统一化的大力发展时期

这一时期有三个大的国际经济组织对推动商事法的统一化起了重要作用。

1. 根据 1947 年 10 月 30 日签订的《关税与贸易总协定》(*General Agreementon Tarriffs and Trade*,缩写 GATT)成立的关贸总协定组织。关贸总协定是一个契约式的国际法文件。这个协定产生的背景是在二战后各国人民都希望加强国际经济合作以维护世界和平,反对在国际贸易方面持保守主义的立场。所以有人说它是以反世界保守主义为背景的。二战后为加强国际经济合作,1944 年 7 月在美国新罕布什尔州布雷顿森林开会协议,建立国际货币基金组织,1945 年 12 月 27 日成立,1947 年 11 月 15 日正式成为联合国的一个专门机构。其宗旨是促进国际货币金融的合作。同时在布雷顿森林会议上通过协定,成立了世界银行。由国际开发银行(IERD)、国际开发协会(IDA)、国际金融公司(IFC)和多边投资担保机构(MIQA)联合组成。1945 年 12 月 27 日成立,1946 年 6 月 25 日开始营业。1947 年成为联合国的一个专门机构,其宗旨是为战后国家的重建和发展提供长期贷款和开发资金。在贸易方面原本想成立一个比较广泛的国际性的组织——国际贸易组织。但未获得多数国家通过,致使这一计划流产。但在谈判中,为了促使国际贸易组织宪章早日达成,有 23 个国家经过谈判最终签订了《关贸总协定》。它虽然是一个临时协定,但它又是一个管理国际贸易、协调各国关税和贸易政策的唯一多边文件。最初虽只有 23 个国家,后来发展到 120 多个国家和地区,并发展成为一个机构健全的国际组织。

关贸总协定的宗旨是通过发展国际贸易促进成员国的经济发

展,提高生活水平、保证充分就业、扩大世界资源的充分利用、努力发展商品生产、大幅度削减关税和其他贸易障碍、取消国际贸易中的歧视待遇等。该组织成立后,在促进统一化方面,最突出的是在成员国间确立起了最惠国待遇、国民待遇、无歧视待遇、禁止倾销、对等减让关税、取消进口数量限制、限制出口补贴、通过谈判解决国际争端,以及对发展中国家给予特殊优惠等方面取得了显著的进步。

2. 各种国际法组织。这些组织分为两类:一类是政府组织,即由国家组成并由国家提供资金。如联合国贸易法委员会(UNCITRAL 维也纳)、国际统一私法协会(Unid—roit 罗马)、海牙国际私法会议(Hague Conference on Private International Law 海牙)、经济互助委员会(CMEA 莫斯科)。另一类是非政府组织。主要是由国际商业界和国际法学者们创立。如国际商会(ICC 巴黎)、国际海事委员会(IMC 安特卫普)、国际法协会(ILA 伦敦)。这些组织都有其特定的宗旨和成员国资格。如罗马统一私法协会主要致力于起草公约和示范法,特别是 30 多年来一直致力于国际货物买卖统一法的起草。它有成员国 43 个,其中最主要的是 1964 年起草的《国际货物买卖统一法》和《国际货物买卖合同成立统一法公约》。为后来制定《联合国货物买卖合同公约》提供了经验。该组织还致力于《国际贸易法典》的制定。

(1)海牙国际法会议成立于 1893 年,主要致力于解决法律冲突公约。在商法领域,它主要促成了 1955 年 6 月 15 日《国际货物买卖适用法律公约》的签署。经互会,主要是苏联和东欧国家及其他社会主义国家。主要制定的有 1958 年的《交货共同条件》和 1962 年的《成套设备安装共同条件》。

(2)国际商会,它主要致力于对国际贸易惯例的研究和解释。它成立于 1919 年,现有会员国 110 多个。我国于 1994 年加入该会。它在 50 多个国家设有国家委员会,在我国设在香港。它是一个具有广

泛性的非政府机构的商业组织，它公布的是对国际贸易惯例的成文解释，其中最重要的有《国际贸易术语解释通则》《跟单信用证统一惯例》和《托收统一规则》。尤其是《跟单信用证统一惯例》被最为广泛的采用。现有170多个国家的银行按此惯例操作。

（3）国际海事委员会，成立于1896年，它主要致力于全球范围内统一海事私法。尤其于1924年制定的《统一提单的某些法律规定的国际公约》（海牙规则）经1968年重新修订，已被普遍采用。

（4）国际法协会，成立于1873年，它的宗旨是致力于研究、解释和发展国际法（包括公法和私法）。它的主要贡献是，于1974年制定了《约克·安特卫普共同海损理算规则》。

（5）联合国贸易法委员会，它自成立以来在推动贸易法的统一方面起了核心作用。该组织的宗旨是"进一步协调和统一国际贸易法"[1]。重点是发展全球性的商业习惯法。它追求的目标是使国际贸易法从各国国内法中独立出来，用国际法律规章规范整个国际贸易领域，最终使国际贸易法成为全人类共同的规则。该委员会的成立，主要基于二战后贸易日益国际化，区域经济一体化得到迅速发展，发展中国家也涌入国际贸易行列。加之以上所说的组织，虽然在促进国际商事法的统一方面起了各自应起的作用，但是这些组织往往带有地域性、行业性的特点。尤其有些组织还具有政治色彩。如国际商会的工作不断扩大到实行中央计划经济的国家，经互会的成员国资格仅限于共产党国家。罗马统一私法协会、海牙国际会议，它们的成员也主要是欧洲国家。国际海事委员会，对加入该组织必须是属于相同经

---

①［英］施米托夫著：《国际贸易法文选》，中国大百科全书出版社1986年版，第3页。

济体制的限制。国际法协会,基本上是一个学术团体,所以这些组织都缺乏应有的权威性和影响力。它们所实行的是孤立主义和缺乏相互协调的做法,已经不合时宜。它们承担不了制定统一的国际贸易法的任务。在这种背景下,当代著名国际贸易法教授、联合国法律顾问施米托夫 1964 年著文建议联合国应成立贸易法委员,受到匈牙利驻联合国代表团的赞同,并由匈牙利代表向联大提出专门提案。后由施米托夫写出"积极发展国际贸易法"的专题报告。1965 年联大接受了这一提案。1966 年在第 21 届联大上获得通过,并任命施米托夫为该委员会的主席。该委员会自 1968 年 1 月 1 日正式成立以来,已签订了不少重要的国际贸易公约和示范法。如 1974 年的《国际货物销售时效期限公约》、1978 年的《联合国海上货物运输公约》、1980 年的《联合国国际货物买卖合同公约》、1988 年的《联合国国际汇票和本票公约》、1991 年的《联合国国际贸易运输港站经营人赔偿责任公约》、1985 年的《国际贸易法委员会国际商事仲裁示范法》等。现在正致力于为制定统一的《国际贸易法典》而努力奋斗。可以说该委员会在统一国际贸易法方面做出了卓有成效的贡献。

另外,联合国贸易和发展会议(UNCTD)在促进统一国际贸易法方面也做了许多工作。签订的公约,如《班船公会行动守则公约》,1980 年的《联合国国际货物多式联运公约》、1981 年的《关于管制限制性商业惯例的多边协议的公平原则和规则》,还有 1976 年制定的《关于商品综合方案》(此方案 1989 年 6 月 19 日正式生效)。

3. 世界贸易组织(World Trade Organization—WTO)①。世界贸易

①参见刘秀山主编:《世界世贸组织与中国外贸体制 100 题》,人民法院出版社 1995 年版,第 1—87 页。

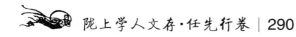

组织的成立，使国际商事统一法的发展进入一个重要的新的历史时期。世贸组织是对关贸总协定的继承和发展的产物。打二战后各国都希望建立一个国际性的贸易组织，以协调和发展各国的贸易关系。但由于当时环境所限未能使这一愿望得到实现，只好成立了关贸总协定组织。但这一组织毕竟是一个临时性机构，可是它成立以来制定了一系列规范各缔约国之间的贸易活动和国际贸易的法律文件，它的缔约国已由当初的 23 个发展到后来的 120 多个。它实际上已成为管理国际贸易的一个有权威性的机构。关贸组织成立后各国都为建立一个正式的世贸组织而不断奋斗。其中经过八轮大的多边贸易谈判：一轮 1947 年 4 月于日内瓦，二轮 1949 年 4 月于法国的安纳西，三轮 1950 年 10 月于美国的托尔基，四轮 1956 年 1 月于日内瓦，五轮 1960 年 9 月于日内瓦，这轮谈判着重讨论欧共体的加入。因这一谈判是美国副国务卿道格拉斯·狄龙建议召开的，所以称狄龙回合。六轮于 1964—1967 年在日内瓦召开，又称肯尼亚回合。七轮于 1973—1979 年日本东京召开，所以称东京回合。八轮于 1986 年 9 月—1993 年 12 月 15 日在乌拉圭召开，称乌拉圭回合。1994 年 4 月 15 日，120 多个国家和地区在马拉喀什最后签字通过了乌拉圭回合最后文件。这次谈判实际长达 8 年之久。乌拉圭谈判最后通过了《建立世界贸易组织的协议》，同意建立世界贸易组织，原关贸总协定的成员自动成为世贸组织的创始国。世贸组织从 1995 年 1 月 1 日正式成立，并成为联合国的专门机构。这样，国际货币基金组织、世界银行和世贸组织就成为联合国的三大支柱。这些组织都有法人资格，享有一定的特权和豁免权，它的议事规则采取一致通过的决策惯例。

　　世贸组织的宗旨是通过大幅度的削减关税及其他贸易壁垒和取消国际贸易中的歧视待遇，给予发展中国家特殊优惠待遇，促进贸易自由化，以充分利用世界资源和扩大商品和服务的生产与贸易，进而

提高生活水平,保证充分就业,努力保护环境等。总的追求是要建立
自由开放的贸易体制和多边贸易体制统一的法律框架。

世贸组织虽取代关贸总协定,但关贸总协定的原则和大部分协
议对世贸组织仍然有效。《乌拉圭回合多边贸易谈判结果最后文件》
所涉及的 21 个领域和 45 个协议和决定①,其中有许多是适用原关贸
总协定的原则和规定。如最惠国待遇原则、国民待遇原则、反补贴反
倾销原则、互惠原则、透明度原则、一般禁止进口数量限制原则及多
边谈判、关税条款、联合行动条款、发展中国家的特殊条款、政府采购
协议、民用航空器贸易协议、国际奶制品协议等内容仍然有效。乌拉
圭回合最后文件达成新的协议有 16 项:原产地规则、进口许可证程
序协议、与贸易有关的知识产权协议、保障协议、与贸易有关的投资
协议、服务贸易总协议、贸易技术壁垒协议、补贴与反补贴协议、纺织
品与服装协定、反倾销协议、装船前检验协议、海员估价协议、农业协
定、关于实施卫生和植物卫生措施的协议、关于争端解决的规则和程
序的协议、贸易政策审议机制等。此外,还有许多有关修改和补充的
规定。

世界贸易组织实际上是一系列文件的总称。它的自由贸易体制、
多边贸易体制以及它的宗旨和职能的实现,就是建筑在这些法律文
件的框架之上。这些文件在不同程度上反映了各缔约方在经济和政
治上的共同利益关系。所以它使国际贸易方面的法律制度得到进一
步的统一,从而使国际贸易统一法进入一个新的里程。它在统一国际
贸易法律制度方面建立起了一些新的特殊制度。

---

①参见剧锦文主编:《关贸协定实用知识全书》,中国物资出版社 1993 年版,
第 1—178 页。

1. 无选择性

乌拉圭回合谈判最后文件规定,"乌拉圭回合各协议将向所有方开放,供一揽子接受"。就是要求参加谈判的 117 个国家和地区以及今后新加入的成员对所有签署达成的协议(《边贸协定》除外),都要一起接受,而不允许只选择接受某个或几个协定,更不允许对所选择接受的协议某些条款持保留态度。同时还要求加入协定的成员,当其国内法有悖于各协定的规定时,要服从国际统一规则。这为建立起一套完整的统一的国际贸易法规则奠定了基础。这一规定使世贸组织的法律文件与一些非政府制法组织所制定的公约、贸易惯例解释大不相同。因为这些法律文件都是具有选择性的。如过去许多公约只有被某国承认后才有效,而且在承认时可以对某些条款保留,尤其是贸易惯例,也是被双方订入合同才有效。所以这些规范多数是任意性的,约束力不强。

2. 广泛性

乌拉圭回合所签订的协议和各项规定有 40 多个。它涉及货物贸易、服务贸易、技术贸易、与贸易有关的知识产权、投资措施、关税、价格、质量检验、反不正当竞争、争议的解决等许多领域。在这诸多的领域有了统一规则,就大大扩大了国际商事法律制度的统一性。同时协议还规定适用的时候与国际货币基金组织和世界银行实现全球经济决策更大的一致性开展合作,这将更加增进其统一性。

3. 正式性

世贸组织不仅是一个国际性的权威的制法机构,即制定相应的法律文件框架,而且还承担着对各成员国对这些法律文件的执行和监督。如对成员的多边贸易谈判提供论坛,执行争议的解决,执行对成员贸易政策的评审机制。为执行这些任务它设有部长会议作该组织的最高权力机构,设常务理事会,作为部长会议休会后的常设机构。此外还设货物贸易、服务贸易、知识产权、贸易与发展、国际收支、财务预算、政府采购、民用航空器贸易等专门委员会，并且只有部长会议和常务理事会才有权对各种协议做出解释。在最后文件中明确规定改总协定临时适用为正式适用。根据协议规定，世界贸易组织具有法人资格，并享有一定的特权和豁免权。这样，世贸组织就不是一般的制法组织，而是一个特殊的国际法主体，具有国际法律的人格。

4. 特殊性

世贸组织的各项协议和有关规则总的讲是建立在公平和权利义务均衡的基础上。但由于该组织的成员不论在经济、科技发展水平和对贸易的经验上都存在很大的差异，尤其是发达国家，发展中国家的差异更大。随着在关贸总协定中发展中国家的数量不断增加，因此对发展中国家的利益给予了特殊的关注。主要表现在关贸总协定组织于 1965 年在总协定中增加了第四部分——"贸易与发展"，即 36 条、37 条、38 条，称为对发展中国家采取行动的特殊条款[①]。第 36 条为原则和目的，总的原则是发达国家在对发展中国家的贸易所做的关税削减或撤销的贸易壁垒，不可能得到对等回报，这是对互惠原则作了重大修改，在东京回合后，进一步确立起区别对待、更加优惠的决议。目的是确保发展中国家的出口收入迅速和持续的增长。对初级产品和工业制品提供优惠的市场准入机会。第 37 条是发达国家对发展中国家所做的"承诺义务"。第一项义务是取消对出口产品的限制（包括关税和非税的限制）。第二项义务是由缔约方进行磋商，即采取联合行动。这样既可使一些发达国家不能自行其是，又可杜绝个别国家借

---

①参见剧锦文主编：《关贸总协定实用知识全书》，中国物资出版社 1993 年版，第 27—29 页。

口他方未采取相应措施而规避履行义务的行为发生。第三项义务是在由政府直接或间接决定产品的转售价格时，对完全或主要来自发展中缔约国领土的产品，应尽力使利润保持在公平水平上。第四项义务是缔约的发展中国家在采取贸易措施时，也要考虑其他发展中国家的利益。第五项是在履行各项义务时，每一个缔约国应对其他缔约国给予充分的和及时的机会。第38条是对有关"联合行动"的规定，就是各缔约国应共同合作，以促进对发展中国家目的的实现。这些授权性条款为发展中国家在世界贸易中确立了永久性法律地位。

为促进对发展中国家的特别关注，关贸总协定采取了许多具体措施：如对发展中国家关心的问题提供数据、信息和背景资料，举行专家讲座和贸易政策官员的培训，增加发展中国家在规则适用上的灵活性。尤其为帮助发展中国家发展外贸事业，于1964年在日内瓦专门建立了"国际贸易中心"。该中心的主要职能是制定和执行贸易发展计划，通过提供国际市场和销售方面的情报和咨询等帮助发展中国家的根本利益为出发点。尤其对中央计划经济国家的入关，多采取附加特别保障条款。

另外，世贸组织的法律框架文件中还有许多特殊的规定，如豁免与紧急行动的规定。按国际法准则的惯例，一个主权国家在损害他国利益时要承担国际责任，但在国际贸易中，一个主权国家参与国际贸易主要是为了扩大就业、增加收入、提高人民的生活水平，所以也允许一国的利益受到损害时可采取紧急行动权和有限制的豁免权，以增加竞争能力。

还有对区域贸易实行例外对待原则。多边贸易谈判制度，对贸易争议，即一国违反了总协定的规则时不诉诸制裁措施，对争端采取磋商专家小组调解的方式解决。

三、国际商事统一法发展所取得的主要法律成就之主要方面

（一）国际货物贸易方面

1. 制定了进行国际货物贸易的一系列基本原则

如自然资源永久性原则、贸易自由原则、平等互利原则、反歧视原则、最惠国待遇原则、国民待遇原则、关税减让原则、透明度原则、多边贸易谈判原则、一般禁止进口数量限制原则、对区域贸易安排例外对待原则、对发展中国家特殊优惠原则、贸易争端的磋商调解原则等。

2. 制定了较完整的货物买卖规则

最突出、影响最大的是 1980 年《联合国国际货物买卖公约》，现已有 50 多个国家正式加入该公约。我国于 1986 年 12 月 11 日正式加入该公约。还有 1974 年国际统一私法协会制定的《国际货物买卖时效期限公约》。

3. 国际货物运输规则

海上货物运输规则主要有：《海牙-维斯比规则》（海牙规则），1968 年通过，1977 年 6 月 23 日生效。另一个是 1978 年《联合国海上货物运输公约》（汉堡规则）。此外还有《统一国际航空运输某些规则的公约》（1929 年 10 月 12 日在华沙签订）、《国际铁路货物运输协定》（1951 年签订，我国 1953 年 7 月加入）、《国际公路货物运输合同公约》（1956 年 5 月 19 日订于日内瓦）、《联合国国际货物多式联运公约》（1980 年 5 月 24 日签订于日内瓦）①。

---

①以上国际货运规则，可参见国际经济贸易规范研究课题组编：《国际经济贸易规则、惯例选编》，厦门大学出版社 1993 年版，第 68—268 页。

4. 国际货物保险规则

有《伦敦货物保险条款》(分 A、B、C 条款,1982 年修订),另外有海洋、陆上、航空、货物运输及邮包保险条款。

5. 国际票据规则

主要有 1988 年联合国国际贸易委员会起草通过的《国际汇票和本票的统一法公约》。另外由国际商会制定的《托收统一规则》和《跟单信用证统一惯例》,这些规则目前已被广泛采用。

6. 国际价格规则

主要有国际商会 1990 年新公布的《国际贸易术语解释通则》,有的又称价格术语。该通则主要是对 FOB、CIF、CFR……13 种价格术语的价格构成、风险责任的转移作了明确的规定,现已形成国际惯例,被贸易界人士遵守。另外,作为价格管理方面的还有"海关价格协议"。

7. 国际货物买卖代理规则

主要有国际统一私法协会 1983 年通过的《国际货物买卖代理公约》,另外有 1988 年通过的《国际保付代理公约》。

8. 国际贸易中的反不正当竞争规则

主要有反倾销、反补贴规则,早在关贸总协定中对反倾销(第 6 条)和反补贴(第 16 条)作了规定,后来在东京回合中又达成了《反倾销守则》和《补贴与反补贴协议》。所谓倾销,是指一项产品以低于正常价值的价格从一国出口到另一国市场。所谓补贴是由政府或公共机构向企业提供的财政支持、收入支持或价格支持以及由此而授予的任何优惠。其中财政支持包括赠款、贷款投资、贷款担保、税收减免、提供服务或货物以及由政府批示或委托基金组织或信托机构或私人组织代为的上述支持行为。

9. 关于某类产品交易的一般规则

如对民用航空器贸易、牛肉、奶制品、多种纤维、农产品、纺织品、服装等产品,关贸总协定和乌拉圭回合都通过了专门的协议。另外,一些国际组织还就小麦、橄榄油、锡、铝、橡胶、咖啡、可可、茶叶、糖、石油等产品制定了专门的协定,成为买卖这些商品所应遵守的规则。

10. 在国际货物贸易中有关对产品的检验、检疫、原产地、进口许可证、数量限制及政府采购等方面所达成的统一协议。这些在关贸总协定和乌拉圭回合最后文件中都做了统一规定。

11. 国际货物买卖适用法律的规则

主要有国际统一私法协会先后制定的《国际货物买卖适用法律公约》和《国际货物买卖合同适用法律公约》,两个公约都规定当事人对适用法律都有选择权。但这些选择必须是明示或可明显推断出来的。

(二)国际服务贸易方面

服务贸易是指从一缔约方境内到另一缔约方境内提供的服务,在一缔约方境内向其他缔约方境内的商业的介入和自然人的介入提供的服务。服务所包括的范围除实施政府职能所必须提供的服务以外的任何服务,如航空运输、金融、电讯、信息、咨询、旅游、餐饮、娱乐等都属服务范围。服务作为一种劳动的消耗它也可以作为商品进行交换。为适应新的形势的需要,关贸总协定在乌拉圭回合谈判中把服务贸易作为新的内容加以规定,最后达成"服务贸易总协议"①,尤其在金融领域有 "国际货币基金协定""国际金融公司协定""建立商品

---

①剧锦文主编:《关贸总协定实用知识全书》,中国物资出版社 1993 年版,第 167—168 页。

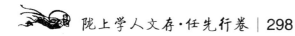

共同基金协定""国际复兴开发银行协定"。我国都承认了这些协定。

（三）与贸易有关的知识产权

在保护知识产权方面,过去已有一系列公约协定,如《保护工业产权巴黎公约》《专利合作公约》《世界版权公约》《商标国际注册马德里协定》等。但这些都不能充分适应国际经济交往的新发展,尤其不能满足一些发达国家利益的要求。为此,在一些发达国家的倡议下,经过激烈的谈判,在乌拉圭回合最后文件中,终于通过了《与贸易有关的知识产权协议》①。从而把知识产权也纳入了多边贸易体制的内容。该协议主要对著作权、商标权、专利权、地理标志、工业品外观设计、集成电路图设计、未公开的秘密信息的保护范围、保护标准、保护期限以及知识产权的实施和争端的解决和程序规则作了规定。协议还规定,在建立世贸组织协议生效之日起,一般成员在1年后要实施该协议,中央计划经济向市场经济转变的成员,最迟4年要适应本协议,最不发达的国家,最迟也要在10年适用本协议。并且还专门成立了与贸易有关的知识产权理事会来监督该协议的实施。这使知识产权的保护有了新的统一的规则。

（四）与贸易有关的投资规则

在这方面过去的规定有复兴开发银行拟定的《关于解决国家和他国国民之间投资争端公约》(1966年10月14日生效),《多边投资担保机构公约》。我国已加入这两个贸易公约。另外,在乌拉圭回合最

---

①刷锦文主编:《关贸总协定实用知识全书》,中国物资出版社1993年版,第169—170页。

后达成了"与贸易有关的投资措施"[①]。签订本协议的目的主要在于避免某些投资措施对贸易的限制和扭曲作用，使投资的跨国流动更加自由和便利,协议共9条1个附件。包括范围、国民待遇、数量限制、例外、发展中国家、通知与过渡期安排、透明度、设立投资措施委员会等。对该协议也是争论很激烈的问题之一，所以也安排了不同的过渡期。自本决定生效之日起90天内，各缔约方应将其正在实施的与本决定不符的投资措施通知缔约方全体。对发达国家在2年内,发展中国家在5年内,最不发达国家在7年内,取消通知缔约方全体投资措施。

(五)通过制定标准合同格式和交货共同条件加强商事法统一化

标准合同格式的特点是将买卖双方应负担的责任、费用和风险等事先作出规定,被各行业人员长期采用,再经法院和仲裁机关的确认,就成为特定行业具有权威性的惯例,是国际贸易中的重要工具。标准合同格式,一般分示范性和定型性两种。示范性可以修改,只具参考性;定型性不得加以改变。目前国际买卖油脂、谷物、橡胶、木材、纸张、咖啡等大宗货物多使用定型的标准化合同。在推动格式合同和共同条件方面，联合国欧洲经济委员会和其他一些国际性专业协会起了重要作用。

共同条件，是指国家用条约形式规定的缔约国对外贸易机构之间的货物买卖关系所应遵守的各项共同规则[②]。在这方面主要有"经

①剧锦文主编:《关贸总协定实用知识全书》,中国物资出版社1993年版,第163页。

②参见[英]施米托夫著:《国际贸易法文选》,中国大百科全书出版社1993年版,第202—225页。

互会"1958年以多边条约形式制定的《经济互助委员会交换共同条件》。但我国与外国的"共同条件"都是双边的,至今这些"共同条件"仍起作用。

由于"共同条件"是以条约形式出现的,所以在性质上它是法律规范。"共同条件"的内容主要为实体法规范,"共同条件"主要是通过对"合同"的调整来简化"合同",但它并不代替合同。对"共同条件"中未规定的项目,如商品名称、质量、数量、运输方式、装运日期和港口以及允许当事人自行决定的事项等这些特定项目,不可能在"共同条件"中做出统一规定。对"共同条件"中已经规定了的事项,在"合同"中就不必再作规定,如"共同条件"规定合同形式一律以书面有效,交货地点——海上运输,在卖方国港口舱面交货。汽车运输,在买方国境站交货付款,在卖方发货后,凭单证立即向买方指定的银行请求付款……这些都是事先规定好了的,不必重新谈判,所以它对促进贸易迅速了结和统一化起重要作用。

(六)关于解决国际贸易争端方面的统一规则

主要有1958年联合国通过的《承认和执行外国仲裁裁决的公约》[1]。现加入该公约的有110多个国家,我国于1887年1月22日加入该公约。另外,国际商会于1975年修订后的《调解与仲裁规则》,尤其是联合国贸法会于1976年制定的《联合国贸易法委员会仲裁规则》[2],更具有权威性。乌拉圭回合最后文件中还通过了《关于争端解

---

①参见国际经济贸易规范研究课题组编:《国际经济贸易规则、惯例选编》,厦门大学出版社1993年版,第1050—1053页。

②参见国际经济贸易规范研究课题组编:《国际经济贸易规则、惯例选编》,厦门大学出版社1993年版,第1053—1060页。

决的规则和程序的协议》。这个协议是一个谅解性的协议,规定成员国之间的争端不得采取强制的措施, 它要求对争端采取磋商和专家小组调解的办法解决,为有效的执行本协议,还规定设立争端解决机构(DSB)。该协议是对关贸总协定原有关争端解决规定的修改和进一步发展,该协议对各方享有权利和履行义务都规定的较明确,它是一个为世界贸易确立起一个比较合理的多边争端解决制度。

以上这些国际贸易方面的统一法律制度和国际贸易惯例,为发展国际贸易、减少交易成本、提高经济效益、提供安全保障和信息预测起了重要作用。

四、在理论上的新发展

(一)由商人本位—商行为本位—折中本位—向多元本位发展

商法开始表现其特殊之异质,是在中世纪商人兴起之后。正是商人阶层的不断努力方有商法之独立存在的意义, 因而商法在其初始当为商人本位,并且以《法国商法典》为代表;继后的《德国商法典》鉴于其本国的历史原因 (已如前述) 为商法又创立了商行为本位的理念。其他国家或追随法国,或仿照德国,但也不乏兼而并之的,如日本则为折中主义。商法发展至今天,商事关系更为繁杂,不应再拘泥于商人本位抑或商行为本位,而是要涵盖更广泛的内容。正如施米托夫所说:"传统商法仅满足于对调整商事组织和商事行为的成文法律规则的阐述,而现代商法的范围则包括对这些原则的实际运用,并把它们与经济和社会环境结合起来。"[1]

---

[1][英]Clive M. Schmitthoff's, Select Essays on Intenational Trade Law, Kluwer Academic Publishers, 1988, p.20.

（二）由国际法—国内法—再向国际法发展

商事活动自古以来就是国际性的活动。就是在人类历史上最早最原始的商品交换也是在部落与部落、氏族与氏族之间进行的。后来在中国、印度、波斯、阿拉伯、腓尼基、希腊和罗马的商人之间所发展起来的"古丝绸之路"的贸易更是一种世界性的贸易。尤其是在中世纪的地中海，大西洋沿岸和波罗的海，北海沿岸所发展起来的贸易更具有国际性。这些调整商事关系的不论是陆上和海上的贸易都是一些古老的惯例和国际性习惯规则。

从 17 世纪以后，由于欧洲民族独立国家的纷纷兴起，从而使商法的国际性受到挫折。这些独立的民族国家，他们从维护法律独立的理念出发，把过去形成的国际性的商人习惯法纳入他们制定的国内法之中。如英国的曼斯菲尔德（1756—1788 年）在进行司法改革时，将英国原来的商人习惯法整个纳入普通法体系。尤其是法国 1807 年制定的《商法典》，德国在 1861 年和 1897 年制定的新旧《商法典》，更是把商人习惯法纳入国内法树立了样板。以后，许多国家仿法、仿德的商法典制定本国商法典时也都承袭了这一做法。可以说从此以后的商法，基本以各国的国内法为主。对于各国把商人习惯法纳入国内法的做法，虽然在开始阶段实施此项编纂的国家明显受益，但是，"今天当我们用批判的公正的眼光看待此项发展时，我们开始怀疑，从长远来看，不利因素是否超过了有利因素。尤其法国童克教授在考察英国与大陆法时提到，把民族主义纳入法律领域是法国法典编纂和德国的历史法学中令人遗憾的产物"①。

---

①［英］Clive M. Schmitthoff's，Select Essays on International Trade Law，Kluwer Academic Publishers，1988，p.26.

新的国际商事法的复归。尽管各国把原来国际性的商事习惯统一到国内法中，但是凡是了解商法的渊源和性质的人都可看到商法显著的特点之一，仍然是它的国际性。尤其从 20 世纪 50 年代以来，国际社会开始重新从国际角度思考问题。联合国和大量国际专门组织的活动日益加强。许多大的跨国公司作为经济帝国遍及世界各地，作为政治领域中的国际主义概念重新复归。与它相适应，在法学领域中则恢复了国际商法或国际贸易法这个普遍性和国际性的概念。人们把它称为新的商人法（New Lex Mereatoria），或跨国法以及第三种法律秩序。使它摆脱各国国内法的民族主义色彩，使它建立在新的商人习惯法基础上的一种具有普遍性和国际性的商业自治法。

（三）由国家法向新的商人习惯法发展

古代和中世纪的商法主要是商事习惯法。但后来随着民族国家的兴起，在民族主义和国家学说的支配下，习惯法逐渐被国家法所代替。国家法在本质上属主权法。它是通过制法机制精心策划出的一种造法行为。在社会学中属"精英文化"的"大传统"。在法学理论中属"强制性规范"。国家法多体现为各种国内法。这种法的最大特点、也是它的最大弱点，是从主权原则和民族主义出发，因国家法愈多，往往是各国的法律冲突也越多。这对发展国际贸易是不利的。所以现在国际法学界提出建立新的商人习惯法。因为这种习惯法代表的是人们在长期的商事实践中造法的过程。在法理学理论中属"自治法"性质。它出自民间，出于人们长期的习惯；它是约定俗成的行为规则；它是商事实践中为商人所公认的常规。它虽然是人们在市场活动中的一种"游戏规则"；但一旦被当事人适用后，就要求参加游戏者必须遵守。否则游戏就无法进行。如果违反"游戏"规则，同样要受到应有的制裁。尤其在国际贸易中国与国、企业与企业签订的公约、条约、协议常以国际贸易惯例作为重要内容，并作为解决冲突的准据法。从这个意义上来说它又具有法律的效力,所以它又是一种"不是法的法"。不过这种法,毕竟是一种约定俗成的习惯规范,不具有像国内法那样浓厚的主权色彩,而具有超国家的属性。所以目前法学界和各种国际贸易组织极推崇用新的商人法来调整国际贸易关系,在理论上有存在的基础,而且在实践上也是可行的。

(四)由营利为目的向以效益为目标发展

传统理论认为商业总是以营利为目的,因此形成"无利不商"的理论。营利对商事活动来说固然重要,但现代商业的目标不能仅限于此,否则它不能摆脱个体本位狭隘的小圈子。因为现代商业更具社会公共福利性,它不仅讲求经营者自身的利益,还要讲求社会效益。所以,把效益作为追求目标,更符合现代商业活动的本性。这一变化在美国商法中体现得最为突出。美国《统一商法典》在其1—102条中即规定了善意、勤勉、合理和注意的义务不得通过协议加以排除。

(五)从民法和商法的比较来说,由于民法是以维护个体福利为本位,而商法以维护社会公共福利为本位,现代社会更重视公共福利,所以,从世界范围来看,商法更为人们所重视

各种国际性专业商事组织和各种专门的商事公约和惯例越来越显得重要。

五、对商事法历史发展的几点评析

1. 从商法的历史轨迹看,它经历了从古代—中世纪—近代—现代以及未来,从古代商事习惯法—中世纪商人法—近现代的以国内法为主的法典法和通过法—以及正在兴起的新的商人习惯法或跨国法。这一历史和现实运动的发展过程充分说明:"哪里有贸易活动,哪里就有法律。"商法的出现不是偶然的,它既是商品经济发展内在的必然要求,又是商业文化和法律文化的价值追求。从商法的整个发展

轨迹可以看出,商法是以商品经济为基础,以贸易自由为前提,以意思自治为基本原则,以商人习惯法和商事惯例为骨干,以维护交易秩序为宗旨,以追求营利和效益为目标,是市场经济法律秩序中不可缺少的重要的独立的法律部门。

2. 商法的发展,虽然也经历由诸法合一到诸法分离的发展过程,尤其在 19 世纪出现了法典化热,从历史的观点看,商法的法典化或成文化,对促进商品交易和商品流通秩序的正常化起了积极作用,但以发展和未来的观点看,商法的法典化,实际上就是使商法国内化和民族化。这与商事活动的国际性、跨国性的本性是相违背的。可以说它在维护和统一国内贸易秩序方面起了一定的作用,但在发展国际贸易方面却设置了许多人为的造法障碍,所以现在以及将来的人们不得不重新思考,寻求新的出路。

3. 商法始终以商事习惯和商事惯例为基础。法律最早起源于习惯,商法最初更是由人们在长期的生产、交换习惯的基础上逐渐形成的。商事交易总有一些固定的程式,如买卖活动总要经过要约、承诺,总要通过契约的形式。任何买卖契约,总有一些固定的必要条款。这些固定的做法被多数人所认可,长此下去,习以为常,便形成习惯。这些习惯经人们长期反复实践,便进一步形成约定俗成的惯例。这种惯例在一般情况下要求人人都要遵守。由于商事惯例既克服了道德的软弱性,又克服了法律力量的过于严厉性,但它又具有规范性;不具法的法强制性,但又有着普遍的适用性,在保持相对稳定中又具有旺盛的发展活力。这样,它就易于被人们广泛接受。可以说,各国的商事法以及许多国际性的商事公约、条约、协议都是在商事习惯、商事惯例的基础上发展起来的。在国内商法的许多规定中,有许多规范只不过是使商事习惯和商事惯例法定化而已。因此一些学者提出未来的商法主要是新商人习惯法①。这是因为,法律的力量主要来源于国家权力,而且又比较僵死,这与商事活动要求的灵活性和自治性不协调。而商事习惯和惯例,它的力量来源于商人的习惯势力,它体现了商人们自己发展起来的自治法律制度。

4. 现代商人法,主要体现各种商事惯例、商事公约以及商事仲裁,但这些规范现在多数是由一些政府间组织和一些非政府间组织制定的。而这些组织现在多数是为一些发达国家所控制,如联合国贸易法委员会,现由 36 个成员国组成,其中主要是一些发达国家。又如国际统一私法协会及海牙国际私法协会,其成员国主要是一些欧洲国家。该协会花了 30 年时间起草了两个有关国际货物买卖方面的统一法公约,但承认该公约的国家很少。就是国际商会这个非政府间组织,它设立的国家委员会,也主要是设在一些较发达的国家。就是国际商会所制定的一些国际贸易惯例和贸易术语解释,也主要是在欧美一些国家贸易中所形成的。这样就免不了带有一些大国色彩和不公平的地方,从而大大减弱了商法规范的国际性,最终形成二律悖反的格局。

（原载于《比较商法导论》,北京大学出版社 2000 年出版）

---

① [英]施米托夫.国际贸易法文选(中译本).北京:中国大百科全书出版社:65.

《陇上学人文存》已出版书目

· 第一辑 ·

《马　通卷》马亚萍编选　　《支克坚卷》刘春生编选
《王沂暖卷》张广裕编选　　《刘文英卷》孔　敏编选
《吴文翰卷》杨文德编选　　《段文杰卷》杜琪　赵声良编选
《赵俪生卷》王玉祥编选　　《赵逵夫卷》韩高年编选
《洪毅然卷》李　骅编选　　《颜廷亮卷》巨　虹编选

· 第二辑 ·

《史苇湘卷》马　德编选　　《齐陈骏卷》买小英编选
《李秉德卷》李瑾瑜编选　　《杨建新卷》杨文炯编选
《金宝祥卷》杨秀清编选　　《郑　文卷》尹占华编选
《黄伯荣卷》马小萍编选　　《郭晋稀卷》赵逵夫编选
《喻博文卷》颜华东编选　　《穆纪光卷》孔　敏编选

· 第三辑 ·

《刘让言卷》王尚寿编选　　《刘家声卷》何　苑编选
《刘瑞明卷》马步升编选　　《匡　扶卷》张　堡编选
《李鼎文卷》伏俊琏编选　　《林径一卷》颜华东编选
《胡德海卷》张永祥编选　　《彭　铎卷》韩高年编选
《樊锦诗卷》赵声良编选　　《郝苏民卷》马东平编选

第七辑

《常书鸿卷》杜　琪编选　　　　《李焰平卷》杨光祖编选
《华　侃卷》看本加编选　　　　《刘延寿卷》郝　军编选
《南国农卷》俞树煜编选　　　　《王尚寿卷》杨小兰编选
《叶　萌卷》李敬国编选　　　　《侯丕勋卷》黄正林　周　松编选
《周述实卷》常红军编选　　　　《毕可生卷》沈冯娟　易　林编选

第八辑

《李正宇卷》张先堂编选　　　　《武文军卷》韩晓东编选
《汪受宽卷》屈直敏编选　　　　《吴福熙卷》周玉秀编选
《蹇长春卷》李天保编选　　　　《张崇琛卷》王俊莲编选
《林　立卷》曹陇华编选　　　　《刘　敏卷》焦若水编选
《白玉岱卷》王光辉编选　　　　《李清凌卷》何玉红编选

第九辑

《李　蔚卷》姚兆余编选　　　　《郗慧民卷》戚晓萍编选
《任先行卷》胡　凯编选　　　　《何士骥卷》刘再聪编选
《王希隆卷》杨代成编选　　　　《李并成卷》巨　虹编选
《范　鹏卷》成兆文编选　　　　《包国宪卷》何文盛　王学军编选
《郑炳林卷》赵青山编选　　　　《马　德卷》买小英编选